DEUTSCHE LYRIK

Deutsche Lyrik

von Walther von der Vogelweide
bis Gottfried Benn

Ausgewählt
von
Hans Joachim Hoof

Manuscriptum

ISBN 3-933497-22-1

Walther von der Vogelweide
um 1170–um 1230

Ich saz ûf eime steine,
und dahte bein mit beine:
dar ûf satzt ich den ellenbogen:
ich hete in mîne hant gesmogen
daz kinne und ein mîn wange.
dô dâhte ich mir vil ange,
wie man zer welte solte leben:
deheinen rât kond ich gegeben,
wie man driu dinc erwurbe,
der keines niht verdurbe.
diu zwei sint êre und varnde guot,
daz dicke ein ander schaden tuot:
daz dritte ist gotes hulde,
der zweier übergulde.
die wolte ich gerne in einen schrîn.
jâ leider desn mac niht gesîn,
daz guot und weltlich êre
und gotes hulde mêre
zesamene in ein herze komen.
stîg unde wege sint in benomen:
untriuwe ist in der sâze,
gewalt vert ûf der strâze:
fride unde reht sind sêre wunt.
diu driu enhabent geleites niht,
diu zwei enwerden ê gesunt.

dahte bein mit beine: ich deckte das eine Bein mit dem andern. — dô dâhte ich ...: da erwog ich eingehend, wie man drei Dinge erwerben könnte, so daß nichts von ihrer einem verloren ginge (C. v. Kraus). — weltlich êre: das Ansehen in der Welt. — sâze: Lauer. — diu zwei enwerden ...: wenn nicht die zwei (Frieden und Gerechtigkeit) zuvor gesund werden.

Ich hân mîn lêhen, al die werlt, ich hân mîn lêhen.
nû enfürhte ich niht den hornunc an die zêhen,
und wil alle bœse hêrren dester minre flêhen.
der edel künec, der milte künec hât mich berâten,
daz ich den sumer luft und in dem winter hitze hân.
mîn nâhgebûren dunke ich verre baz getân:
si sehent mich niht mêr an in butzen wîs alsô si tâten.
ich bin ze lange arm gewesen ân mînen danc.
ich was sô voller scheltens daz mîn âten stanc:
daz hât der künec gemachet reine, und dar zuo mînen sanc.

dester minre: um so weniger. — berâten: ausgestattet, versorgt. — nâhgebûren: Nachbarn. — verre baz getân: weit stattlicher geworden. — in butzen wîs: als eine Art Hausgespenst. — ân mînen danc: unfreiwillig. — schelten: das Singen von Schmähliedern.

Under der linden
an der heide,
dâ unser zweier bette was,
dâ mugt ihr vinden
schône beide
gebrochen bluomen unde gras.
vor dem walde in einem tal,
tandaradei,
    schône sanc diu nahtegal.

Ich kam gegangen
zuo der ouwe:
dô was mîn friedel komen ê.
dâ wart ich enpfangen,
hêre frouwe,
daz ich bin sælic iemer mê.
kuster mich? wol tûsentstunt:
tandaradei,
    seht wie rôt mir ist der munt.

Dô het er gemachet
alsô rîche
von bluomen eine bettestat.
des wirt noch gelachet
inneclîche,
kumt iemen an daz selbe pfat.
bî den rôsen er wol mac,
tandaradei,
    merken wâ mirz houbet lac.

Daz er bî mir læge,
wessez iemen

(nu enwelle got!), sô schamt ich mich.
wes er mit mir pflæge,
niemer niemen
bevinde daz, wan er unt ich,
und ein kleinez vogellîn:
tandaradei,
daz mac wol getriuwe sîn.

schône: gänzlich. — beide — unde: sowohl – als auch —. wessez iemen: wüßte es irgendwer. — wan: außer.

Oswald von Wolkenstein
um 1377–um 1445

O wunnikliches paradis,
zu Costnitz han ich funden dich!
für alles, das ich hör, sich, lis,
mit guetem herzen freustu mich.
inwendig, auss und überal,
zu Münsterling und anderswa
regniert dein adelicher schal.
wer möcht da immer werden gra?

Vil augenwait
in mangem klait,
slecht, zierlich, prait,
sicht man zu Costnitz prangen
von mündlin rot
an alle not,
der mir ains drot
mit röselochten wangen.

Gepärd, wort, weis an tadel späch
schaut man durch hügelichen trit
von manger stolzen frauen wäch.
Sant Peter lat michs liegen nit,
des lob ich immer preisen sol
andächtiklich in meim gepet,
wann er ist aller eren vol,
und wär mir laid, wer anders rett.

Vil zarter engelischer Weib,
durchleuchtig schön, mit liechtem glanz,
besessen haben meinen leib

all in der Katzen pei dem tanz,
und der ich nicht vergessen wil;
das macht ir minniklich gestalt.
mit eren lustlich freudenspil
vint man zu Costnitz manigvalt.

Costnitz: Konstanz. — an: ohne. — späch: klug. — hügelich: hochgestimmt. — wäch: vornehm, schön. — Katze: Wirtshaus in Konstanz.

Martin Luther
1483–1546

EIN FESTE BURG

Ein feste Burg ist unser Gott,
Ein gute Wehr und Waffen.
Er hilft uns frei aus aller Not,
Die uns jetzt hat betroffen.
Der alt böse Feind,
Mit Ernst er's jetzt meint.
Groß Macht und viel List
Sein grausam Rüstung ist.
Auf Erd ist nicht seinsgleichen.

Mit unsrer Macht ist nichts getan.
Wir sind gar bald verloren.
Es streit't für uns der rechte Mann,
Den Gott hat selbst erkoren.
Fragst du, wer der ist?
Er heißt Jesus Christ,
Der Herr Zebaoth,
Und ist kein andrer Gott.
Das Feld muß er behalten.

Und wenn die Welt voll Teufel wär
Und wollt uns gar verschlingen,
So fürchten wir uns nicht so sehr,
Es soll uns doch gelingen.
Der Fürst dieser Welt,
Wie saur er sich stellt,
Tut er uns doch nicht.
Das macht, er ist gericht't.
Ein Wörtlein kann ihn fällen.

Das Wort sie sollen lassen stahn
Und kein' Dank dazu haben.
Er ist bei uns wohl auf dem Plan
Mit seinem Geist und Gaben.
Nehmen sie den Leib,
Gut, Ehr, Kind und Weib,
Laß fahren dahin.
Sie haben's kein Gewinn.
Das Reich muß uns doch bleiben.

AUS TIEFER NOT

Aus tiefer Not schrei ich zu dir.
Herr Gott, erhör mein Rufen.
Dein gnädig Ohren kehr zu mir
Und meiner Bitt sie offen.
Denn so du willst das sehen an,
Was Sünd und Unrecht ist getan,
Wer kann, Herr, vor dir bleiben?

Bei dir gilt nichts denn Gnad und Gunst,
Die Sünden zu vergeben.
Es ist doch unser Tun umsonst
Auch in dem besten Leben.
Vor dir niemand sich rühmen kann.
Des muß sich fürchten jedermann
Und deiner Gnade leben.

Darum auf Gott will hoffen ich,
Auf mein Verdienst nicht bauen.
Auf ihn mein Herz soll lassen sich

Und seiner Güte trauen,
Die mir zusagt sein wertes Wort.
Das ist mein Trost und treuer Hort.
Des will ich allzeit harren.

Und ob es währt bis in die Nacht
Und wieder an den Morgen,
Doch soll mein Herz an Gottes Macht
Verzweifeln nicht noch sorgen.
So tu Israel rechter Art,
Der aus dem Geist erzeuget ward,
Und seines Gotts erharre.

Ob bei uns ist der Sünden viel,
Bei Gott ist viel mehr Gnaden.
Sein Hand zu helfen hat kein Ziel,
Wie groß auch sei der Schaden.
Er ist allein der gute Hirt,
Der Israel erlösen wird
Aus seinen Sünden allen.

MITTEN WIR IM LEBEN SIND

Mitten wir im Leben sind
Mit dem Tod umfangen.
Wen suchen wir, der Hulfe tu,
Daß wir Gnad erlangen?
Das bist du, Herr, alleine.
Uns reuet unser Missetat,
Die dich, Herr, erzurnet hat.
Heiliger Herre Gott,

Heiliger starker Gott,
Heiliger barmherziger Heiland,
Du ewiger Gott.
Laß uns nicht versinken in des bittern Todes Not.
  Kyrieleison.

Mitten in dem Tod anficht
Uns der Hellenrachen.
Wer will uns aus solcher Not
Frei und ledig machen?
Das tust du, Herr, alleine.
Es jammert dein Barmherzigkeit
Unser Klag und großes Leid.
Heiliger Herre Gott,
Heiliger starker Gott,
Heiliger barmherziger Heiland,
Du ewiger Gott.
Laß uns nicht verzagen fur der tiefen Hellenglut.
  Kyrieleison.

Mitten in der Hellenangst
Unser Sund uns treiben.
Wo solln wir denn fliehen hin,
Da wir mugen bleiben?
Zu dir, Herr Christ, alleine.
Vergossen ist dein teures Blut,
Da gnug fur die Sunde tut.
Heiliger Herre Gott,
Heiliger starker Gott,
Heiliger barmherziger Heiland,
Du ewiger Gott.
Laß uns nicht entfallen von des rechten Glaubens Trost.
  Kyrieleison.

Ulrich von Hutten
1488–1523

EIN NEU LIED HERR ULRICHS VON HUTTEN

Ich hab's gewagt mit Sinnen
Und trag des noch kein Reu.
Mag ich nit dran gewinnen,
Noch muß man spüren Treu.
Darmit ich mein
Nit eim allein,
Wenn man es wollt erkennen,
Dem Land zugut,
Wiewohl man tut
Ein Pfaffenfeind mich nennen.

Da laß ich jeden liegen
Und reden, was er will.
Hätt Wahrheit ich geschwiegen,
Mir wären hulder viel.
Nun hab ich's gsagt.
Bin drum verjagt.
Das klag ich allen Frummen.
Wiewohl noch ich
Nit weiter fleich,
Vielleicht werd wiederkummen.

Um Gnad will ich nit bitten,
Dieweil ich bin ohn Schuld.
Ich hätt das Recht gelitten;
So hindert Ungeduld,
Daß man mich nit
Nach altem Sitt

Zu Ghör hat kummen lassen.
  Vielleicht will's Gott,
Und zwingt sie Not,
  Zu handeln diesermaßen.

Nun ist oft desergleichen
  Geschehen auch hievor,
Daß einer von den Reichen
  Ein gutes Spiel verlor.
Oft großer Flamm
  Von Fünklin kam.
Wer weiß, ob ich's werd rächen!
  Staht schon im Lauf!
So setz ich drauf:
  Muß gahn oder brechen!

Darneben mich zu trösten
  Mit gutem Gwissen hab,
Daß keiner von den Bösten
  Mir Ehr mag brechen ab
Noch sagen, daß
  Uff einig Maß
Ich anders sei gegangen
  Dann Ehren nach.
Hab diese Sach
  In Gutem angefangen.

Will nun ihr selbs nit raten
  Dies frumme Nation,
Ihrs Schadens sich ergatten,
  Als ich vermahnet han,
So ist mir leid.
  Hiemit ich scheid,

Will mengen baß die Karten.
  Bin unverzagt,
Ich hab's gewagt
  Und will des Ends erwarten.

Ob dann mir nach tut denken
  Der Kurtisanen List,
Ein Herz laßt sich nit kränken,
  Das rechter Meinung ist!
Ich weiß, noch viel
  Wölln auch ins Spiel,
Und sollten s' drüber sterben:
  Auf, Landsknecht gut
Und Reuters Mut!
  Laßt Hutten nit verderben!

Johann Hesse
1490–1547

O WELT, ICH MUSS DICH LASSEN

O Welt, ich muß dich lassen,
Ich fahr dahin mein Straßen
Ins ewig Vaterland.
Mein Geist will ich aufgeben,
Darzu mein Leib und Leben
Setzen gnädig in Gottes Hand.

Mein Zeit ist nun vollendet,
Der Tod das Leben schändet,
Sterben ist mein Gewinn:
Kein Bleiben ist auf Erden;
Das Ewig muß mir werden,
Mit Fried und Freud ich fahr dahin.

Ob mich gleich hat betrogen
Die Welt, von Gott abzogen
Durch Schand und Büberei,
Will ich doch nicht verzagen,
Sonder mit Glauben sagen,
Daß mir mein Sünd vergeben sei.

Auf Gott steht mein Vertrauen,
Sein Angsicht will ich schauen
Wahrlich durch Jesum Christ,
Der für mich ist gestorben,
Des Vaters Huld erworben,
Mein Mittler er auch worden ist.

Die Sünd mag mir nit schaden,
Erlöst bin ich aus Gnaden,
Umbsonst, durch Christi Blut.
Kein Werk kumpt mir zu frummen,
So ich will zu ihm kommen,
Allein der christlich Glauben gut.

Ich bin ein unnütz Knechte,
Mein Tun ist viel zu schlechte,
Denn daß ich ihm bezahl
Darmit das ewig Leben,
Umbsonst will er mirs geben
Und nit nach meim Verdienst und Wahl.

Drauf will ich fröhlich sterben,
Das Himmelreich erwerben,
Wie er mirs hat bereit.
Hier mag ich nit mehr bleiben,
Der Tod tut mich vertreiben,
Mein Seel sich von meim Leibe scheidt.

Damit fahr ich von hinnen.
O Welt, tu dich besinnen,
Wann du mußt auch hernach.
Tu dich zu Gott bekehren
Und von ihm Gnad begehren,
Im Glauben sei du auch nit schwach.

Die Zeit ist schon verhanden,
Hör auf von Sünd und Schanden
Und richt dich auf die Bahn
Mit Beten und mit Wachen,
Sonst all irdische Sachen
Sollt du gütiglich fahren lan.

Das schenk ich dir am Ende,
Ade, zu Gott dich wende!
Zu ihm steht auch mein Bgehr.
Hüt dich vor Pein und Schmerzen,
Nimb mein Abschied zu Herzen,
Meins Bleibens ist jetzt hie nit mehr.

Hans Sachs
1493–1576

DAS SCHLARAFFENLAND

Eine Gegend heißt Schlaraffenland,
Den faulen Leuten wohlbekannt,
Das liegt drei Meilen hinter Weihnachten;
Und wer nach diesem Land will trachten,
Der muß sich großer Ding vermessen:
Durch einen Berg von Hirsebrei essen,
Der ist wohl dreier Meilen dick.
Alsdann ist er im Augenblick
Im selbigen Schlaraffenland,
Wo aller Reichtum ist bekannt.
Da sind die Häuser gedeckt mit Fladen,
Lebkuchen Türen sind und Laden,
Von Speckkuchen Deck und Wand man findt,
Von Schweinebraten die Balken sind.
Um jedes Haus ist dort ein Zaun,
Geflochten mit Bratwürsten braun,
Von Malvasier sind da die Bronnen,
Kommen einem selbst ins Maul geronnen.
Auf den Tannen wachsen die Krapfen
Wie hierzuland die Tannenzapfen,
Auf Fichten wachsen Semmelschnitten,
Eierplätz tut man von Birken schütten,
Wie Pfifferlinge wachsen die Flecken,
Die Trauben in den Dornenhecken,
Auf Weidenköpfen Semmeln stehn,
Milchbäche unter ihnen gehn.
Die fallen dann in den Bach hinab,
Daß jedermann zu essen hab,

Auch gehn die Fische in den Lachen
Gesotten, gebraten, gesalzen, gebachen
Und gehen dein Gestad ganz nahe,
Daß man sie mit den Händen fahe;
Auch fliegen um (ihr mögt es glauben)
Gebratne Hühner, Gäns und Tauben;
Wer sie nicht faht und ist zu faul,
Dem fliegen selber sie ins Maul.
Die Säue immer wohl geraten,
Laufen im Land um, sind gebraten,
Jede ein Messer hat im Rück,
Damit schneidt jeder sich ein Stück
Und steckt das Messer wieder drein;
Die Kreuzkäs wachsen wie die Stein,
Es wachsen Bauern auf dem Baume
Gleichwie in unserm Land die Pflaume;
Wenn zeitig sie, fallen sie ab,
Ein jeder in ein Paar Stiefeln hinab.
Wer Pferd' hat, wird ein reicher Maier:
Sie legen ganze Körb voll Eier;
Auch schütt' man aus den Eseln Feigen.
Nicht hoch muß man nach Kirschen steigen:
Wie Schwarzbeeren sie wachsen tun.
Auch ist im Lande ein Jungbrunn,
Darin verjüngen sich die Alten.
Viel Kurzweil ist im Land gehalten,
So schießen nach dem Ziel die Gäste,
Der weitst vom Blatt gewinnt das Beste,
Im Laufen gewinnt der letzt allein.
Das Polsterschlafen ist allgemein,
Ihr Weidwerk ist mit Flöhn und Läusen,
Mit Wanzen, Ratzen und mit Mäusen.
Auch ist im Land gut Geld gewinnen,

Wer sehr faul ist und schläft darinnen,
Dem gibt man für die Stund zwei Pfennig,
Er schlafe gleich viel oder wenig.
Ein Furz gilt einen Bingenhaller,
Drei Rülpse einen Joachimsthaler,
Und welcher da sein Geld verspielt,
Zwiefach man ihm das da vergilt;
Und welcher auch nicht gern bezahlt,
Sobald die Schuld ein Jahr wird alt,
Muß jeder ihm darzu noch geben;
Und welcher da gern gut will leben,
Dem gibt man für den Trunk doch Geld;
Und welcher die Leut zum Narren hält,
Bekommt ein Blaffert noch zum Lohne;
Für 'ne große Lüg gibt's eine Krone.
Doch muß sich hüten da ein Mann,
Daß man Vernunft ihm merket an;
Wer Sinn und Witz gebrauchen wollt,
Dem würd kein Mensch im Lande hold;
Und wer gern arbeit' mit der Hand,
Verbeut man das Schlaraffenland;
Wer Zucht und Ehrbarkeit will lieben,
Der wird zum Land hinausgetrieben;
Wer unnütz ist, sich nichts läßt lehren,
Der kommt im Land zu großen Ehren;
Wer als der Faulste wird erkannt,
Der wird zum König in dem Land;
Wer wüst, wild und unsinnig ist,
Grob, unverständig alle Frist,
Den macht man in dem Land zum Fürsten;
Wer gerne ficht mit Leberwürsten,
Aus dem ein Ritter wird gemacht.
Wer liederlich, auf nichts hat acht

Als Essen, Trinken und viel Schlafen,
Der wird im Land gemacht zum Grafen;
Wer tölpisch ist und gar nichts kann,
Der ist im Land ein Edelmann.

Wer also lebt wie obgenannt,
Der ist gut fürs Schlaraffenland,
Das von den Alten ist erdichtet,
Zur Straf der Jugend zugerichtet,
Die meistens faul ist und gefräßig,
Ungeschickt, heillos und nachlässig,
Daß man sie weis zu den Schlaraffen,
Damit ihre liederlich Art zu strafen,
Auf daß sie haben auf Arbeit acht,
Weil faule Art nie Guts gebracht.

Georg List
1532–1596

AUF DIE LIEDERLICHEN VERSVERDERBER

Ihr ungestimmten Flöten
Verhungerter Poeten,
Pfeift für ein Maß verdorbnes Bier
Der Welt verwegne Possen für!
Geht ungefähr dem Dorf ein Richter ab,
Wie foltert ihr den Kopf durch tiefes Sinnen
Und seid bemüht bei dessen Grab
Durch einen Reim ein Taglohn zu gewinnen.
Für kleines Geld verkauft man große Lügen,
Die Stein und Eisen überwiegen.
Schlaf aus, du träumender Poet!
Suchst du die Toten aufzuwecken,
So mußt du selbst nach Geist und Leben schmecken!

Georg Rudolf Weckherlin
1584–1653

DIE LIEB IST LEBEN UND TOD

Das Leben, so ich führ, ist wie der wahre Tod,
Ja über den Tod selbst ist mein trostloses Leben.
Es endet ja der Tod des Menschen Pein und Leben,
Mein Leben aber kann nicht enden dieser Tod.

Bald kann ein Anblick mich verletzen auf den Tod,
Ein andrer Anblick bald kann mich wiedrum beleben,
Daß ich von Blicken muß dann sterben und dann leben,
Und bin in einer Stund bald lebendig, bald tot.

Ach, Lieb! Verleih mir doch nunmehr ein anders Leben,
Wenn ich ja leben soll, oder den andern Tod:
Denn weder diesen Tod lieb ich, noch dieses Leben.

Verzeih mir, Lieb, ich bin dein lebendig und tot.
Und ist der Tod mit dir ein köstlich süßes Leben,
Und Leben, von dir fern, ist ein ganz bittrer Tod.

SCHÖNHEIT NICHT WEHRHAFT

Laßt uns in den Garten gehen,
Schönes Lieb, damit wir sehen,
Ob der Blumen Ehr, die Ros,
So euch eure Farb gezeiget,
Da sie heut der Tau aufschloß,
Ihren Pracht noch nicht abneiget.

Sieh doch, von wie wenig Stunden
Ihre Schönheit überwunden,
Wie zu Grund liegt all ihr Ruhm!
Wie sollt man, Natur, dich ehren,
Da du doch ein solche Blum
Einen Tag kaum lassest wehren?

Was ist es dann, daß ihr fliehet,
Indem euer Alter blühet,
Von meiner Lieb Süßigkeit?
Ach, genießet eurer Jahren!
Die Zeit wird eure Schönheit
Nicht mehr, dann die Rosen, sparen.

EIN RUNDUM

An eine große Fürstin

Ein kleine Weil, als ohn Gefähr
Ich Euch in einem Saal gefunden,
Sah ich Euch an; bald mehr und mehr
Hat Euer Haar mein Herz verbunden:
Ihr auch liebäugelten mir sehr,
Dadurch ich, weiß nicht was, empfunden,
Das meinem Geist, dann leicht, dann schwer,
Aus Lieb und Leid alsbald geschwunden
ein kleine Weil:
Bis ich von Eurer Augen Lehr'
Und Ihr von meiner Seufzer Mär'
Die Schuldigkeit der Lieb' verstunden,
Darauf wir heimlich, ohn Unehr',
Einander fröhlich überwunden
ein kleine Weil.

Friedrich von Spee
1591–1635

EINGANG ZU DIESEM BÜCHLEIN, TRUTZ-NACHTIGALL GENANNT

Wann Morgenröt sich zieret
Mit zartem Rosenglanz
Und sittsam sich verlieret
Der nächtlich Sternentanz:
Gleich lüstet mich spazieren
Im grünen Lorbeerwald,
Allda dann musizieren
Die Pfeiflein mannigfalt.

Die flügelreichen Scharen,
Das Federbürschlein zart,
In süßem Schlag erfahren,
Noch Kunst, noch Atem spart,
Mit Schnäblein wohlgeschliffen
Erklingen's wunderfein,
Und frisch in Lüften schiffen
Mit leichten Rüderlein.

Der hohle Wald ertönet
Ob ihrem krausen Sang:
Mit Stauden stolz gekrönet
Die Kluften geben Klang.
Die Bächlein krumm geflochten
Auch lieblich stimmen ein,
Von Steinlein angefochten
Gar süßlich sausen drein.

Die sanften Wind in Lüften,
Auch ihre Flügel schwach,

An Händen, Füß und Hüften
Erschüttlen mit Gemach;
Da sausen gleich an Bäumen
Die lind gerührten Zweig,
Zur Musik sich nit säumen;
O wohl der süßen Streich!

Doch süßer noch erklinget
Ein sonders Vögelein,
So seinen Sang vollbringet
Bei Mond- und Sonnenschein.
Trutz-Nachtigall mit Namen
Es nunmehr wird genannt,
Und vielen, Wild und Zahmen,
Obsieget unbekannt.

Trutz-Nachtigall man's nennet,
Ist wund von süßem Pfeil:
Die Lieb es lieblich brennet,
Wird nie der Wunden heil.
Geld, Pomp und Pracht auf Erden,
Lust, Freuden es verspott,
Und achtet's für Beschwerden,
Sucht nur den schönen Gott.

Nur klingelt's aller Orten
Von Gott und Gottes Sohn,
Und nur zu'n Himmelpforten
Verweiset's allen Ton:
Von Bäum' zu'n Bäumen springet,
Durchstreichet Berg und Tal,
In Feld und Wäldern singet,
Weiß keiner Noten Zahl.

Es tut gar manche Fahrten,
Verwechselt Ort und Luft:
Jetzt findet man's im Garten
Betrübt an hohler Kluft;
Bald frisch und freudig singlet
Zusam't der süßen Lerch,
Und loben Gott, umzinglet
Den Öl- und andern Berg.

Auch schwebet's auf den Weiden
Und will bei'n Hirten sein,
Da Cedron kommt entscheiden
Die grünen Wiesen rein;
Tut zierlich sammen raffen
Die Verslein in Bezwang
Und setzet sich zu'n Schafen,
Pfeift manchen Hirtensang.

Auch wieder da nit bleibet,
Sich's hebt in Wind hinein,
Die leere Luft zertreibet
Mit schwanken Federlein:
Sich setzt an grober Eichen
Zur schnöden Schädelstatt;
Will kaum von dannen weichen,
Wird Kreuz noch Peinen satt.

Mit ihm will mich erschwingen
Und manchem schwebend ob
Den Lorbeerkranz ersingen
In deutschem Gotteslob.
Dem Leser nicht verdrieße
Der Zeit und Stunden lang:
Hoff ihm es noch ersprieße
Zu gleichem Zither-Sang.

Martin Opitz
1597–1639

ACH LIEBSTE, LASS UNS EILEN

Ach Liebste, laß uns eilen,
Wir haben Zeit:
Es schadet das Verweilen
Uns beiderseit.
Der edlen Schönheit Gaben
Fliehn Fuß für Fuß,
Daß alles, was wir haben,
Verschwinden muß.
Der Wangen Zier verbleichet,
Das Haar wird greis,
Der Äuglein Feuer weichet,
Die Brunst wird Eis.
Das Mündlein von Korallen
Wird ungestalt,
Die Händ als Schnee verfallen,
Und du wirst alt.
Drum laß uns jetzt genießen
Der Jugend Frucht,
Eh denn wir folgen müssen
Der Jahre Flucht.
Wo du dich selber liebest,
So liebe mich,
Gib mir, daß, wann du giebest,
Verlier auch ich.

ITZUND KOMMT DIE NACHT HERBEI

Itzund kommt die Nacht herbei,
Vieh und Menschen werden frei,
Die gewünschte Ruh geht an,
Meine Sorge kommt heran.

Schöne glänzt der Mondenschein
Und die güldnen Sternelein,
Froh ist alles weit und breit,
Ich nur bin in Traurigkeit.

Zweene manglen überall
An der schönen Sternen Zahl,
Die zween Sternen, so ich mein,
Sind der Liebsten Äugelein.

Nach dem Monden frag ich nicht,
Dunkel ist der Sternen Licht.
Weil sich von mir weggewend't
Asteris, mein Firmament.

Wann sich aber naht zu mir
Dieser meiner Sonnen Zier,
Acht ich es das Beste sein,
Daß kein Stern noch Monde schein.

Friedrich von Logau
1604–1655

ABGEDANKTE SOLDATEN

Würmer im Gewissen,
Kleider wohl zerrissen,
Wohlbenarbte Leiber,
Wohlgebrauchte Weiber,
Ungewisse Kinder,
Weder Pferd noch Rinder,
Nimmer Brot im Sacke,
Nimmer Geld im Packe,
Haben mitgenommen,
Die vom Kriege kommen:
Wer denn hat die Beute?
Eitel fremde Leute.

HEUTIGE WELTKUNST

Anders sein und anders scheinen,
Anders reden, anders meinen,
Alles loben, alles tragen,
Allen heucheln, stets behagen,
Allem Winde Segel geben,
Bös' und Guten dienstbar leben,
Alles Tun und alles Dichten

Bloß auf eignen Nutzen richten:
Wer sich dessen will befleißen,
Kann politisch heuer heißen.

HOF-WERKZEUG

Mäntel zum Bedecken,
Larven zum Verstecken,
Röcke zum Verkleiden,
Scheren zum Beschneiden,
Zangen zum Verzwicken,
Pressen, auszudrücken,
Pinsel zum Vergolden,
Blasen zum Besolden,
Polster, einzuwiegen,
Brillen zu Vergnügen,
Fächel, Wind zu machen,
Mehr noch solche Sachen
Sind bei Hof im Haufen,
Niemand braucht sie kaufen.

DER FRÜHLING

Da der Himmel gütig lachet,
Da die Erd' ihr Brautkleid machet,
Da sich Feld und Wiese malen,
Da der Bäume Häupter strahlen,

Da die Brunnen Silber gießen,
Da mit Funkeln Bäche fließen,
Da die Vögel Lieder singen
Und die muntern Fische springen:
Oh, so muß vor trübem Kränken
Bloß der Mensch die Stirne senken,
Weil vor solchen Frühlingslüsten
Mars erneuert sein Verwüsten,
Mars, der dies für Lust erkennet,
Wenn er mordet, raubt und brennet.

Simon Dach
1605–1659

FREUNDSCHAFT

Der Mensch hat nichts so eigen,
So wohl steht ihm nichts an,
Als daß er Treu erzeigen
Und Freundschaft halten kann;
Wann er mit seinesgleichen
Soll treten in ein Band,
Verspricht sich, nicht zu weichen
Mit Herzen, Mund und Hand.

Die Red ist uns gegeben,
Damit wir nicht allein
Für uns nur sollen leben
Und fern von Leuten sein.
Wir sollen uns befragen
Und sehn auf guten Rat,
Das Leid einander klagen,
So uns betreten hat.

Was kann die Freude machen,
Die Einsamkeit verhehlt?
Das gibt ein doppelt Lachen,
Was Freunden wird erzählt.
Der kann sein Leid vergessen,
Der es von Herzen sagt;
Der muß sich selbst auffressen,
Der ingeheim sich nagt.

Gott stehet mir vor allen,
Die meine Seele liebt;

Dann soll mir auch gefallen,
Der mir sich herzlich gibt:
Mit diesen Bunds-Gesellen,
Verlach ich Pein und Not,
Geh auf den Grund der Höllen
Und breche durch den Tod.

Ich hab, ich habe Herzen,
So treue wie gebührt,
Die Heuchelei und Scherzen
Nie wissentlich berührt!

Ich bin auch ihnen wieder
Von Grund der Seelen hold,
Ich lieb euch mehr, ihr Brüder,
Denn aller Erden Gold.

ÄNNCHEN VON THARAU

Ännchen von Tharau ist, die mir gefällt,
Sie ist mein Leben, mein Gut und mein Geld.

Ännchen von Tharau hat wieder ihr Herz
Auf mich gerichtet in Lieb und in Schmerz.

Ännchen von Tharau, mein Reichtum, mein Gut,
Du meine Seele, mein Fleisch und mein Blut.

Käm alles Wetter gleich auf uns zu schlahn,
Wir sind gesinnt, beieinander zu stahn.

Krankheit, Verfolgung, Betrübnis und Pein
Soll unsrer Liebe Verknotigung sein.

Recht als ein Palmenbaum über sich steigt,
Je mehr ihn Hagel und Regen anficht:

So wird die Lieb in uns mächtig und grot,
Durch Kreuz, durch Leiden, durch allerlei Not.

Würdest du gleich einmal von mir getrennt,
Lebtest da, wo man die Sonne kaum kennt:

Ich will dir folgen durch Wälder, durch Meer,
Durch Eis, durch Eisen, durch feindliches Heer.

Ännchen von Tharau, mein Licht, meine Sonn,
Mein Leben schließ ich um deines herum.

VERSE AN DEN TANZ

Tanz, der du Gesetze
Unsern Füßen gibst,
Handdruck, Huldgeschwätze,
Scherz und Liebe liebst:
Sinne, Augen, Ohren
Werden uns zuhauf
Gleichsam wie beschworen,
Zeuchst du rüstig auf.

Wie die Bäum' im Lenzen
Von der Blüte schwer,
Wie die Trauben glänzen,
Wie ein Kriegesheer:
So bist du zu schauen,
Tanz, wenn du dich rührst
Und an die Jungfrauen
Die Gesellen führst!

Georg Philipp Harsdörffer
1607–1658

BRAUTGRABLIED

Dein Traufest wandelt sich
Zum Trauerfest für dich.
Dein Kirchgang ist zum Grabe,
Der Sarg dein Hochzeitskleid,
Schmerz deine Morgengabe.
Beständig ist der Unbestand
In dieses Lebens Jammerland.

Das Weinen ist der Wein.
Wir sollten Gäste sein
An ihrem Freudentage
Und stellen uns jetzt ein
Zu tiefer Trauerklage.
Beständig ist der Unbestand
In dieses Lebens Jammerland.

Die Laut' ist ohne Laut.
Leid ist das Lied der Braut.
Der Totenglocken Klingen
Zeigt, wem man dich vertraut,
Wie unser Händeringen.
Beständig ist der Unbestand
In dieses Lebens Jammerland.

Schon öffnet sich das Tor,
Der Bräutigam tritt vor —
O Traufest, schrecklich allen!
Man hört in vollem Chor:
Der Braut ein Grablied hallen.
Beständig ist der Unbestand
In dieses Lebens Jammerland.

Johann Rist
1607–1667

AUF DIE NUNMEHR ANGEKOMMENE KALTE WINTERSZEIT

Der Winter hat sich angefangen,
Der Schnee bedeckt das ganze Land,
Der Sommer ist hinweggegangen,
Der Wald hat sich in Reif verwandt.

Die Wiesen sind von Frost versehret,
Die Felder glänzen wie Metall,
Die Blumen sind in Eis verkehret,
Die Flüsse stehn wie harter Stahl.

Wohlan, wir wollen von uns jagen
Durchs Feu'r das kalte Winterleid,
Kommt, laßt uns Holz zum Herde tragen
Und Kohlen dran, jetzt ist es Zeit.

Laßt uns den Fürnewein hergeben
Dort unten aus dem großen Faß,
Das ist das rechte Winterleben:
Ein heiße Stub und kühles Glas.

Wohlan, wir wollen musizieren
Bei warmer Luft und kühlem Wein,
Ein andrer mag sein Klagen führen,
Den Mammon nie läßt fröhlich sein.

Wir wollen spielen, scherzen, essen,
Solang uns noch kein Geld gebricht,

Doch auch der Schönsten nicht vergessen,
Denn wer nicht liebt, der lebet nicht.

Wir haben dennoch g'nug zu sorgen,
Wann nur das Alter kommt heran,
Es weiß doch keiner, was ihm morgen
Noch vor ein Glück begegnen kann.

Drum will ich ohne Sorge leben,
Mit meinen Brüdern fröhlich sein,
Nach Ehr und Tugend tu ich streben,
Den Rest befehl ich Gott allein.

Paul Gerhardt
1607–1676

AN DAS ANGESICHT DES HERRN JESU

O Haupt voll Blut und Wunden,
Voll Schmerz und voller Hohn!
O Haupt, zum Spott gebunden
Mit einer Dornenkron!
O Haupt, sonst schön gezieret
Mit höchster Ehr und Zier,
Jetzt aber hoch schimpfieret:
Gegrüßet seist du mir!

Du edles Angesichte,
Davor sonst schrickt und scheut
Das große Weltgewichte,
Wie bist du so bespeit?
Wie bist du so erbleichet?
Wer hat dein Augenlicht,
Dem sonst kein Licht nicht gleichet,
So schändlich zugericht't?

Die Farbe deiner Wangen,
Der roten Lippen Pracht
Ist hin und ganz vergangen;
Des blassen Todes Macht
Hat alles hingenommen,
Hat alles hingerafft,
Und daher bist du kommen
Von deines Leibes Kraft.

Nun, was du, Herr, erduldet,
Ist alles meine Last;

Ich hab es selbst verschuldet,
Was du getragen hast.
Schau her, hier steh ich Armer,
Der Zorn verdienet hat:
Gib mir, o mein Erbarmer,
Den Anblick deiner Gnad!

Erkenne mich, mein Hüter,
Mein Hirte, nimm mich an!
Von dir, Quell aller Güter,
Ist mir viel Guts getan;
Dein Mund hat mich gelabet
Mit Milch und süßer Kost,
Dein Geist hat mich begabet
Mit mancher Himmelslust.

Ich will hier bei dir stehen,
Verachte mich doch nicht!
Von dir will ich nicht gehen,
Wann dir dein Herze bricht.
Wann dein Haupt wird erblassen
Im letzten Todesstoß,
Alsdann will ich dich fassen
In meinen Arm und Schoß.

Es dient zu meinen Freuden
Und kömmt mir herzlich wohl,
Wann ich in deinem Leiden,
Mein Heil, mich finden soll.
Ach möcht ich, o mein Leben,
An deinem Kreuze hier
Mein Leben von mir geben,
Wie wohl geschähe mir!

Ich danke dir von Herzen,
O Jesu, liebster Freund,
Für deines Todes Schmerzen,
Da du's so gut gemeint.
Ach gib, daß ich mich halte
Zu dir und deiner Treu,
Und wann ich nun erkalte,
In dir mein Ende sei.

Wann ich einmal soll scheiden,
So scheide nicht von mir;
Wann ich den Tod soll leiden,
So tritt du dann herfür;
Wann mir am allerbängsten
Wird um das Herze sein,
So reiß mich aus den Ängsten
Kraft deiner Angst und Pein!

Erscheine mir zum Schilde,
Zum Trost in meinem Tod,
Und laß mich sehn dein Bilde
In deiner Kreuzesnot.
Da will ich nach dir blicken,
Da will ich glaubensvoll
Dich fest an mein Herz drücken.
Wer so stirbt, der stirbt wohl.

ABENDLIED

Nun ruhen alle Wälder,
Vieh, Menschen, Städt' und Felder,
Es schläft die ganze Welt.
Ihr aber, meine Sinnen,
Auf, auf, ihr sollt beginnen,
Was eurem Schöpfer wohlgefällt.

Der Tag ist nun vergangen,
Die güldnen Sternlein prangen
Am blauen Himmelssaal:
So, so werd ich auch stehen,
Wann mich wird heißen gehen
Mein Gott aus diesem Jammertal.

Der Leib eilt nun zur Ruhe,
Legt ab das Kleid und Schuhe,
Das Bild der Sterblichkeit,
Die ich auszieh. Dargegen
Wird Christus mir anlegen
Den Rock der Ehr und Herrlichkeit.

Das Haupt, die Füß und Hände
Sind froh, daß nun zum Ende
Die Arbeit kommen sei.
Herz, freu dich, du sollst werden
Vom Elend dieser Erden
Und von der Sünden Arbeit frei.

Nun geht, ihr matten Glieder,
Geht, geht und legt euch nieder,
Der Betten ihr begehrt:

Es kommen Stund und Zeiten,
Da man euch wird bereiten
Zur Ruh ein Bettlein in der Erd.

Breit aus die Flügel beide,
O Jesu, meine Freude!
Und nimm dein Küchlein ein:
Will Satan mich verschlingen,
So laß die Englein singen:
Dies Kind soll unverletzet sein!

Auch euch, ihr meine Lieben,
Soll heute nicht betrüben
Ein Unfall noch Gefahr.
Gott laß euch ruhig schlafen,
Stell euch die güldnen Waffen
Ums Bett, und seiner Helden Schar.

GEH AUS, MEIN HERZ, UND SUCHE FREUD

Geh aus, mein Herz, und suche Freud
In dieser lieben Sommerzeit
An deines Gottes Gaben;
Schau an der schönen Gärten Zier
Und siehe, wie sie mir und dir
Sich ausgeschmücket haben.

Die Bäume stehen voller Laub,
Das Erdreich decket seinen Staub
Mit einem grünen Kleide;

Narzissus und die Tulipan,
Die ziehen sich viel schöner an
Als Salomonis Seide.

Die Lerche schwingt sich in die Luft,
Das Täublein fleugt aus seiner Kluft
Und macht sich in die Wälder;
Die hochbegabte Nachtigall
Ergötzt und füllt mit ihrem Schall
Berg, Hügel, Tal und Felder.

Die Glucke führt ihr Völklein aus,
Der Storch baut und bewohnt sein Haus,
Das Schwälblein speist die Jungen;
Der schnelle Hirsch, das leichte Reh
Ist froh und kommt aus seiner Höh
Ins tiefe Gras gesprungen.

Die Bächlein rauschen in dem Sand
Und malen sich und ihren Rand
Mit schattenreichen Myrten;
Die Wiesen liegen hart dabei
Und klingen ganz von Lustgeschrei
Der Schaf und ihrer Hirten.

Die unverdroßne Bienenschar
Fleucht hin und her, sucht hie und dar
Ihr edle Honigspeise.
Des süßen Weinstocks starker Saft
Bringt täglich neue Stärk und Kraft
In seinem schwachen Reise.

Der Weizen wächset mit Gewalt,
Darüber jauchzet jung und alt

Und rühmt die große Güte
Des, der so überflüssig labt
Und mit so manchem Gut begabt
Das menschliche Gemüte.

Ich selbsten kann und mag nicht ruhn;
Des großen Gottes großes Tun
Erweckt mir alle Sinnen;
Ich singe mit, wenn alles singt,
Und lasse, was dem Höchsten klingt,
Aus meinem Herzen rinnen.

Ach, denk ich, du bist hier so schön
Und läßt du uns so lieblich gehn
Auf dieser armen Erden,
Was will doch wohl nach dieser Welt
Dort in dem festen Himmelszelt
Und güldnen Schlosse werden!

Welch hohe Lust, welch heller Schein
Wird wohl in Christi Garten sein!
Wie muß es da wohl klingen,
Da so viel tausend Seraphim
Mit eingestimmtem Mund und Stimm
Ihr Halleluja singen!

O wär ich da, o stünd ich schon,
Ach süßer Gott, vor deinem Thron
Und trüge meine Palmen,
So wollt ich nach der Engel Weis
Erhöhen deines Namens Preis
Mit tausend schönen Psalmen!

Doch gleichwohl will ich, weil ich noch
Hier trage dieses Leibes Joch,
Auch nicht gar stille schweigen;
Mein Herze soll sich fort und fort
An diesem und an allem Ort
Zu deinem Lobe neigen.

Hilf mir und segne meinen Geist
Mit Segen, der vom Himmel fleußt,
Daß ich dir stetig blühe!
Gib, daß der Sommer deiner Gnad
In meiner Seelen früh und spat
Viel Glaubensfrücht erziehe!

Mach in mir deinem Geiste Raum,
Daß ich dir werd ein guter Baum,
Und laß mich wohl bekleiben;
Verleihe, daß zu deinem Ruhm
Ich deines Gartens schöne Blum
Und Pflanze möge bleiben!

Erwähle mich zum Paradeis,
Und laß mich bis zur letzten Reis
An Leib und Seele grünen;
So will ich dir und deiner Ehr
Allein und sonsten keinem mehr
Hier und dort ewig dienen.

NACH DEM GROSSEN KRIEGE

Gottlob, nun ist erschollen
Das edle Fried- und Freudenwort,
Daß nunmehr ruhen sollen
Die Spieß und Schwerter und ihr Mord.
Wohlauf, und nimm nun wieder
Dein Saitenspiel hervor!
O Deutschland, singe Lieder
Im hohen vollen Chor!
Erhebe dein Gemüte
Zu deinem Gott und sprich:
Herr, deine Gnad' und Güte
Bleibt dennoch ewiglich.

Wir haben nichts verdienet
Als schwere Straf' und großen Zorn,
Weil stets bei uns noch grünet
Der freche schnöde Sündendorn.
Wir sind fürwahr geschlagen
Mit harter scharfer Rut',
Und dennoch muß man fragen:
Wer ist, der Buße tut?
Wir sind und bleiben böse,
Gott ist und bleibet treu,
Hilft, daß sich bei uns löse
Der Krieg und sein Geschrei.

Sei tausendmal willkommen,
Du teure, werte Friedensgab'!
Jetzt sehn wir, was wir Frommen
Dein Bei-uns-Wohnen in sich hab'.
In dich hat Gott versenket

All unser Glück und Heil;
Wer dich betrübt und kränket,
Der drückt ihm selbst den Pfeil
Des Herzleids in das Herze
Und löscht aus Unverstand
Die güldne Freudenkerze
Mit seiner eignen Hand.

Das drückt uns niemand besser
In unsre Seel und Herz hinein
Als ihr zerstörten Schlösser
Und Städte voller Schutt und Stein;
Ihr vormals schönen Felder,
Mit frischer Saat bestreut,
Jetzt aber lauter Wälder
Und dürre wüste Heid',
Ihr Gräber, voller Leichen
Und blut'gem Heldenschweiß,
Der Helden, derer gleichen
Auf Erden man nicht weiß.

Hier trübe deine Sinnen,
O Mensch! und laß den Tränenbach
Aus beiden Augen rinnen;
Geh in dein Herz und denke nach.
Was Gott bisher gesendet,
Das hast du ausgelacht;
Nun hat er sich gewendet
Und väterlich bedacht,
Vom Grimm und scharfen Dringen
Zu deinem Heil zu ruhn,
Ob er dich möchte zwingen
Mit Lieb' und Gutestun.

Ach, laß dich doch erwecken!
Wach auf! wach auf, du harte Welt,
Eh als das harte Schrecken
Dich schnell und plötzlich überfällt.
Wer aber Christum liebet,
Sei unerschrocknen Muts;
Der Friede, so er giebet,
Bedeutet alles Gut's.
Er will die Lehre geben:
Das Ende naht herzu,
Da sollt ihr bei Gott leben
In ew'gem Fried' und Ruh.

Paul Fleming
1609–1640

AN SICH

Sei dennoch unverzagt! Gib dennoch unverloren!
Weich keinem Glücke nicht, steh höher als der Neid.
Vergnüge dich an dir, und acht es für kein Leid,
Hat sich gleich wider dich Glück, Ort und Zeit verschworen.

Was dich betrübt und labt, halt alles für erkoren,
Nimm dein Verhängnis an. Laß alles unbereut.
Tu, was getan muß sein, und eh man dir's gebeut.
Was du noch hoffen kannst, das wird noch stets geboren.

Was klagt, was lobt man doch? Sein Unglück und sein Glücke
Ist ihm ein jeder selbst. Schau alle Sachen an.
Dies alles ist in dir, laß deinen eitlen Wahn,

Und eh du förder gehst, so geh in dich zurücke.
Wer sein selbst Meister ist und sich beherrschen kann,
Dem ist die weite Welt und alles untertan.

ELSGENS TREUES HERZ

Ein getreues Herze wissen,
Hat des höchsten Schatzes Preis.
Der ist selig zu begrüßen,
Der ein treues Herze weiß.
  Mir ist wohl bei höchstem Schmerze,
  Denn ich weiß ein treues Herze.

Läuft das Glücke gleich zuzeiten
Anders, als man will und meint,
Ein getreues Herz hilft streiten
Wider alles, was ist Feind.
  Mir ist wohl bei höchstem Schmerze,
  Denn ich weiß ein treues Herze.

Sein Vergnügen steht alleine
In des andern Redlichkeit,
Hält des andern Not für seine,
Weicht nicht auch bei böser Zeit.
  Mir ist wohl bei höchstem Schmerze,
  Denn ich weiß ein treues Herze.

Gunst, die kehrt sich nach dem Glücke,
Geld und Reichtum, das zerstäubt,
Schönheit läßt uns bald zurücke,
Ein getreues Herze bleibt.
  Mir ist wohl bei höchstem Schmerze,
  Denn ich weiß ein treues Herze.

Eins ist da sein und geschieden.
Ein getreues Herze hält.
Gibt sich allezeit zufrieden,
Steht auf, wenn es niederfällt.
  Mir ist wohl bei höchstem Schmerze,
  Denn ich weiß ein treues Herze.

Nichts ist süßer als zwei Treue,
Wenn sie eines worden sein.
Dies ist's, des ich mich erfreue,
Und sie gibt ihr Ja auch drein.
  Mir ist wohl bei höchstem Schmerze,
  Denn ich weiß ein treues Herze.

WIE ER WOLLE GEKÜSSET SEIN

Nirgends hin als auf den Mund:
Da sinkt's in des Herzens Grund;
Nicht zu frei, nicht zu gezwungen,
Nicht mit gar zu fauler Zungen.

Nicht zu wenig, nicht zu viel;
Beides wird sonst Kinderspiel.
Nicht zu laut und nicht zu leise:
Bei der Maß' ist rechte Weise.

Nicht zu nahe, nicht zu weit.
Dies macht Kummer, jenes Leid.
Nicht zu trocken, nicht zu feuchte,
Wie Adonis Venus reichte.

Nicht zu harte, nicht zu weich,
Bald zugleich, bald nicht zugleich.
Nicht zu langsam, nicht zu schnelle,
Nicht ohn' Unterscheid der Stelle.

Halb gebissen, halb gehaucht,
Halb die Lippen eingetaucht,
Nicht ohn' Unterscheid der Zeiten,
Mehr alleine denn bei Leuten.

Küsse nun ein jedermann,
Wie er weiß, will, soll und kann!
Ich nur und die Liebste wissen,
Wie wir uns recht sollen küssen.

NEUJAHR 1633

Stelle deine Schlachten ein,
Mars, und lerne milder sein.
Tu die Waffen ab und sprich:
Hin, Schwert! was beschwerst du mich?

Dieser Helm wird nütze sein,
Daß die Schwalben nisten drein,
Daß man, wenn der Frühling kümmt,
Junge Vögel da vernimmt.

Und der brachen Erde Bauch
Darf der Spieß und Degen auch:
Nur, daß sie sehn anders aus,
Pflug und Spaten werden draus.

Tritt, was schädlich ist, beiseit!
Hin, verdammte Pest und Streit!
Weg ihr Sorgen, weg Gefahr,
Jetzund kömmt ein neues Jahr!

WÄHREND DER TRENNUNG

Es ist umsonst, das Klagen,
Das du um mich
Und ich um dich,
Wir umeinander tragen.
Sie ist umsonst, die harte Pein,
Mit der wir jetzt umfangen sein.

Laß das Verhängnis walten.
Was dich dort ziert
Und mich hier führt,
Das wird uns doch erhalten.
Dies, was uns jetzt so sehr betrübt,
Ist's dennoch, das uns Freude gibt.

Sei unterdessen meine,
Mein mehr als ich,
Und schau auf mich,
Daß ich bin ewig deine.
Vertraute Liebe weichet nicht,
Hält allzeit, was sie einmal spricht.

Auf alle meine Treue
Sag ich dir's zu:
Du bist es, du,
Der ich mich einzig freue.
Mein Herze, das sich jetzt so quält,
Hat dich und keine sonst erwählt.

Bleib, wie ich dich verlassen.
Daß ich dich einst,
Die du jetzt weinst,
Mit Lachen mag umfassen.
Dies soll für diese kurze Pein
Auf ewig unsre Freude sein.

Eilt, lauft, ihr trüben Tage,
Eilt, lauft vorbei!
Eilt, macht mich frei
Von aller meiner Plage!
Eilt, kommt, ihr hellen Stunden ihr,
Die mir gewähren alle Zier.

TUGEND

Tugend ist mein Leben,
Der hab ich ergeben,
Den ganzen mich.
Tugend will ich ehren,
Tugend wird mich lehren,
Was sie selbst kann mehren:
Sie wächst durch sich.

Nicht des Weges Länge,
Noch des Pfades Enge
Schreckt mich davon.
Laß die Dornen stechen,
Schuh und Kleider brechen,
Sie wird alles rächen
Durch ihren Lohn.

Während andre karten,
Lust und Schlafes warten,
So säum' ich nicht.
Jetzt ist Zeit zu eilen,
Dem wird alles feilen,
Der sich wird verweilen
Und jetzt verbricht.

Alles andre, alles
Hat die Art des Balles,
Der steigt und fällt.
Schätze haben Flügel,
Ehre läßt den Zügel,
Lust kommt aus dem Bügel:
Die Tugend hält.

Hab ich Gott und Tugend,
So hat meine Jugend,
Was sie macht wert.
Diese schönen beide
Wehren allem Leide,
Lieben alle Freude,
So man begehrt.

AUF DEN TOD EINES KINDES

Schlafe wohl, geliebtes Kind.
So viel tapfrer Helden sterben,
Ganze Völker gar verderben,
Und die Zeit verstiebt wie Wind;
Wie soll denn ein Mensch bestehn?
Muß dies Ganze doch vergehn.

Schlafe wohl! wir Armen, wir
Bleiben, was wir immer waren:
Jung von Weisheit, alt von Jahren,
Unverständig für und für;
Stumm an Mund, an Augen blind,
Kinder, wie wir kommen sind.

Justus Georg Schottel
1612–1676

DONNERLIED

Schwefel, Wasser, Feur und Dampf
Wollen halten einen Kampf;
Dicker Nebel dringt gedickt,
Licht und Luft ist fast erstickt.

Drauf die starken Winde bald
Sausen, brausen mit Gewalt,
Reißen, werfen Wirbelduft,
Mengen Wasser, Erde, Luft.

Plötzlich blickt der Blitz herein,
Macht das Finstre feurig sein,
Schwefelklumpen, Strahlenlicht,
Rauch und Dampf herein mit bricht.

Drauf der Donner brummt und kracht,
Rasselt, rollet hin mit Macht,
Prallet, knallet, grausamlich,
Puffet, sumsend endigt sich.

Bald das Blitzen wieder kummt,
Und der Donner rollend brummt:
Bald hereilt ein Windesbraus
Und dem Wetter macht garaus.

Andreas Gryphius
1616–1664

AN SICH SELBST

Mir grauet vor mir selbst, mir zittern alle Glieder,
Wenn ich die Lipp und Nas und beider Augen Kluft,
Die blind vom Wachen sind, des Atems schwere Luft
Betracht und die nun schon erstorbnen Augenlider.

Die Zunge, schwarz vom Brand, fällt mit den Worten nieder
Und lallt, ich weiß nicht was; die müde Seele ruft
Dem großen Tröster zu; das Fleisch reucht nach der Gruft;
Die Ärzte lassen mich, die Schmerzen kommen wieder.

Mein Körper ist nicht mehr als Adern, Fell und Bein.
Das Sitzen ist mein Tod, das Liegen meine Pein.
Die Schenkel haben selbst nun Träger wohl vonnöten.

Was ist der hohe Ruhm, und Jugend, Ehr und Kunst?
Wenn diese Stunde kommt, wird alles Rauch und Dunst,
Und eine Not muß uns mit allem Vorsatz töten.

ES IST ALLES EITEL

Du siehst, wohin du siehst, nur Eitelkeit auf Erden.
Was dieser heute baut, reißt jener morgen ein;
Wo jetzund Städte stehn, wird eine Wiese sein,
Auf der ein Schäferskind wird spielen mit den Herden;

Was jetzund prächtig blüht, soll bald zertreten werden;
Was jetzt so pocht und trotzt, ist morgen Asch und Bein;

Nichts ist, das ewig sei, kein Erz, kein Marmorstein.
Jetzt lacht das Glück uns an, bald donnern die Beschwerden.

Der hohen Taten Ruhm muß wie ein Traum vergehn.
Soll denn das Spiel der Zeit, der leichte Mensch, bestehn?
Ach, was ist alles dies, was wir für köstlich achten,

Als schlechte Nichtigkeit, als Schatten, Staub und Wind,
Als eine Wiesenblum, die man nicht wiederfind't!
Noch will, was ewig ist, kein einig Mensch betrachten.

ABEND

Der schnelle Tag ist hin, die Nacht schwingt ihre Fahn
Und führt die Sternen auf. Der Menschen müde Scharen
Verlassen Feld und Werk; wo Tier und Vögel waren,
Traurt itzt die Einsamkeit. Wie ist die Zeit vertan!

Der Port naht mehr und mehr sich zu der Glieder Kahn.
Gleich wie dies Licht verfiel, so wird in wenig Jahren
Ich, du, und was man hat und was man sieht, hinfahren.
Dies Leben kömmt mir vor als eine Rennebahn.

Laß, höchster Gott, mich doch nicht auf dem Laufplatz gleiten!
Laß mich nicht Ach, nicht Pracht, nicht Lust, nicht Angst verleiten!
Dein ewig heller Glanz sei vor und neben mir!

Laß, wenn der müde Leib entschläft, die Seele wachen,
Und wenn der letzte Tag wird mit mir Abend machen,
So reiß mich aus dem Tal der Finsternis zu dir!

AN DIE STERNEN

Ihr Lichter, die ich nicht auf Erden satt kann schauen,
Ihr Fackeln, die ihr Nacht und schwarze Wolken trennt,
Als Diamante spielt und ohn Aufhören brennt;
Ihr Blumen, die ihr schmückt des großen Himmels Auen,

Ihr Wächter, die, als Gott die Welt auf wollte bauen,
Sein Wort, die Weisheit selbst, mit rechten Namen nennt,
Die Gott allein recht mißt, die Gott allein recht kennt,
Wir blinden Sterblichen! was wollen wir uns trauen!

Ihr Bürgen meiner Lust, wie manche schöne Nacht
Hab ich, indem ich euch betrachtete, gewacht!
Herolde dieser Zeit! wann wird es doch geschehen,

Daß ich, der eurer nicht allhier vergessen kann,
Euch, deren Liebe mir steckt Herz und Geister an,
Von andern Sorgen frei werd unter mir besehen?

TRÄNEN DES VATERLANDES

Wir sind doch nunmehr ganz, ja mehr denn ganz verheeret!
Der frechen Völker Schar, die rasende Posaun,
Das vom Blut fette Schwert, die donnernde Kartaun
Hat aller Schweiß und Fleiß und Vorrat aufgezehret.

Die Türme stehn in Glut, die Kirch ist umgekehret,
Das Rathaus liegt im Graus, die Starken sind zerhaun,
Die Jungfraun sind geschänd't, und wo wir hin nur schaun,
Ist Feuer, Pest und Tod, der Herz und Geist durchfähret.

Hier durch die Schanz und Stadt rinnt allzeit frisches Blut;
Dreimal sind's schon sechs Jahr, als unsrer Ströme Flut,
Von Leichen fast verstopft, sich langsam fortgedrungen;

Doch schweig ich noch von dem, was ärger als der Tod,
Was grimmer denn die Pest und Glut und Hungersnot:
Daß auch der Seelen Schatz so vielen abgezwungen.

TRÄNEN IN SCHWERER KRANKHEIT

Ich bin nicht, der ich war. Die Kräfte sind verschwunden,
Die Glieder sind verdorrt wie ein verbrannter Graus.
Mir schaut der schwarze Tod zu beiden Augen aus.
Ich werde von mir selbst nicht mehr in mir gefunden.

Der Atem will nicht fort; die Zung steht angebunden;
Mein Herz empfindet schon den letzt und höchsten Strauß.
Ein jeder, der mich sieht, spürt, daß das schwache Haus,
Der Leib, wird brechen ein noch inner wenig Stunden.

Gleich wie die Wiesenblum früh mit dem Licht der Welt
Hervorkommt und, noch eh der Mittag weggeht, fällt,
So bin ich auch benetzt mit Tränentau ankommen:

So sterb ich vor der Zeit. O Erden, gute Nacht!
Mein Stündlein läuft zum End! Itzt hab ich ausgewacht
Und werde von dem Schlaf des Todes eingenommen.

VANITAS! VANITATUM VANITAS!

Die Herrlichkeit der Erden
Muß Rauch und Aschen werden,
Kein Fels, kein Erz kann stehn.
Dies, was uns kann ergötzen,
Was wir für ewig schätzen,
Wird als ein leichter Traum vergehn.

Was sind doch alle Sachen,
Die uns ein Herze machen,
Als schlechte Nichtigkeit?
Was ist des Menschen Leben,
Der immer um muß schweben,
Als eine Phantasie der Zeit?

Der Ruhm, nach dem wir trachten,
Den wir unsterblich achten,
Ist nur ein falscher Wahn.
Sobald der Geist gewichen
Und dieser Mund erblichen,
Fragt keiner, was man hier getan.

Es hilft kein weises Wissen,
Wir werden hingerissen
Ohn einen Unterscheid.
Was nützt der Schlösser Menge?
Dem hie die Welt zu enge,
Dem wird ein enges Grab zu weit.

Dies alles wird zerrinnen,
Was Müh und Fleiß gewinnen
Und saurer Schweiß erwirbt;

Was Menschen hier besitzen,
Kann für den Tod nicht nützen,
Dies alles stirbt uns, wenn man stirbt.

Ist eine Lust, ein Scherzen,
Das nicht ein heimlich Schmerzen
Mit Herzensangst vergällt?
Was ist's, womit wir prangen?
Wo wirst du Ehr erlangen,
Die nicht in Hohn und Schmach verfällt?

Was pocht man auf die Throne?
Da keine Macht noch Krone
Kann unvergänglich sein.
Es mag vom Totenreihen
Kein Zepter dich befreien,
Kein Purpur, Gold, noch edler Stein.

Wir rechnen Jahr auf Jahre,
Indessen wird die Bahre
Uns vor die Tür gebracht.
Drauf müssen wir von hinnen
Und, eh wir uns besinnen,
Der Erde sagen gute Nacht.

Auf Herz! wach und bedenke,
Daß dieser Zeit Geschenke
Den Augenblick nur dein.
Was du zuvor genossen,
Ist als ein Strom verschossen.
Was künftig: wessen wird es sein?

Verlache Welt und Ehre,
Furcht, Hoffen, Gunst und Lehre

Und fleuch den Herren an,
Der immer König bleibet,
Den keine Zeit vertreibet,
Der einzig ewig machen kann.

Wohl dem, der auf ihn trauet!
Er hat recht fest gebauet,
Und ob er hier gleich fällt,
Wird er doch dort bestehen
Und nimmermehr vergehen,
Weil ihn die Stärke selbst erhält.

DER TOTE AN DEN LEBENDEN

Ein kleiner Hügel ist mein Reich,
Ein Örtchen von drei Ellen;
Vier Bretter, einem Kasten gleich,
Sind meine Kammerschwellen;
Sechs Schaufeln Erd', o sanfte Rast!
Bedecken meiner Sorgen Last.

Ich war ein Mensch, wie du noch bist,
Von Rang und von Verstande,
Dein Konterfei, dein Nebenchrist,
Jetzt lieg' ich hier im Sande.
Kein Marmorstein mein Grab erhöh',
Damit ich leichter aufersteh.

Kein König, sollt' er auch an Schein
Dem Alexander gleichen,

Ein neuer Welterobrer sein
Und gar den Mond erreichen,
Kein Bettler, der an Krücken schlich,
Braucht einen größern Raum als ich.

Hier ist der Grenzstein aller Macht,
Der Zielpunkt alles Strebens;
Kunst, Schönheit, Herrlichkeit und Pracht
Sind trotzdem hier vergebens.
Das Buch, der Pflug, das Schwert, der Stab
Sucht unter Einem Staub ein Grab.

Der Leib, das Haus, worin der Geist
Geherbergt so viel Jahre,
Der über Land und Meer gereist,
Liegt auf der Totenbahre.
Was arm und reich, was gut und arg,
Was klein und groß, muß in den Sarg.

Ihr, die ihr Kunst und Wissenschaft
Erfunden und beschrieben,
Von deren weiser Sinneskraft
Nichts unentdeckt geblieben:
Gar vieles hab' auch ich gewußt
Und doch an diesen Ort gemußt.

Die Lippen, die es kundgetan,
Die Händ, in die es kommen,
Die Augen, die es schauten an,
Die Ohren, die's vernommen:
Sind stumm, sind lahm, sind blind, sind taub,
Und alles eine Hand voll Staub.

Drum, der du diesen Hügel siehst
Und hörst mich unterm Sande,
Denk' an den Tod, wie hoch du bist
An Ehr' und an Verstande,
Du hast nicht einen Schritt zu mir:
Dein Grab ist unterm Fuße dir.

Du wirst von deiner Felder Raum
Ein Räumchen, drein zu liegen,
Ein Tuch aus deinem Kasten kaum
Zum Sterbekittel kriegen;
Von Dienern, jetzt dir zugewandt,
Wird kaum dein Name dann genannt.

Nackt scheiden wir aus dieser Zeit,
Nichts folgt uns, wenn wir sterben,
Als des Gewissens Reinigkeit,
Das andre bleibt den Erben.
Weib, Kind, Haus, Ansehn, Amt und Gut
Nimmst du nicht, noch sie dich in Hut.

O Pilgrim! Eins, nur eins ist Not,
Dasselbe heißt: Wohl sterben.
Kannst du's, dann scheust du nicht den Tod,
Wo nicht, mußt du verderben.
Wohl sterben ist wohl auferstehn.
Drauf wart' ich. Du magst fürder gehen.

Johann Klaj
1616–1656

LANDSCHAFT

Hellglänzendes Silber! mit welchem sich gatten
Der astigen Linden weitstreifende Schatten!
Deine sanftkühlend-geruhige Lust
Ist jedem bewußt.

Wie sollten kunstahmende Pinsel bemalen
Die Blätter, die schirmen vor brennenden Strahlen?
Keiner der Stämme, so grünlich beziert,
Die Ordnung verführt.

Es lispeln und wispeln die schlüpfrigen Brunnen,
Von ihnen ist diese Begrünung gerunnen.
Sie schauren, betrauren und fürchten bereit
Die schneiichte Zeit.

AN EINE LINDE

Schöne Linde!
Deine Rinde
Nehm' den Wunsch von meiner Hand:
Kröne mit den sanften Schatten
Diese saatbegrasten Matten,
Stehe sicher vor dem Brand.
Reißt die graue Zeit hier nieder
Deine Brüder:
Soll der Lenz diese Äst'
Jedes Jahr belauben wieder
Und dich hegen wurzelfest.

Christian Hofmann von Hofmannswaldau
1617–1679

DIE WELT

Was ist die Welt und ihr berühmtes Glänzen?
Was ist die Welt und ihre ganze Pracht?
Ein schnöder Schein in kurzgefaßten Grenzen,
Ein schneller Blitz bei schwarzgewölkter Nacht,
Ein buntes Feld, da Kummerdisteln grünen,
Ein schön Spital, so voller Krankheit steckt,
Ein Sklavenhaus, da alle Menschen dienen,
Ein faules Grab, so Alabaster deckt.
Das ist der Grund, darauf wir Menschen bauen
Und was das Fleisch für einen Abgott hält.
Komm, Seele, komm und lerne weiter schauen,
Als sich erstreckt der Zirkel dieser Welt!
Streich ab von dir derselben kurzes Prangen,
Halt ihre Lust für eine schwere Last:
So wirst du leicht in diesen Port gelangen,
Da Ewigkeit und Schönheit sich umfaßt.

VERGÄNGLICHKEIT DER SCHÖNHEIT

Es wird der bleiche Tod mit seiner kalten Hand
Dir endlich mit der Zeit um deine Brüste streichen,
Der liebliche Corall der Lippen wird verbleichen;
Der Schultern warmer Schnee wird werden kalter Sand,

Der Augen süßer Blitz, die Kräfte deiner Hand,
Für welchen solches fällt, die werden zeitlich weichen,

Das Haar, das itzund kann des Goldes Glanz erreichen,
Tilgt endlich Tag und Jahr als ein gemeines Band.

Der wohlgesetzte Fuß, die lieblichen Gebärden,
Die werden teils zu Staub, teils nichts und nichtig werden,
Denn opfert keiner mehr der Gottheit deiner Pracht.

Dies und noch mehr als dies muß endlich untergehen,
Dein Herze kann allein zu aller Zeit bestehen,
Dieweil es die Natur aus Diamant gemacht.

WO SIND DIE STUNDEN

Wo sind die Stunden
Der süßen Zeit,
Da ich zuerst empfunden,
Wie deine Lieblichkeit
Mich dir verbunden?
Sie sind verrauscht. Es bleibet doch dabei,
Daß alle Lust vergänglich sei.

Das reine Scherzen,
So mich ergetzt
Und in dem tiefen Herzen
Sein Merkmal eingesetzt,
Läßt mich in Schmerzen.
Du hast mir mehr als deutlich kundgetan,
Daß Freundlichkeit nicht ankern kann.

Das Angedenken
Der Zuckerlust
Will mich in Angst versenken.
Es will verdammte Kost
Uns zeitlich kränken.
Was man geschmeckt und nicht mehr schmecken soll,
Ist freudenleer und jammervoll.

Empfangne Küsse,
Ambrierter Saft
Verbleibt nicht lange süße
Und kommt von aller Kraft;
Verrauschte Flüsse
Erquicken nicht. Was unsern Geist erfreut,
Entspringt aus Gegenwärtigkeit.

Ich schwamm in Freude,
Der Liebe Hand
Spann mir ein Kleid von Seide;
Das Blatt hat sich gewandt,
Ich geh im Leide,
Ich wein itzund, daß Lieb und Sonnenschein
Stets voller Angst und Wolken sein.

DER TOD

Was ist der Tod der Frommen?
Ein Schlüssel zu dem Leben,
Ein Grenzstein böser Zeit,
Ein Schlaftrunk alter Reben,
Ein Fried auf Krieg und Streit.
Ein Führer zu der Sonne,
Ein Steg ins Vaterland,
Ein Aufgang aller Wonne,
Ein Trieb von großer Hand.
Ein Zunder zu dem Lichte,
Ein Flug in jene Welt,
Ein Paradiesgerichte,
Ein Schlag, der alles fällt.
Ein Abtritt aller Plagen,
Ein Baum vor alle Not;
Was soll ich ferner sagen?
Dies alles ist der Tod.

DIE WOLLUST

Die Wollust bleibet doch der Zucker dieser Zeit,
Was kann uns mehr, denn sie, den Lebenslauf versüßen?
Sie lässet trinkbar Gold in unsre Kehle fließen
Und öffnet uns den Schatz beperlter Lieblichkeit;
In Tuberosen kann sie Schnee und Eis verkehren
Und durch das ganze Jahr die Frühlingszeit gewähren.

Es schaut uns die Natur als rechte Kinder an,
Sie schenkt uns ungespart den Reichtum ihrer Brüste,

Sie öffnet einen Saal voll zimmetreicher Lüste,
Wo aus des Menschen Wunsch Erfüllung quellen kann.
Sie legt, als Mutter, uns die Wollust in die Armen
Und läßt durch Lieb und Wein den kalten Geist erwarmen.

Nur das Gesetze will allzu tyrannisch sein.
Es zeiget jederzeit ein widriges Gesichte,
Es macht des Menschen Lust und Freiheit ganz zunichte
Und stößt vor süßen Most uns Wermutstropfen ein;
Es untersteht sich, uns die Augen zu verbinden
Und alle Lieblichkeit aus unsrer Hand zu winden.

Die Ros entblößet nicht vergebens ihre Pracht,
Jasmin will nicht umsonst uns in die Augen lachen,
Sie wollen unser Lust sich dienst- und zinsbar machen.
Der ist sein eigen Feind, der sich zu plagen tracht;
Wer vor die Schwanenbrust ihm Dornen will erwählen,
Dem muß es an Verstand und reinen Sinnen fehlen.

Was nutzet endlich uns doch Jugend, Kraft und Mut,
Wenn man den Kern der Welt nicht reichlich will genießen
Und dessen Zuckerstrom läßt unbeschifft verschießen,
Die Wollust bleibet doch der Menschen höchstes Gut,
Wer hier zu Segel geht, dem wehet das Gelücke
Und ist verschwenderisch mit seinem Liebesblicke.

Wer Epicuren nicht vor seinen Lehrer hält,
Der hat den Weltgeschmack und allen Witz verloren,
Es hat ihr die Natur als Stiefsohn ihn erkoren,
Er muß ein Unmensch sein und Scheusal dieser Welt;
Der meisten Lehrer Wahn erreget Zwang und Schmerzen,
Was Epicur gelehrt, das kützelt noch die Herzen.

Philipp von Zesen
1619–1689

ABENDLIED

Es hat nun mehr das güldne Licht
Des Himmels seinen Lauf verricht',
Der Tag hat sich geneiget;
Der blasse Mond steht auf der Wacht,
Die Sterne leuchten durch die Nacht,
Der süße Schlaf sich zeiget.

Ei, nun will ich in sanfter Ruh
Die Nacht mit Schlafen bringen zu,
Ermüdet durch viel Schreiben,
Das durch den langen Tag ich trieb,
Bis mir die Nacht den Paß verhieb,
Die Sinnen fortzutreiben.

Indessen sei mein Glanz und Licht
Dein freudenreiches Angesicht,
O Sonne meiner Seelen,
Daß nicht der Nächte Schatten mich
Mit Furcht und Schrecken inniglich
Im Herzen möge quälen.

Nimm weg den schweren Sündenschwall,
So sich ereignet überall,
Aus meines Herzens Schranken.
Daß ich fein sanfte ruhen mag,
Und, wann nun kömmt der frühe Tag,
Dir, Höchster, freudig danken.

Hiermit will ich nun schlafen ein
Und dir, o Gott, ergeben sein,
Du wirst mich wohl erretten.
Behüte mich für schnellem Tod,
Für aller Angst und Krieges Not
Und für des Teufels Ketten.

Georg Greflinger
1620–1677

AUF DIE ZURÜCKREISE

Gute Nacht, ihr teutschen Städte,
Gute Nacht, mein Vatterland!
Daß ich meinen Körper rette
Vor den Waffen, vor dem Brand
Und vor andern deinen Plagen,
Kann ich dir kein andres sagen.

Ob nun zwar der Vatter-Erden,
Welches fast natürlich scheint,
Schwerlich kann vergessen werden,
Und was sonst ein lieber Freund,
Ist es mir doch eine Freude,
Daß ich einmal von dir scheide.

Brandstadt, Blutfeld, Sitz der Straffen,
Aller Rauber Dummel-Plan,
Wehland, Zeughaus böser Waffen,
Wohl, wer dich entfliehen kann!
Es ist mir die höchste Freude,
Daß ich einmal von dir scheide.

Sei gegrüßet, edles Preußen,
Sei gegrüßet, Balter-Strand,
Wo das Zanken und das Beißen
Etwas minder ist bekannt,
Wo die Recht- und Friedens-Herzen
Lieblich miteinander scherzen.

Fuge, fuge, Wind von Westen,
Laß die Segel schwanger gehen,
Deine Kraft dient uns am besten,
Soll ich was zurückestehn;
Geh voran, sag meiner Floren,
Seladon sei vor den Toren.

Hans Jakob Christoffel von Grimmelshausen
um 1622–1676

KOMM TROST DER NACHT, O NACHTIGALL

Komm, Trost der Nacht, o Nachtigall,
Laß deine Stimm mit Freudenschall
Aufs lieblichste erklingen;
Komm, komm, und lob den Schöpfer dein,
Weil andre Vöglein schlafen sein
Und nicht mehr mögen singen!
Laß dein Stimmlein
Laut erschallen, dann vor allen
Kannst du loben
Gott im Himmel hoch dort oben.

Obschon ist hin der Sonnenschein
Und wir im Finstern müssen sein,
So können wir doch singen;
Von Gottes Güt' und seiner Macht,
Weil uns kann hindern keine Nacht,
Sein Lob zu vollenbringen.
Drum dein Stimmlein
Laß erschallen, dann vor allen
Kannst du loben
Gott im Himmel hoch dort oben.

Echo, der wilde Widerhall,
Will sein bei diesem Freudenschall
Und lässet sich auch hören;
Verweist uns alle Müdigkeit,
Der wir ergeben allezeit,

Lehrt uns den Schlaf betören.
Drum dein Stimmlein
Laß erschallen, dann vor allen
Kannst du loben
Gott im Himmel hoch dort oben.

Die Sterne, so am Himmel stehn,
Sich lassen zum Lob Gottes sehn
Und tun ihm Ehr beweisen;
Die Eul' auch, die nicht singen kann,
Zeigt doch mit ihrem Heulen an,
Daß sie Gott auch tu preisen.
Drum dein Stimmlein
Laß erschallen, dann vor allen
Kannst du loben
Gott im Himmel hoch dort oben.

Nur her, mein liebstes Vögelein,
Wir wollen nicht die Fäulste sein
Und schlafend liegen bleiben,
Vielmehr, bis daß die Morgenröt
Erfreuet diese Wälder öd,
Im Lob Gottes vertreiben.
Laß dein Stimmlein
Laut erschallen, dann vor allen
Kannst du loben
Gott im Himmel hoch dort oben.

Johann Georg Albinus
1624–1679

STERBELIED

Alle Menschen müssen sterben,
Alles Fleisch ist gleich wie Heu:
Was da lebet, muß verderben,
Soll es anders werden neu.
Dieser Leib, der muß verwesen,
Wenn er anders soll genesen
Zu der großen Herrlichkeit,
Die den Frommen ist bereit.

Drumb so will ich dieses Leben,
Weil es meinem Gott beliebt,
Auch gar willig von mir geben,
Bin darüber nicht betrübt;
Denn in meines Jesu Wunden
Hab ich nun Erlösung funden,
Und mein Trost in Todesnot
Ist des Herren Jesu Tod.

Jesu ist für mich gestorben,
Und sein Tod ist mein Gewinn:
Er hat mir das Heil erworben,
Drumb fahr ich mit Freuden hin,
Hin aus diesem Weltgetümmel,
In des großen Gottes Himmel,
Da ich werde allezeit
Schauen die Dreifaltigkeit.

Da wird sein das Freudenleben,
Da viel tausend Seelen schon

Seind mit Himmelsglanz umbgeben,
Dienen Gott für seinem Thron,
Da die Seraphimen prangen
Und das hohe Lied anfangen:
Heilig, heilig, heilig heißt
Gott der Vater, Sohn und Geist.

Da die Patriarchen wohnen,
Die Propheten allzumal,
Wo auf ihren Ehrenthronen
Sitzet die gezwölfte Zahl,
Wo in so viel tausend Jahren
Alle Väter hingefahren,
Da wir unserm Gott zu ehren
Ewig Alleluja hören.

O Jerusalem, du schöne!
Ach wie helle glänzest du,
Ach wie lieblich Lobgetöne
Hört man da in sanfter Ruh!
O der großen Freud und Wonne:
Itzo gehet auf die Sonne,
Itzo gehet an der Tag,
Der kein Ende nehmen mag.

Ach, ich habe schon erblicket
Alle diese Herrlichkeit:
Jetzo werd ich schön geschmücket
Mit dem weißen Himmelskleid
Und der güldnen Ehrenkrone,
Stehe da für Gottes Throne,
Schaue solche Freude an,
Die ich nicht beschreiben kann.

Hier will ich nun ewig wohnen,
Liebster Schatz, zu guter Nacht!
Eure Treu wird Gott belohnen,
Die ihr an mir habt verbracht.
Liebsten Kinder und Verwandten,
Schwager, Freunde und Bekannten,
Lebet wohl, zu guter Nacht;
Gott sei Lob, es ist vollbracht.

Johann Georg Schoch
1627–um 1690

AN SEIN VATERLAND, ALS ER SICH BEI CANDIEN BEFAND

Ich sitze, Candia, bei dir in Ruhe hier
Und laß inzwischen dort das höchstbedrängte Meißen,
Mein liebes Vaterland, das Herze sich zerreißen,
Indem sich Deutschland müht, mit emsiger Begier

Sein Henker selbst zu sein. Ich bleibe hier bei dir!
Ein andrer steh für mich in eingeschlossnen Eisen,
Und mag sich auch der Feind um meine Güter reißen,
Du bist mein Losungswort, du bist mein Hauptquartier.

Hier such' ich meinen Feind, den kann ich recht bekriegen,
Ich kann in deinem Schoß, o schöne Candia,
So gut, und besser noch als sie, zu Felde liegen:

Ein Kuß ist die Parol', die Losung eitel Ja,
Die Festung muß bei dir nicht erst beschossen sein,
Du läßt mich durch Akkord mit Sack und Pack hinein.

Kaspar von Stieler
(auch Filidor der Dorfferer)
1632–1707

WAHL DER MUSE

Der mag die Tugend preisen
Und der die alten Weisen
Und Helden rühmen für und für:
Ich will in weichen Tönen
Allein der Liebe frönen
Und singen von Rosillens Zier.

Der Schiffer schwatzt von Stürmen,
Der Krieger prahlt von Türmen,
Die er so oft erstiegen hat.
Der Bauer lobt die Felder,
Der Jäger Wild und Wälder,
Der Reisende so manche Stadt.

Ich bin ein Jungfraunlieber!
Die Zunge geht mir über
Von dem, was aus dem Herzen quillt.
Wer des mich schlecht will halten,
Der trotze den Gewalten,
Die ob uns hat ein Frauenbild.

ROSILLE

Der Jugendanmut hohes Prangen,
Die Purpurglut der Frühlingswangen,
Der Augen Blitz, der Stirne Glanz,
Das Spiel der lieblichen Gebärden,
Der Gang, die Kraft sind himmlisch ganz
Und können nicht verschönert werden.

So lieblich blickte nie Dione,
Wenn sie auf ihrem goldnen Throne
In Paphos Huldigung empfing.
Betracht' ich all dein süßes Wesen,
So wähn' ich niedrig und gering,
Was von Helenen ich gelesen.

Der Schönheit höchste Trefflichkeiten
Kannst du als Siegerin bestreiten,
Du ziehst allmächtig Herzen an.
Wer sonder Himmelslust und Flammen,
O Schönste, dich erblicken kann,
Der muß von Marmorfelsen stammen.

NACH DEM TODE

Was frag' ich nach den Trauerfahnen,
Was nach den Wappen alter Ahnen,
Und ob mich dann ein Marmor ziert,
Wenn zu des Orkus blassen Scharen
Mein Geist ist übern Fluß gefahren,
Wo Ehrsucht weiter uns nicht rührt!

Es mag mich, wer da will, beklagen
Und Leid an meinem Sarge tragen;
Klein acht' ich der Gewohnheit Spiel.
Hin, Philidor, nur hingestorben,
Bleibt nur dein Nachruhm unverdorben
Bei Rosilis, der Reime Ziel.

Ich weiß, es werden deine Zeilen
Bei ihr nicht zum Vergessen eilen,
Sie wird dich lesen Tag und Nacht.
Und sagen: Was hier aufgeschrieben,
Hat Philidor aus treuem Lieben
Auf unser beider Brunst erdacht.

DAS SCHATTENREICH

Es ist ein Ort in düstrer Nacht,
Wo Pech und blauer Schwefel brennen,
Des hohler Schlund nie zu erkennen,
Als wenn ein Blitz ihn heiter macht:
Mit Schlamm und schwarzen Wasserwogen
Ist sein verhaßter Sitz umzogen.

Megära sinnt da Martern aus
Mit ihren Schwestern, denen Schlangen
Um die gefurchten Schläfen bangen,
Dort ist die Grausamkeit zu Haus.
Ganz das Entsetzen zu erfüllen,
Hört man den Cerber gräßlich brüllen.

Zu diesem Schreckensort bestimmt
Ist, wer der zarten Liebe spottet,
Wer gegen Amorn frech sich rottet
Und Waffen wider Venus nimmt.
In Ketten, niemals aufzuschließen,
Muß er für solchen Frevel büßen.

Hingegen ist ein grünes Tal,
Wo balsamreiche Weste kühlen,
Hier hört man nur von Saitenspielen,
Von Lust und Freuden ohne Zahl.
Die Felder blühn in bunten Nelken
Und Rosen, welche nie verwelken.

Hier säuselt eine Zimmetluft;
Den Schlag der muntern Nachtigallen
Hört man hier stets durch Myrten schallen,
Hier ist kein Frost, kein Nebelduft,
Kein Blitz, kein Donnerschlag, noch Regen
Zieht schwarzen Wolken hier entgegen.

Wohl dem, der Amorn sich ergibt!
Er wird, geschmückt mit Myrtenkronen,
In diesem Lenztal ewig wohnen.
Wohl dem, der keusch und treulich liebt!
Ihn wird mit Siegespracht und Singen
Der bleiche Charon überbringen.

Anton Ulrich von Braunschweig
1633–1714

ES IST GENUG!

Es ist genug! Mein matter Sinn
Sehnt sich dahin, wo meine Väter schlafen.
Ich hab es endlich guten Fug,
Es ist genug! Ich muß mir Rast verschaffen.

Ich bin ermüdt, ich hab geführt
Die Tages Bürd: Es muß einst Abend werden.
Erlös mich, Herr, spann aus den Pflug,
Es ist genug! Nimm von mir die Beschwerden.

Die große Last hat mich gedrückt,
Ja schier erstickt, so viele lange Jahre.
Ach, laß mich finden, was ich such.
Es ist genug! Mit solcher Kreuzes-Ware.

Nun gute Nacht, ihr meine Freund,
Ihr meine Feind, ihr Guten und ihr Bösen!
Euch folg die Treu, euch folg der Trug.
Es ist genug! Mein Gott will mich auflösen.

So nimm nun, Herr, hin meine Seel,
Die ich befehl in deine Händ und Pflege.
Schreib sie ein in dein Lebensbuch.
Es ist genug! Daß ich mich schlafen lege.

Nicht besser soll es mir ergehn,
Als wie geschehn den Vätern, die erworben
Durch ihren Tod des Lebens Ruch.
Es ist genug! Es sei also gestorben!

Catharina Regina von Greiffenberg
1633–1694

SPAZIER- oder SCHÄFER-LIEDLEIN

In den angenehmen Auen
Komm ich, Gottes Güt zu schauen,
Wenn der Abend einherbricht.
Wenn die Schäflein bei der Tränke,
Seinen Wunden ich nachdenke,
Meine Lobes-Pflicht verricht.

Setz mich bei dem Bächlein nieder
Und betrachte hin und wieder
Meines Schöpfers Schaffungs-Kunst
In der Erden Blumen-Bringen,
Die will mit dem Himmel ringen
Ob erteilter Gnaden-Gunst.

Indem kommet mir zu Ohren
So beliebt und auserkoren
Meiner Nachtigalle Schall,
Da die Tochter in den Lüften
Macht erschallen aus den Klüften:
Dir sei Preis, o ewigs All!

Pfleg die lange Zeit zu kürzen
Und die Einsamkeit zu würzen
Mit der keuschen Bücher-Lust;
Jedes Blatt ist mir ein Flügel
Und ein nachgelaßner Zügel
Zu der süßen Himmel-Brust.

Laß die Schaf im Schatten stehen,
Pfleg dieweil auf sie zu sehen;
Denke dieser Hoheit nach,
Die ich künftig werd besitzen,
Da mein Ehren-Kron wird glitzen
Als die Sonne tausendfach.

Ob ich dieser Zeit schon habe
Nichts als meinen Hirtenstabe,
Weiß ich doch ein Königreich
Inner dem saphiren Dache
Und demantinen Gemache,
Das ich sterbend erbe gleich.

Lebe von der Schäflein Wolle,
Wünsche nichts, als was ich solle;
Bin in meiner Armut reich
Und ein Königin bei Schafen;
Kann ohn Angst und Sorgen schlafen,
Werd ob keinem Stürmen bleich.

Gottes Lob ist all mein Dichten;
Alls pfleg ich dahin zu richten,
Daß sein Name werd gepreist.
In Betrachtung seiner Wunder
Leg ich mich — und werde munter,
Daß er der noch mehr mir weist.

Daniel Casper von Lohenstein
1635–1683

Dies Leben ist ein Kürbs, die Schal ist Fleisch und Knochen,
Die Kerne sind der Geist, der Wurmstich ist der Tod;
Des Alters Frühling malt die Blüte schön und rot,
Im Sommer, wenn der Saft am besten erst soll kochen,

So wird die gelbe Frucht von Käfern schon bekrochen,
Die morsche Staude fault, der Leib wird Asch und Kot;
Doch bleibt des Menschen Kern der Geist aus aller Not,
Er wird von Wurm und Tod und Krankheit nicht gestochen.

Er selbst verursacht noch, daß eine neue Frucht,
Ein unverweslich Leib aus Moder, Asch und Erde
Auf jenen großen Lenz im Himmel wachsen werde.

Warum denn, daß mein Freund mit Tränen wieder sucht
Die jetzt entseelte Frau? Die Seel ist unvergraben,
So wird er auch den Leib dort schöner wieder haben.

Der Hoffnungs-Bau ist Fall, die Blüte faulend Most,
Eis, Trübsand ist das Feld, wo unser Mut uns blühet.
Wenn man den Ehrenzweck beim Lichten recht besiehet,
Hat Erde, Sand und Sarg uns so viel Müh gekost.

LOBGESANG DER BLUMENGÖTTIN

Ich bin die Blumenkönigin,
Die Welt- und Himmels-Gärtnerin,
Denn Berg und Tal, Gebirg und Wiesen säugen
Die edlen Blumen nicht allein.
Sie wachsen in Kristall und Stein,
Sie lassen sich in Erz und Muscheln zeugen.

Die Flüsse, Seen und das Meer
Sind nicht von Klee und Veilchen leer.
Ja, Vorwitz hat sowohl die Pracht
Agsteinenen Geblüms und Rosen aus Kristallen
Als die sich in der Luft versteinernden Korallen
Aus Thetis' Schoß ans Licht gebracht.

So ist's auch nur ein Alb-Bild im Gehirne
Daß einig Stern ein Bär sei oder Stier.
Der Erdball stellt ja einen Garten für
Durch meiner Blumen irdische Gestirne.
Der Himmel aber ist ein Garten, seine Sternen
Sind Blumen. Der neun hellen Sternen Glanz
War für der Zeit der Ariadne Kranz.

So mögt ihr euch für mir schamrötig nun entfernen,
Ihr Göttinnen der andern Jahreszeit:
Weil Ceres nur allein im Sommer Klee abmeiht,
Pomone nur den Herbst ausziert mit Obstgerichten,
Der Himmel auch nur prangt mit Blumen, nicht mit Früchten.
Hingegen ist mein Schmuck des ganzen Jahres Kleid,
Den nicht der Reif des Herbstes kann entfärben,
Der Sommer nicht versengen und verderben,
Des Winters Frost nicht tilgt, der alles sonst verschneit.

Kein Kraut, kein Baum bringt seine Frucht herfür,
Die nicht vorher mit Blüt und Blumen prahlen.
Der Pomeranzen purpurreiche Schalen
Sind doch beschämt durch ihrer Blüte Zier.
Die Nuß gibt nach der Blume der Muskaten,
Und der Geschmack der Äpfel von Granaten
Weicht ihrer Blüt an Farben und Geruch,
Das fette Feld ist ein smaragden Tuch,
Eh als man kann einernten falsche Saaten.
Mein Blumwerg hegt so gar wie Trauben, Wein und Most,
Dient Menschen zur Arznei und Bienen zu der Kost.

Ja, meiner Blumen Purpur gibt
Der Lieb ein Wohnhaus ab, der Wollust eine Wiege;
Jedweder Stengel ist ein Merkmal ihrer Siege.
Denn alle Blumen sind verliebt,
Ihr gut Geruch ist ihrer Seele Sehnen,
Die Farb ihr Brand, der Tau die Liebestränen.

Christian Knorr von Rosenroth
1636–1689

MORGENLIED

Morgenglanz der Ewigkeit,
Licht vom unerschöpften Lichte,
Schick uns diese Morgenzeit
Deine Strahlen zu Gesichte
Und vertreib durch deine Macht
Unsre Nacht.

Die bewölkte Finsternis
Müsse deinem Glanz entfliegen,
Die durch Adams Apfelbiß
Uns, die kleine Welt, bestiegen,
Daß wir, Herr, durch deinen Schein
Selig sein.

Deiner Güte Morgentau
Fall auf unser matt Gewissen;
Laß die dürre Lebensau
Lauter süßen Trost genießen
Und erquick uns, deine Schar,
Immerdar.

Gib, daß deiner Liebe Glut
Unsre kalten Werke töte,
Und erweck uns Herz und Mut
Bei entstandner Morgenröte,
Daß wir, eh wir gar vergehn,
Recht aufstehn.

Laß uns ja das Sündenkleid
Durch des Bundes Blut vermeiden,
Daß uns die Gerechtigkeit
Mög als wie ein Rock bekleiden
Und wir so vor aller Pein
Sicher sein.

Ach! du Aufgang aus der Höh,
Gib, daß auch am Jüngsten Tage
Unser Leichnam aufersteh
Und, entfernt von aller Plage,
Sich auf jener Freudenbahn
Freuen kann.

Leucht uns selbst in jene Welt,
Du verklärte Gnadensonne!
Führ uns durch das Tränenfeld
In das Land der süßen Wonne,
Da die Lust, die uns erhöht,
Nie vergeht.

Abraham a Santa Clara
1644–1709

NACHTMUSIKANTEN

Hier sind wir arme Narrn
Auf Plätzen und auf Gassen
Und tun die ganze Nacht
Mit unsrer Musik passen.

Es gibt uns keine Ruh
Die starke Liebesmacht,
Wir stehen mit dem Bogen
Erfroren auf der Wacht.

Sobald der helle Tag
Sich nur beginnt zu neigen,
Gleich stimmen wir die Laut,
Die Harfen und die Geigen.

Mit diesen laufen wir
Zu mancher Schönen Haus
Und legen unsern Kram,
Papier und Noten aus.

Der erste gibt den Takt,
Der andre bläst die Flöten,
Der dritte schlägt die Pauk,
Der viert stößt die Trompeten.

Ein andrer aber spielt
Theorb und Galischan
Mit gar besonderm Fleiß,
So gut er immer kann.

Wir pflegen auch so lang
An einem Eck zu hocken,
Bis wir ein schön Gespenst
Hin an das Fenster locken.

Da fängt man alsbald an
Vor der Geliebten Tür
Verliebte Arien
Mit Pausen und Suspir.

Und sollten vor der Wacht
Wir endlich weichen müssen,
So macht man, statt der Händ,
Die Läufe mit den Füßen.

Und also treiben wir's
Oft durch die lange Nacht,
Daß selbst die ganze Welt
Ob unsrer Narrheit lacht.

Ach, schöne Phyllis, hör
Doch unser Musizieren
Und laß uns eine Nacht
In deinem Schoß pausieren.

Joachim Neander
1650–1680

DER LOBENDE

Lobe den Herren, den mächtigen König der Ehren,
Meine geliebete Seele, das ist mein Begehren:
Kommet zu Hauf,
Psalter und Harfe, wacht auf,
Lasset die Musicam hören!

Lobe den Herren, der alles so herrlich regieret,
Der dich auf Adelers Fittichen sicher geführet,
Der dich erhält,
Wie es dir selber gefällt.
Hast du nicht dieses verspüret?

Lobe den Herren, der künstlich und fein dich bereitet,
Der dir Gesundheit verliehen, dich freundlich geleitet:
In wieviel Not
Hat nicht der gnädige Gott
Über dir Flügel gebreitet?

Lobe den Herren, der deinen Stand sichtbar gesegnet,
Der aus dem Himmel mit Strömen der Liebe geregnet;
Denke daran,
Was der Allmächtige kann,
Der dir mit Liebe begegnet!

Lobe den Herren, was in mir ist, lobe den Namen!
Alles, was Odem hat, lobe mit Abrahams Samen!
Er ist dein Licht,
Seele, vergiß es ja nicht;
Lobende, schließe mit Amen.

Benjamin Neukirch
1665–1729

DAS LETZTE WORT

Ich weiß nicht, ob ich euch noch einmal werde sehn,
Ihr wundervollen Augen.
Dennoch werden meine Wunden,
So ich stets von euch empfunden
Und nicht mehr zu heilen taugen,
Ewig, ewig offenstehn.

Gottfried Arnold
1666–1714

DIE SEELE, JESUS' GESPIELIN

So spielen die lieblichen Buhlen zusammen
Und mehren im Spielen die himmlischen Flammen,
Das eine vermehret des anderen Lust,
Und beiden ist nichts als die Liebe bewußt.
Er singet, sie spielet; er küsset, sie herzet;
Er lehret, sie höret; er lachet, sie scherzet.
Er saget: wie bist du mir ewig erkoren!
Sie rufet: du bist mir zur Freude geboren!
Die beide verdoppeln das Echo in Ein
Und schreien: mein Freund ist vollkommentlich mein!

Barthold Heinrich Brockes
1680–1747

KIRSCHBLÜTE BEI DER NACHT

Ich sahe mit betrachtendem Gemüte
Jüngst einen Kirschbaum, welcher blühte,
In kühler Nacht beim Mondenschein;
Ich glaubt, es könne nichts von größrer Weiße sein.
Es schien, als wär ein Schnee gefallen;
Ein jeder, auch der kleinste Ast
Trug gleichsam eine rechte Last
Von zierlich weißen runden Ballen.
Es ist kein Schwan so weiß, da nämlich jedes Blatt,
Indem daselbst des Mondes sanftes Licht
Selbst durch die zarten Blätter bricht,
Sogar den Schatten weiß und sonder Schwärze hat.
Unmöglich, dacht ich, kann auf Erden
Was Weißers ausgefunden werden.

Indem ich nun bald hin, bald her
Im Schatten dieses Baumes gehe,
Sah ich von ungefähr
Durch alle Blumen in die Höhe
Und ward noch einen weißern Schein,
Der tausendmal so weiß, der tausendmal so klar,
Fast halb darob erstaunt, gewahr.
Der Blüte Schnee schien schwarz zu sein
Bei diesem weißen Glanz. Es fiel mir ins Gesicht
Von einem hellen Stern ein weißes Licht,
Das mir recht in die Seele strahlte.

Wie sehr ich mich an Gott im Irdischen ergetze,
Dacht ich, hat er dennoch weit größre Schätze.
Die größte Schönheit dieser Erden
Kann mit der himmlischen doch nicht verglichen werden.

EIN ALTER UMGEWEHETER KIRSCHBAUM

So muß dich denn zuletzt der wilde Nord zerspalten,
Da dein Verdienst, wodurch du dich erhalten,
Das Beil oft von dir abgekehrt,
Weil sonst dein Stand die Durchsicht mir verwehrt.
Ob ich nun gleich dadurch bei deinem Scheiden
Fast mehr gewonnen als verloren,
So seh ich dich doch mit betrübten Freuden
In deinem Lager an.
Es hat dich dein Verdienst beschützet;
Dies dein Verdienst begleitet dich
Zu der Zeit auch, da grimmiglich
Ein Wetter auf dich stürmt und blitzet.
Dein längst geborstner Stamm hat eh nicht brechen wollen,
Als bis du mir zuguterletzt
Das, was ich an dir hoch geschätzt,
Die großen Kirschen, reif hast können zollen.

Die Kinder, die sich bis daher
Mit aufgeschlagnem Aug an deiner Frucht ergetzet
Betrüben sich; doch freuen sie sich mehr,
Indem sie ihren Wunsch, die reifen Kirschen nun,
Wodurch dein Haupt bisher sich pflag zu schmücken,

Jetzund, wie sie mit Jauchzen tun,
In deinen Zweigen selber pflücken.
Sie können nunmehr ohn Gefahr
Auf deinen ehedem erhabnen Gipfel steigen.

Bald halb verdeckt, bald ganz und gar
Sieht man sie in den grünen Zweigen
Mit kindischem Gewühl und frohem Lärmen
Geschäftig schlupfen, hüpfen, schwärmen.
Kein einziger von ihnen denkt daran,
Wie es nun auch das letzte Mal,
Daß er der süßen Kirschen Zahl
Von diesem Baume pflücken kann.
Sie wissen nicht, daß oft Verdruß
Auch aus der Lust sogar entspringet
Und daß ein kurzer Überfluß
Oft einen langen Mangel bringet.

Johann Christian Günther
1695–1723

ABENDLIED

Der Feierabend ist gemacht,
Die Arbeit schläft, der Traum erwacht,
Die Sonne führt die Pferde trinken;
Der Erdkreis wandert zu der Ruh,
Die Nacht drückt ihm die Augen zu,
Die schon dem süßen Schlafe winken.

Ich, Schöpfer, deine Kreatur,
Bekenne, daß ich auf der Spur
Der Sünder diesen Tag gewandelt;
Ich habe dein Verbot verletzt,
Mich dir in allem widersetzt
Und wider meine Pflicht gehandelt.

Doch weil ein Quintchen Vaterhuld
Viel tausend Zentner meiner Schuld
Durch dein Erbarmen überwieget,
So gib Genade vor das Recht
Und zürne nicht auf deinen Knecht,
Der sich an deinen Füßen schmieget.

Der Beichte folgt das Gnadenwort:
Steh auf, mein Sohn, und wandre fort,
Die Missetat ist dir erlassen.
Drum kann mein Glaube ganz getrost,
Ist Welt und Satan schon erbost,
Bei deiner Wahrheit Anker fassen.

Mein Abendopfer ist ein Lied,
Das dir zu danken sich bemüht,
Die Brust entzündet Andachtskerzen;
Gefällt dir dieser Brandaltar,
So mache die Verheißung wahr:
Gott heilet die zerschlagnen Herzen.

Du bester Anwalt, Jesu Christ,
Der in den Schwachen mächtig ist,
Komm und vollführe meine Sache!
Beweise, daß dein teures Blut,
Was ich verbrochen, wieder gut
Und auch die Sünder selig mache.

Du Geist der Wahrheit, breite dich
Mit deinen Gaben über mich;
Dein Wort sei meines Fußes Leuchte.
Vergönne mir dein Gnadenlicht
Auf meinen Wegen, daß ich nicht
Mir selber zur Verdammnis leuchte.

Herr, deine Hand sei mein Panier,
Dein Antlitz aber zeige mir
Auch in dem Traume mein Vergnügen.
Die Einsamkeit betrübt den Geist,
Doch, wo du meine Seite schleußt,
So darf ich nicht alleine liegen.

Das müde Haupt sinkt auf den Pfühl,
Doch wo ich ruhig schlafen will,
So muß ich deinen Engel bitten;
Der kann durch seine starke Wacht
Mich vor dem Ungetüm der Nacht
Um meine Lagerstatt behüten.

Soll mir der Pfühl ein Leichenstein,
Der Schlaf ein Schlaf zum Tode sein,
Ja, soll das Bette mich begraben,
So laß den Leichnam in der Gruft,
Bis ihn die letzte Stimme ruft,
Den Geist im Himmel Friede haben.

Will aber deine Gütigkeit,
Die alle Morgen sich verneut,
Mir heute noch das Leben borgen,
So wecke zeitlich mich darauf,
Nicht aber durch ein Unglück, auf
Und laß mich vor das Danklied sorgen.

STUDENTENLIED

Brüder, laßt uns lustig sein,
Weil der Frühling währet
Und der Jugend Sonnenschein
Unser Laub verkläret.
Grab und Bahre warten nicht;
Wer die Rosen jetzo bricht,
Dem ist der Kranz bescheret.

Unsers Lebens schnelle Flucht
Leidet keinen Zügel,
Und des Schicksals Eifersucht
Macht ihr stetig Flügel.
Zeit und Jahre fliehn davon,
Und vielleichte schnitzt man schon
An unsers Grabes Riegel.

Wo sind diese, sagt es mir,
Die vor wenig Jahren
Eben also, gleich wie wir,
Jung und fröhlich waren?
Ihre Leiber deckt der Sand,
Sie sind in ein ander Land
Aus dieser Welt gefahren.

Wer nach unsern Vätern forscht,
Mag den Kirchhof fragen;
Ihr Gebein, so längst vermorscht,
Wird ihm Antwort sagen.
Kann uns doch der Himmel bald,
Eh die Morgenglocke schallt,
In unsre Gräber tragen.

Unterdessen seid vergnügt,
Laßt den Himmel walten,
Trinkt, bis euch das Bier besiegt,
Nach Manier der Alten!
Fort! Mir wässert schon das Maul,
Und, ihr andern, seid nicht faul,
Die Mode zu erhalten.

Dieses Gläschen bring ich dir,
Daß die Liebste lebe
Und der Nachwelt bald von dir
Einen Abriß gebe.
Setzt ihr andern gleichfalls an,
Und wenn dieses ist getan,
So lebt der edlen Rebe.

BRESLAU, DEN 25. DEZ. 1719

Mein Herz, was fangen wir noch miteinander an?
Es scheint, wir werden bald dem Kummer weichen müssen;
Vor alles, was wir sonst dem Nächsten Guts getan,
Muß unsre Redlichkeit mit Not und Elend büßen,

Die Weisheit bringt kein Brot, die Arbeit keine Lust,
Uns jagt des Himmels Zorn durch Ruten, Land und Jahre.
Ein Fehltritt, den du nur aus Übereilung tust,
Wird, ob er dich gleich reut, ein neuer Schritt zur Bahre.

Der Eltern Angst ist dein, der Schwester Gram trifft mich;
Die Lästrer plagen uns mit unverschämten Zungen,
Die Armut macht mich auch den Toren lächerlich,
Und was nur Schaden bringt, das wird mir aufgedrungen.

Du kannst das von Natur dir anvertraute Pfund
Aus Mangel hoher Gunst auf keinen Wucher legen;
Kein Zufall macht den Wert von meinem Wissen kund,
Und was dir gütig scheint, wird elend meinetwegen.

Man würdigt meine Not der Untersuchung nicht,
Die Spötter nennen sie teils Strafe, teils Gedichte;
Und wer in Gegenwart auch noch so freundlich spricht,
Der (macht) mir hinterwärts ein (schädliches) Gerichte.

Nunmehr ist endlich auch der Jahre Lenz vorbei;
Wem will ein solches Kreuz nicht die Geduld ermüden?
Die Musen sind mir hold, und Lorchen bleibt noch treu,
Mein Herz, was willst du mehr? Ich gebe mich zufrieden.

AN LEONOREN
BEI DEM ANDERN ABSCHIEDE

Du daurest mich, du allerliebstes Kind.
Du fühlst mein Weh, ich leide deine Schmerzen,
Da Glück und Zeit so lange grausam sind
Und mit dem Flehn getreuer Seelen scherzen;
Du leidest viel, doch gib der Treu Gehör:
Ich leide mehr.

Ich leide mehr, als jemand kann und glaubt,
Ich muß von dir, der Riß macht schwere Plagen;
Ich seh den Trost, den dir mein Abschied raubt,
So wird mein Herz auch zweifach wund geschlagen,
Du liebest mich sowohl getreu als klug,
Das ist genug.

Das ist genug, die Unruh zu verstehn,
Die Lorchen kränkt und mich in ihr verzehret;
Ach, sollt ich bald davor zu Grabe gehn,
Ich würde wohl so heftig nicht beschweret.
Wer weiß, was kommt! Vielleicht beschließt der Tod
Die lange Not.

Die lange Not ist dennoch nicht so stark,
Uns, werter Schatz, dem Geiste nach zu trennen.
Erwart ich mir statt deiner Schoß den Sarg,
So soll mir doch der Neid den Nachruhm gönnen,
Daß leicht kein Mensch so rein als ich geliebt,
Obgleich betrübt.

Obgleich betrübt, jedennoch unverzagt.
Der Himmel zürnt, wer will mit diesem zanken?

Wohin mich auch mein hart Verhängnis jagt,
Da bleibest du ein Trostbild der Gedanken;
Wirst du mir nicht, so haß ich Lieb und Eh;
Nun Kind, ich geh.

Nun Kind, ich geh. Geh auch und nimm den Kuß,
Wir martern nur einander durch dies Letzen.
Ich zwinge mich, den ungewissen Fuß,
Den du verweilst, Gott weiß wohin zu setzen;
Das Unglück stürmt, die Lästrer stimmen ein,
Ergib dich drein!

Ergib dich drein! Es blitz auch nah und fern;
Ein schneller Wind kann leicht das Wetter ändern.
Mein Vaterland versagt mir Glück und Stern,
Dies blüht vielleicht in unbekannten Ländern.
Mein Fleiß ist froh, nur dich noch zu erhöhn,
Viel auszustehn.

Viel auszustehn und gleichwohl frei zu sein,
Vermag kein Geist, den Lieb und Ruhm nicht stärken.
Kind, gute Nacht! Mein Anblick mehrt die Pein,
Ich kann die Angst an Farb und Sprache merken,
Sieh mich noch an und lebe wohl und sprich:
Du daurest mich.

ALS ER DER PHILLIS EINEN RING MIT EINEM TOTENKOPF ÜBERREICHTE

Erschrick nicht vor dem Liebeszeichen,
Es träget unser künftig Bild,
Vor dem nur die allein erbleichen,
Bei welchen die Vernunft nichts gilt.
Wie schickt sich aber Eis und Flammen?
Wie reimt sich Lieb und Tod zusammen?
Es schickt und reimt sich gar zu schön,
Denn beide sind von gleicher Stärke
Und spielen ihre Wunderwerke
Mit allen, die auf Erden gehn.

Ich gebe dir dies Pfand zur Lehre:
Das Gold bedeutet feste Treu,
Der Ring, daß uns die Zeit verehre,
Die Täubchen, wie vergnügt man sei;
Der Kopf erinnert dich des Lebens,
Im Grab ist aller Wunsch vergebens,
Drum lieb und lebe, weil man kann,
Wer weiß, wie bald wir wandern müssen!
Das Leben steckt im treuen Küssen,
Ach, fang den Augenblick noch an!

ALS ER SICH ÜBER FLAVIENS TOD BEKLAGTE

Betrügliches Glücke!
Die stählerne Brücke
der Hoffnung zerfällt;
der Becher der Freuden
wird mir durch dies Leiden
mit Wermut vergällt.

Die Sonne der Tugend,
die Blume der Jugend,
geht unter und ein;
der Himmel wird trübe,
die Flammen der Liebe
verlieren den Schein.

Der Frühling der Jahre
erstirbt auf der Bahre:
Wer wird mir den Kuß
wie vormals gewähren?
Ach langes Entbehren!
Ach kurzer Genuß!

Erblaßte Florette,
dein Tod reißt die Kette
der Eintracht entzwei;
dein Leichenbegängnis
zeigt, wie das Verhängnis
mein Henkersknecht sei.

Bedeckt mich, ihr Berge,
umfaßt mich, ihr Särge,

versagt mir die Luft!
Mein Geist mag zerfliegen,
des Leibes Vergnügen
ist Moder und Gruft.

Ich sterbe vor Kummer,
der ewige Schlummer
entgeistert die Brust.
Ich liebte von Herzen,
ich lebte mit Schmerzen,
ich sterbe mit Lust.

DER SEELEN UNSTERBLICHKEIT

Seele, wirf den Kummer hin,
deiner Hoheit nachzudenken,
und laß dir den freien Sinn
durch des Leibes Last nicht kränken;
diese Bürde, so man trägt,
wird in kurzem abgelegt.

Die Gefangenschaft vergeht,
Stahl und Fessel müssen brechen;
unsers Lebens Alphabet
ist ja noch wohl auszusprechen,
macht doch auch die ganze Zeit
keinen Punkt der Ewigkeit.

Sklaven werden endlich frei
und der Kerker aufgebrochen,

wenn des Todes Tyrannei
ihren Feinden Hohn gesprochen;
ja, der längste Richterstab
reichet selten bis ans Grab.

Heiden mögen mit der Gruft
ihren Hoffnungsport verschließen
und, wenn das Verhängnis ruft,
Tränen vor Verdruß vergießen,
weil sie dieser Wahn betrügt,
daß der Geist zugleich verfliegt.

Unser Glaube bricht die Bahn
durch den Kirchhof in das Leben,
Wer die Welt nicht grüßen kann,
lernt ihr zeitlich Abschied geben;
denn er glaubet, daß der Geist
sich der Sterblichkeit entreißt.

Nun wohlan, ich bin bereit,
meine Glieder hinzulegen;
denn des Todes Bitterkeit
führet uns auf Dornenwegen
in des Himmels Rosenfeld,
wo die Wollust Tafel hält.

AN GOTT

Nun, lieber Gott, du bleibst ja lange,
Ich weiß nicht, was ich denken soll.
Der Zweifel macht der Hoffnung bange,
Ich weine Bett und Bibel voll;
Ach, soll denn ich, nur ich allein
Ein Greuel meines Schöpfers sein?

Ich mag mich schicken, drehn und winden,
Es ist mit allem nichts getan.
Ein Sperling schläft in hohlen Linden
Und findet, wo er füttern kann;
Mich jagt die Mißgunst hin und her
Und macht mir noch die Armut schwer.

Ich habe Freund und hab auch keinen;
O wär ich doch ein Rabenkind!
Der Kummer wühlt in Mark und Beinen,
Die schon von Krankheit mürbe sind;
Ja, wem ich ehmals Guts erzeigt,
Der sieht und hört mein Weh und schweigt.

Was helfen mich nun alle Gaben,
Verstand und Kunst und Ehrlichkeit?
O hätt ich nur mein Pfund vergraben!
Es wäre doch wohl eine Zeit,
Indem man allerorten sieht,
Wie hoch der Toren Glücke blüht.

Die Strafe bessert sonst die Sünder;
Dies ist mehr Grausamkeit als Zucht.
Versuch einmal und geh gelinder,

Vielleicht gewinnt es eher Frucht;
Ein scharfer Streich und langer Grimm
Macht oft die besten Herzen schlimm.

Gefall ich mir in Bosheitslastern
Und bin ich eines Menschen Feind,
So soll mein Haupt die Hölle pflastern,
Auch eh dein großer Tag erscheint.
Du kennst mein Herz, das sonder List,
Obgleich nicht ohne Schwachheit ist.

Ich räche mich am ärgsten Spötter
Mit Langmut, Wohltun und Geduld.
Mein Glaube steht im härtsten Wetter
Und denkt: Es ist verdiente Schuld.
Ach, aber bei so vieler Schmach
Läßt endlich auch die Hoffnung nach.

Geburt, Exempel, Not und Jugend
Sind Ursach, daß ich fehlen muß.
Wer geht wohl stets den Weg der Tugend?
Ich strauchle selber mit Verdruß
Und bin nach schneller Reu und Leid
Der erste, der mich straft und zeiht.

Was willst du mit dem Schatten zanken?
Beweis an Stärkern deine Macht!
Wer wird dir in der Hölle danken?
Ach, hast du dies noch nicht bedacht?
Du kommst mit Donner, Blitz und Sturm.
Wer ist der große Feind? Ein Wurm.

HOCHZEITSSCHERZ

Da habt ihr die Zeugin vom ewigen Bunde,
Da kommt nun, da ist nun die selige Stunde!
Da schickt sie die Vorsicht, da wälzt sie der Lauf
Des milden Gestirnes vom Osten herauf.
Die Stunde der Wollust, die Freundin vom Lachen,
Die Mutter voll niedlich- und kützlicher Sachen,
Die Stunde, worinnen die reichliche Glut
Die Schätze der flüchtigen Jugend vertut;
Die Stunde, worinnen Umarmung und Schmeicheln,
Behagliches Schäkern, empfindliches Heucheln
Und stärkender Atem und brünstiger Wind
Und redliches Schnäbeln verschwenderisch sind,
Die Stunde, dergleichen wohl Götter begehrten,
Die Venus und Juno kaum schöner gewährten,
Die Amors Verwaltung der lebenden Welt
Am Tage der Ehren kaum besser bestellt,
Die Stunde, die Venus nicht zierlicher schmücket,
Die Stunde, die Hymen nicht reicher beschicket,
Sobald er ein Mägdgen, das grünet und blüht,
Dem Schoße der närrischen Mutter entzieht
Und solches, wie schwer sich die Alte bequemet,
Und solches, wie sehr sich die Jüngere schämet,
Der männlichen Inbrunst zur Aufsicht vertraut.
O glücklicher Jüngling! O selige Braut!
O glücklicher Bräut'gam, dem Ausschlag und Lieben
Die Ruder der Sehnsucht in Hafen getrieben!
Eröffne den Busen, so weit du nur wilt,
Er wird dir mit englischer Schönheit gefüllt.
Ihr Antlitz beschämet die große Dione,
Verdienet die Hälfte von Jupiters Throne
Und gleicht sich der Göttin mit Panzer und Spieß,

Die ehemals die heilige Stirne verließ.
O ließen sich jetzo drei zankende Frauen
Nebst deiner Vermählten am Ida beschauen!
O sollte noch einmal sein bergichter Hain
Vier nackenden Schönen ein Musterplatz sein,
So schwör ich bei allem, was lebet und liebet,
Wo anders der Paris Gerechtigkeit übet,
Daß diese, dein Engel, den Apfel gewinnt.
O glücklicher Jüngling! O himmlisches Kind!
O seltenes Beispiel der glücklichsten Bräute!
Nun ruht dir dein heißes Verlangen zur Seite,
Es labt dich dein Liebstes, es schenkt dir die Gunst
Der weisen Vorsehung die würdigste Brunst.
Es schüttert, es freut sich dein doppeltes Bette,
Als wenn es des Glückes Empfindlichkeit hätte.
Nun liebe den Lieben, nun drück und behalt
Den willigen Sklaven in süßer Gewalt!
Es reizt ihn der Aufruhr der blühenden Lüste,
Der jauchzenden Hügel, der hüpfenden Brüste,
Es zieht ihn der Haare gewaltiges Gold,
In welche die Sonn' ihren Hauptschmuck gerollt.
Es brennt ihn der Augen verschwiegnes Geschwätze.
Nun jagt er die Freiheit, nun läuft er ins Netze.
Er trug sich mit Wünschen, verblich in der Glut
Und lechzte nach Quellen benötigter Flut.
Jetzt schilt er des Tages beschwerliche Länge,
Jetzt wird ihm der Kleider Gefängnis zu enge.
Er dehnt sich, er wartet, er sehnet und schreit:
Ach! komm doch, du Auge der nächtlichen Zeit!
Schweig, hitziger Jüngling, du brauchst wohl die Kräfte;
Dein Seufzen vertrocknet die nützlichen Säfte;
Vertröste die Sehnsucht und stille den Schmerz.
Der weichlichen Venus bricht selbsten das Herz,

Ihr Mitleid erhöret der Ihrigen Plagen,
Ihr Mitleid erhört schon dein ängstliches Klagen.
Die Sonne beschleunigt den Abzug und sinkt,
Nachdem sie vorhero dem Bruder gewinkt.
Der Hesperus, dessen versilberte Wangen
Der Innigverliebte mit Regung empfangen,
Betritt den Gesichtskreis der obersten Welt
Und führet die Sterne durchs ewige Feld.
Nun schleichet dein Schätzchen mit wankendem Schritte,
Nun schleicht sie zu Bette, nun mißt sie die Tritte,
O welche Veränderung droht ihr der Ort!
Auf, künftiger Ehmann, und mache dich fort
Und laß sie nicht etwan im Kranze zurücke!
Sie zittert, sie bebet, verkleinert die Blicke
Vor Warten der Dinge, die jetzo geschehn,
Sie grämt sich zu fühlen und scheut sich zu sehn,
Verhüllet den Wohlstand der züchtigen Röte,
Und bin ich im Lieben kein fremder Poete,
So mein ich, es lock' ihr der nahe Verlust
Die frühe Bereuung aus Augen und Brust.
Verfolge sie kühnlich und laß dich nicht irren,
Betäub ihr die Seufzer durch Küssen und Kirren,
Verschluck ihr den Kummer, verzehr ihr die Pein
Und sauge die Tränen der Jungfernschaft ein.
Empfängt nun der Brautpfühl die reizenden Glieder
Und zieht dich ihr artiges Lager darnieder,
So bist du vergnügter und glücklicher dran,
Als böte dir Mogul sein Kronengold an.
Ich wenigstens wäre noch besser zufrieden,
Als wenn mir gleich Anna drei Reiche beschieden.
Hier mache das Vorspiel, hier spitze die Hand
Und bringe das Hauptwerk der Wollust instand,
Erhitze die Adern durch sanftes Bewegen,

Und klatsch ihr die Backen mit freundlichen Schlägen,
Und küß ihr die Augen und netz ihr das Kinn,
Bald grüble von weitem, bald wälze dich hin,
Bald strecke den Vorwitz der listigen Finger,
Bald kneipe die runden und wallenden Dinger
Und küsse nach vieler Erfindung und Art
Und forsche, was Amor am tiefsten verwahrt.
Besinn ich mich richtig, so wird sie dich strafen,
So dichtet sie anfangs ein nötiges Schlafen,
So nennt sie dich lose, so zückt sie und rückt,
So weit sich's im Bette der Breite nach schickt.
Sie droht dir und droht nun, sie will sich erbosen,
Sie stemmt sich, den Angriff zurücke zu stoßen,
Sie wehrt sich mit Tränen, sie krümmt sich und spricht
Und weinet dazwischen: Ach! tu es doch nicht!
Doch tu es nur immer und halt ihr die Armen,
Denn hierher gehört nicht des Nächsten Erbarmen.
Sie streitet, du streitest, ihr streitet zugleich,
Durch Streiten und Kämpfen mehrt Venus ihr Reich.
Durch Streiten und Kämpfen wächst Kypripors Stärke,
Die Stunden verfließen, drum schreite zum Werke,
Und brauche, sobald du den Vorteil erlernst,
Den lieblichen Notzwang, den scherzenden Ernst.
Erhasche den weichen und fliehenden Nacken,
Es mag auch sein Widerstand noch so sehr knacken,
Und prüfe die Schönheit der ganzen Person,
Ein Diener der Liebe besichtigt den Lohn.
Bald senke dich unten, bald breite dich oben,
Verwechsle die Glieder, versuche die Proben:
Sei immer geschäftig und überall da,
Und bring es dem ehrlichen Kinde so nah,
Bis hinten am Rücken und vorne am Leibe
Kein einziges Fleckchen entschuldiget bleibe;

Vom Nacken zum Halse, vom Halse zur Brust:
Hier bläst dir ein Zephir die Fäuste voll Lust,
Noch tiefer, noch weiter, noch mehr zu ergründen,
Ich darf es nicht nennen, du wirst es wohl finden.
Hierunter hat Venus ein Wunder versenkt
Und Flammen und Funken zusammenvermengt.
Umgib es mit tausend ersinnlichen Spielen,
Es läßt sich nicht nennen, es läßt sich nur fühlen.
O würde dem Dichter das Muster gebracht!
Er hätte den Abriß natürlich gemacht.
Vergiß auch nicht Amors beredtes Gefallen,
Die schlüpfrigen Reden, das zärtliche Lallen,
Hier zieren die Fehler der Sprache den Mund!
Hier tut sich die geile Gelehrsamkeit kund.
Verbeßre das Stammeln, verbeiß und vermische
Das buhlrische Spritzeln, das geile Gezische:
So girren die Täuber, so spielet der West,
Wenn Mittag und Sommer die Wälder verläßt.
Sobald nun die Pfeile des mächtigen Knaben
Den kindischen Ekel gebändiget haben,
So gibt sie es näher, so gibt sie sich drein,
Im Purpur der Keuschheit gefällig zu sein.
Drauf flicht sie wohl selber die fleischlichen Schlingen,
Sie weigert sich fälschlich, du sollst sie nur zwingen,
Denn so überwunden, heißt siegreich gemacht;
O dreimal und drüber bestätigte Nacht!
Jetzt wird dir der Nektar am herrlichsten schmecken,
Jetzt wird dir ihr Mäulchen erst Hunger erwecken,
Ihr Mäulchen, der Erstling so baldiger Frucht,
Von welcher kein Räuber zu kosten gesucht.
Nun lernt sich die furchtsame Schönheit bequemen,
Entzückung zu geben, Entzückung zu nehmen.
O selige Ruhe! O himmlisches Bild,

Das gleiche Vergnügung mit gleicher vergilt.
Jetzt hauchen die Lippen ein kräftiges Leben,
Jetzt suchen die Seelen am Gaumen zu kleben,
Jetzt taumelt der einmal begierige Geist,
Wohin ihn die blinde Gelegenheit reißt.
O Himmel, was hör ich vor geizige Küsse!
O Himmel, was rauschen vor kräftige Flüsse!
O Himmel! wie kützelt das züngelnde Spiel!
O Liebe! wie machst du der Freuden so viel!
Jetzt nimmt sie dem Finger — o soll' er mich rühren! —
Die künstliche Freiheit herumzuspazieren.
Jetzt dehnt sie den Zeiger, jetzt zieht sie ihn zu —
O dreimal und drüber beseligte Ruh!
Ergreift doch, ruft Amor, ergreift doch die Waffen!
Mein Bräutgam soll köstliche Beute verschaffen,
Nun mache dich fertig und tritt ins Gewehr,
Die friedliche Feindin rückt plötzlicher her.
Bemüh dich, die schleudernde Lanze zu senken,
Ihr christlicher Blutdurst begehrt sich zu tränken.
Jetzt springt sie, jetzt schnappt sie, jetzt reißt sie sich los,
Erlaub ihr doch endlich den sehnlichen Stoß!
Begleite den Nachdruck mit Hüften und Händen,
Befördre die Arbeit der hurtigen Lenden,
Versüß es dem Mädchen, gewähr ihr den Mann,
Und streich ihr die Nieren, bis keines mehr kann,
Bis Geister und Glieder verschäumen und weichen,
Bis Nerven und Brüste sich legen und keuchen,
Bis Nebel und Schlafen das Auge verstellt,
Und Schlummer und Ohnmacht den Willen befällt.
O schwenkt doch noch öfters die brünstigen Schenkel,
Zieht ähnliche Kinder, zeugt Neffen und Enkel,
Damit sie, bricht endlich das Alter herein,
Verdrießlichen Jahren ein Zeitvertreib sein.

Sie stützen euch künftig den biegenden Rücken,
Sie werden euch unter den Sorgen erquicken
Und, wenn sie euch langsam als Leichen beschaun,
Nach eurem Exempel die Nachwelt erbaun.

ABSCHIEDSARIA

Schweig du doch nur, du Hälfte meiner Brust;
denn was du weinst, ist Blut aus meinem Herzen.
Ich taumle so und hab' an nichts mehr Lust
als an der Angst und den getreuen Schmerzen,
womit der Stern, der unsre Liebe trennt,
die Augen brennt.

Die Zärtlichkeit der innerlichen Qual
erlaubt mir kaum, ein ganzes Wort zu machen.
Was dem geschieht, um welchen Keil und Strahl
bei heißer Luft in weitem Felde krachen,
geschieht auch mir durch dieses Donnerwort:
Nun muß ich fort.

Ach, harter Schluß, der unsre Musen zwingt,
des Fleißes Ruhm in fremder Luft zu grünen
und der auch mich mit Furcht und Angst umringt!
Welch Pflaster kann den tiefen Riß verbinden,
den tiefen Riß, der mich und dich zuletzt
in Kummer setzt?

Der Abschiedskuß verschließt mein Paradies,
aus welchem mich Zeit und Verhängnis treiben;
so viel bisher dein Antlitz Sonnen wies,

so mancher Blitz wird jetzt mein Schrecken bleiben.
Der Zweifel wacht und spricht von meiner Treu:
Sie ist vorbei.

Verzeih mir doch den Argwohn gegen dich!
Wer brünstig liebt, dem macht die Furcht stets bange.
Der Menschen Herz verändert wunderlich;
wer weiß, wie bald mein Geist die Post empfange,
daß die, so mich in Gegenwart geküßt,
entfernt vergißt.

Gedenk einmal, wie schön wir vor gelebt
und wie geheim wir unsre Lust genossen.
Da hat kein Neid der Reizung widerstrebt,
womit du mich an Hals und Brust geschlossen,
da sah uns auch bei selbst erwünschter Ruh
kein Wächter zu.

Genug! ich muß, die Marterglocke schlägt.
Hier liegt mein Herz. Da nimm es aus dem Munde
und heb es auf! Die Früchte, so es trägt,
sind Ruh und Trost bei mancher bösen Stunde,
und lies, so oft ein Gram die Leute flieht,
mein Abschiedslied!

Wohin ich geh', begleitet mich dein Bild,
kein fremder Zug wird mir den Schatz entreißen;
es macht mich treu und ist ein Hoffnungsschild,
wenn Neid und Not Verfolgungssteine schmeißen,
bis daß die Hand, die uns hier Dörner bricht,
die Myrten flicht.

Erinnre dich zum öftern meiner Huld
und nähre sie mit süßem Angedenken!

Du wirst betrübt? Dies ist des Abschieds Schuld,
so muß ich dich zum ersten Male kränken;
und fordert mich der erste Gang von hier,
so sterb' ich dir.

Ich sterbe dir, und soll ein fremder Sand
den oft durch dich ergötzten Leib bedecken,
so gönne mir das letzte Liebespfand
und laß ein Kreuz mit dieser Grabschrift stecken:
Wo ist ein Mensch, der treulich lieben kann?
Hier liegt der Mann.

ALS ER DURCH INNERLICHEN TROST BEI DER UNGEDULD GESTÄRKET WURDE

Geduld, Gelassenheit, treu, fromm und redlich sein,
Und wie ihr Tugenden euch sonst noch alle nennet,
Verzeiht es, doch nicht mir, nein, sondern meiner Pein,
Die unaufhörlich tobt und bis zum Marke brennet,
Ich geh euch mit Vernunft und reifem Wohlbedacht,
Merkt dieses Wort nur wohl, von nun an gute Nacht;
Und daß ich euch gedient, das nenn ich eine Sünde,
Die ich mir selber kaum jemals vergeben kann.
Steckt künftig, wen ihr wollt, mit euren Strahlen an,
Ich schwöre, daß ich mich von eurem Ruhm entbinde.

Ihr Lügner, die ihr noch dem Pöbel Nasen dreht,
Von vieler Vorsicht schwatzt, des Höchsten Gnad erhebet,
Dem Armen Trost versprecht und, wenn ein Sünder fleht,
Ihm Rettung, Rat und Kraft, ja, mit dem Maule gebet,

Wo steckt denn nun der Gott, der helfen will und kann?
Er nimmt ja, wie ihr sprecht, die gröbsten Sünder an.
Ich will der gröbste sein, ich warte, schrei und leide;
Wo bleibt denn auch sein Sohn? Wo ist der Geist der Ruh?
Langt jenes Unschuldskleid und dieses Kraft nicht zu,
Daß beider Liebe mich vor Gottes Zorn bekleide?

Ha, blindes Fabelwerk, ich seh dein Larvenspiel.
Dies geb ich auch noch zu: es ist ein ewig Wesen,
Das seine große Macht an mir nur zeigen will
Und das mich ohnehin zur Marter auserlesen;
Es führt, es leitet mich, doch stets auf meinen Fall,
Es gibt Gelegenheit, damit es überall
Mich rühmlich strafen kann und stets entschuldigt scheine.
Bisweilen zeigt es mir das Glücke, recht zu gehn,
Bald läßt es mich in mir dem Guten widerstehn,
Damit die frömmste Welt das Ärgste von mir meine.

Aus dieser Quelle springt mein langes Ungemach:
Viel Arbeit und kein Lohn als Krankheit, Haß und Schande.
Die Spötter pfeifen mir mit Neid und Lügen nach,
Die Armut jagt den Fuß aus dem und jenem Lande,
Die Eltern treiben mich den Feinden vor die Tür
Und stoßen mich — o Gott, gib acht, sie folgen dir —
Ohn Ursach in den Staub und ewig aus dem Herzen.
Mein Wissen wird verlacht, mein ehrlich Herz erdrückt,
Die Fehler, die ich hab, als Laster vorgerückt,
Und alles schickt sich recht, die Freunde zu verscherzen.

Ist einer in der Welt, er sei mir noch so feind,
An dem ich in der Not kein Liebeszeichen täte,
Und bin ich jedem nicht ein solcher wahrer Freund,
Als ich mir selbst von Gott, erhört er andre, bete,

Hat jemand auf mein Wort sein Unglück mehr gefühlt,
Hat bosheitsvoller Scherz mit fremder Not gespielt
Und hab ich unrecht Gut mit Vorsatz angezogen,
So greife mich sogleich der bösen Geister Bund
Mit allen Martern an, wovon der Christen Mund
Schon über tausend Jahr den Leuten vorgelogen.

Was wird mir nun davor? Ein Leben voller Not.
O daß doch nicht mein Zeug aus Rabenfleisch entsprossen,
O daß doch dort kein Fluch des Vaters Lust verbot,
O wär doch seine Kraft auf kaltes Tuch geflossen!
O daß doch nicht das Ei, in dem mein Bildnüs hing,
Durch Faulung oder Brand der Mutter Schoß entging,
Bevor mein armer Geist dies Angsthaus eingenommen!
Jetzt läg ich in der Ruh bei denen, die nicht sind,
Ich durft, ich ärmster Mensch und größtes Elendskind,
Nicht stets bei jeder Not vor größrer Furcht umkommen.

Verflucht sei Stell und Licht! — — Ach, ewige Geduld,
Was war das vor ein Ruck von deinem Liebesschlage!
Ach, fahre weiter fort, damit die große Schuld
Verzweiflungsvoller Angst mich nicht zu Boden schlage.
Ach Jesu, sage selbst, weil ich nicht fähig bin,
Die Beichte meiner Reu; ich weiß nicht mehr wohin
Und sinke dir allein vor Ohnmacht in die Armen.
Von außen quälet mich des Unglücks starke Flut,
Von innen Schröcken, Furcht und aller Sünden Wut;
Die Rettung ist allein mein Tod und dein Erbarmen.

BUSSGEDANKEN

Ich höre, großer Gott, den Donner deiner Stimme;
Du hörest auch nicht mehr, ich soll von deinem Grimme
Aus Größe meiner Schuld ein ewig Opfer sein,
Ich soll, ich muß, ich will und gebe mich darein.
Ich trotze deinen Zorn, ich fleh nicht mehr um Gnade,
Ich will nicht, daß dein Herz mich dieser Straf entlade.
Du bist kein Vater mehr, als Richter bitt ich dich:
Vergiß vorher dein Kind, hernach verstoße mich.

Gerhard Teerstegen
1697–1769

DER HELD

Ein still getrostes Herze
In Mangel, Not und Schmerze;
Zum Sterben und zum Leben
Auf ewig Gott ergeben:
Wo, wo ist solch ein Held
Zu finden auf der Welt?

OHN STERBEN KOMMT MAN NICHT ZUM LEBEN

Ohn Sterben kommt man nicht zum Leben
Und ohne Leiden nicht zum Tod:
Willst du dem Leiden widerstreben,
So machst du dir nur größre Not.

Friedrich von Hagedorn
1708–1754

DER TAG DER FREUDE

Umkränzt mit Rosen eure Scheitel,
noch stehen euch die Rosen gut,
und nennet kein Vergnügen eitel,
dem Wein und Liebe Vorschub tut.
Was kann das Totenreich gestatten?
Nein! lebend muß man fröhlich sein.
Dort herzen wir nur kalte Schatten;
dort trinkt man Wasser und nicht Wein.

Seht! Phyllis kömmt: o neues Glücke,
auf! Liebe, zeige deine Kunst,
bereichre hier die schönsten Blicke
mit Sehnsucht und mit Gegengunst.
O Phyllis! glaube meiner Lehre:
Kein Herz muß unempfindlich sein.
Die Sprödigkeit bringt etwas Ehre;
doch kann die Liebe mehr erfreun.

Der Wein, den ich dir überreiche,
ist nicht vom herben Alter schwer.
Doch, daß ich dich mit ihm vergleiche,
sei jung und feurig, so wie er.
So kann man dich vollkommen nennen:
So darf die Jugend uns erfreun
und ich der Liebe selbst bekennen:
Auf Phyllis' Küsse schmeckt der Wein.

DER KUCKUCK UND DIE LERCHE

Den Kuckuck fragt die Lerche:
Wie kömmt es, sage mir,
Daß die gereisten Störche
Nicht schlauer sind als wir?
Sie sollen uns beweisen,
Erwidert er und lacht,
Daß nicht das viele Reisen
Die Dummen klüger macht.

DER MAI

Der Nachtigall reizende Lieder
Ertönen und locken schon wieder
Die fröhlichsten Stunden ins Jahr.
Nun singet die steigende Lerche,
Nun klappern die reisenden Störche,
Nun schwatzet der gaukelnde Star.

Wie munter sind Schäfer und Herde!
Wie lieblich beblümt sich die Erde!
Wie lebhaft ist jetzo die Welt!
Die Tauben verdoppeln die Küsse,
Der Entrich besuchet die Flüsse,
Der lustige Sperling sein Feld.

Wie gleichet doch Zephyr der Floren!
Sie haben sich weislich erkoren,
Sie wählen den Wechsel zur Pflicht.

Er flattert um Sprossen und Garben,
Sie liebet unzählige Farben,
Und Eifersucht trennet sie nicht.

Nun heben sich Binsen und Keime,
Nun kleiden die Blätter die Bäume,
Nun schwindet des Winters Gestalt;
Nun rauschen lebendige Quellen
Und tränken mit spielenden Wellen
Die Triften, den Anger, den Wald.

Wie buhlerisch, wie so gelinde
Erwärmen die westlichen Winde
Das Ufer, den Hügel, die Gruft!
Die jugendlich scherzende Liebe
Empfindet die Reizung der Triebe,
Empfindet die schmeichelnde Luft.

Nun stellt sich die Dorfschaft in Reihen,
Nun rufen euch muntre Schalmeien,
Ihr stampfenden Tänzer, hervor!
Ihr springet auf grünender Wiese,
Der Bauernknecht hebet die Liese
In hurtiger Wendung empor.

Nicht fröhlicher, weidlicher, kühner
Schwang vormals der braune Sabiner
Mit männlicher Freiheit den Hut.
O reizet die Städte zum Neide,
Ihr Dörfer voll hüpfender Freude!
Was gleichet dem Landvolk an Mut?

DIE ALSTER

Befördrer vieler Lustbarkeiten,
Du angenehmer Alsterfluß!
Du mehrest Hamburgs Seltenheiten
Und ihren fröhlichen Genuß.
Dir schallen zur Ehre,
Du spielende Flut,
Die singenden Chöre,
Der jauchzende Mut.

Der Elbe Schiffahrt macht uns reicher;
Die Alster lehrt gesellig sein!
Durch jene füllen sich die Speicher;
Auf dieser schmeckt der fremde Wein.
In treibenden Nachen
Schifft Eintracht und Lust,
Und Freiheit und Lachen
Erleichtern die Brust.

Das Ufer ziert ein Gang von Linden,
In dem wir holde Schönen sehn,
Die dort, wann Tag und Hitze schwinden,
Entzückend auf- und niedergehn.
Kaum haben vorzeiten
Die Nymphen der Jagd,
Dianen zur Seiten,
So reizend gelacht.

Ertönt, ihr scherzenden Gesänge,
Aus unserm Lustschiff um den Strand!
Den steifen Ernst, das Wortgepränge
Verweist die Alster auf das Land.

Du leeres Gewäsche,
Dem Menschenwitz fehlt,
O fahr in die Frösche;
Nur uns nicht gequält!

Hier lärmt, in Nächten voll Vergnügen,
Der Pauken Schlag, des Waldhorns Schall;
Hier wirkt bei Wein und süßen Zügen
Die rege Freiheit überall.
Nicht lebet gebunden,
Was Freundschaft hier paart.
O glückliche Stunden!
O liebliche Fahrt!

Albrecht von Haller
1708–1777

MORGENGEDANKEN

Der Mond verbirget sich, der Nebel grauer Schleier
Deckt Luft und Erde nicht mehr zu;
Der Sterne Glanz erblaßt, der Sonne reges Feuer
Stört alle Wesen aus der Ruh.

Der Himmel färbet sich mit Purpur und Saphiren,
Die frühe Morgenröte lacht,
Und von der Rosen Glanz, die ihre Stirne zieren,
Entflieht das bleiche Heer der Nacht.

Durchs rote Morgentor der heitern Sternenbühne
Naht das verklärte Licht der Welt;
Die falben Wolken glühn von blitzendem Rubine,
Und brennend Gold bedeckt das Feld.

Die Rosen öffnen sich und spiegeln an der Sonne
Des kühlen Morgens Perlentau;
Der Lilien Ambradampf belebt zu unsrer Wonne
Der zarten Blätter Atlasgrau.

Der wache Feldmann eilt mit Singen in die Felder
Und treibt vergnügt den schweren Pflug;
Der Vögel rege Schar erfüllet Luft und Wälder
Mit ihrer Stimm und frühem Flug.

O Schöpfer! Was ich seh, sind deiner Allmacht Werke;
Du bist die Seele der Natur;

Der Sterne Lauf und Licht, der Sonne Glanz und Stärke
Sind deiner Hand Geschöpf und Spur.

Du steckst die Fackel an, die in dem Mond uns leuchtet,
Du gibst den Winden Flügel zu;
Du leihst der Nacht den Tau, womit sie uns befeuchtet,
Du teilst der Sterne Lauf und Ruh.

Du hast der Berge Stoff aus Ton und Staub gedrehet,
Der Schachten Erz aus Sand geschmelzt;
Du hast das Firmament an seinen Ort erhöhet,
Der Wolken Kleid darum gewälzt.

Den Fisch, der Ströme bläst und mit dem Schwanze stürmet,
Hast du mit Adern ausgehöhlt;
Du hast den Elefant aus Erden aufgetürmet
Und seinen Knochenberg beseelt.

Des weiten Himmelraums saphirene Gewölber,
Gegründet auf den leeren Ort,
Der Gottheit große Stadt, begrenzt nur durch sich selber,
Hob aus dem Nichts Dein einzig Wort.

Doch dreimal großer Gott! Es sind erschaffne Seelen
Für deine Taten viel zu klein;
Sie sind unendlich groß, und wer sie will erzählen,
Muß gleich wie Du ohn Ende sein.

O Unbegreiflicher! Ich bleib in meinen Schranken,
Du Sonne blend'st mein schwaches Licht;
Und wem der Himmel selbst sein Wesen hat zu danken,
Braucht eines Wurmes Lobspruch nicht.

Christian Fürchtegott Gellert
1715–1769

DIE EHRE GOTTES AUS DER NATUR

Die Himmel rühmen des Ewigen Ehre,
Ihr Schall pflanzt seinen Namen fort.
Ihn rühmt der Erdkreis, ihn preisen die Meere;
Vernimm, o Mensch, ihr göttlich Wort!

Wer trägt der Himmel unzählbare Sterne?
Wer führt die Sonn aus ihrem Zelt?
Sie kömmt und leuchtet und lacht uns von ferne
Und läuft den Weg, gleich als ein Held.

Vernimm's, und siehe die Wunder der Werke,
Die die Natur dir aufgestellt!
Verkündigt Weisheit und Ordnung und Stärke
Dir nicht den Herrn, den Herrn der Welt?

Kannst du der Wesen unzählbare Heere,
Den kleinsten Staub fühllos beschaun?
Durch wen ist alles? O gib ihm die Ehre!
Mir, ruft der Herr, sollst du vertraun.

Mein ist die Kraft, mein ist Himmel und Erde,
An meinen Werken kennst du mich.
Ich bin's und werde sein, der ich sein werde,
Dein Gott und Vater ewiglich.

Ich bin dein Schöpfer, bin Weisheit und Güte,
Ein Gott der Ordnung und dein Heil;
Ich bin's! Mich liebe von ganzem Gemüte,
Und nimm an meiner Gnade teil.

Genieße, was dir Gott beschieden,
entbehre gern, was du nicht hast.
Ein jeder Stand hat seinen Frieden,
ein jeder Stand hat seine Last.

Nicht jede Besserung ist Tugend;
oft ist sie nur das Werk der Zeit.
Die wilde Hitze roher Jugend
wird mit den Jahren Sittsamkeit.
Und was Natur und Zeit getan,
sieht unser Stolz als Besserung an.

Johann Elias Schlegel
1719–1749

GLEICHNISSE DER LIEBE

Meine Liebe gleicht der Schwalbe,
Die zwar ihre Wohnung flieht,
Aber immer wiederkehret
Und von neuem ungestöret
Ihr gewohntes Nest bezieht.

Meine Liebe gleicht der Blume
Unbeständig grünem Haupt.
Hat der Frost es gleich entblößet,
Wenn der Mai das Eis zerflößet,
Steht es wieder schön belaubt.

Meine Liebe gleicht dem Schatten,
Der sich auf dem Boden malt,
Mit dem Schein des Lichts entweicht,
Aber schnell sich wieder zeigt,
Wenn das Licht aufs neue strahlt.

Johann Wilhelm Ludwig Gleim
1719–1803

BACCHUS UND CYTHERE

Soll ich trinken oder küssen?
Hier winkt Bacchus, dort Cythere.
Beide winken, beide lächeln,
Bacchus mit gesetzten Mienen
Und Cythere mit verliebten.
Bacchus zeigt mir seine Reben;
Seht, sie sinken, schwer von Trauben!
Aber seht nur, dort im Schatten,
Dort im Schatten, unter Reben,
Liegt ein Mädchen lang gestrecket!
Seht, es schläft, es lächelt schlafend,
Und es lächelte Cythere
Nicht so reizend, als sie winkte.
O wie süß mag es nicht schlummern!
O wie reizend liegt das Mädchen!
Um den weißen regen Busen
Hangen schwarze reife Trauben,
Und es glänzen um den Locken,
Um den rabenschwarzen Locken,
Goldne Blumen in den Schatten.
Weingott, winke nur nicht länger;
Denn ich muß erst, bei dem Mädchen,
Unter deinen Trauben schlummern.

TRINKLIED

Seht den jungen Bacchus an!
Seht doch, wie er trinken kann!
Seht, die Augen, die Gebärden
Sollen unsre Muster werden,
Wenn die Gläser, voll von Wein,
Aug und Herz und Geist erfreun.

Treue Brüder, laßt euch raten!
Tut doch, was die Alten taten,
Gebt Verdiensten ihren Lohn,
Krönet diesen Bacchussohn,
Daß die Tugend auf der Erde,
Lieblich und erkennet werde!

Den die Weisheit sichtbar schmückt,
Der sich doch zum Bacchus schickt,
Den man sieht sein Amt verwalten
Und des Abends Picknick halten,
Der noch nie bestrafet ist,
Weil man ihn dabei vermißt;

Der noch keinen Trunk vermieden,
Der sich selbst dazu beschieden,
Den kein voller Römer schreckt,
Dem der Wein am besten schmeckt;
Der verdient zum rechten Lohne
Von den Brüdern eine Krone.

Brüder, seht den Bruder an,
Wie der Bruder trinken kann!
Unter allen Bacchussöhnen

Muß man ihn zum König krönen;
Brüder, ja, er muß es sein:
Seht, er schenkt schon wieder ein.

GESUNGEN IM ZELT

Die Erde geht, wir gehen mit,
Unwissend, wo wir sind;
Wir gehen im Dunkeln Schritt vor Schritt,
Wir tappen alle blind!

Wir gehn so manchen schmalen Steg
Zu Lebens Lust und Leid;
Wir müssen sterben! Tod ist Weg
Von Zeit zu Ewigkeit!

Wir gehn in jeder Lebensfrist
An eines Grabes Rand!
Ich wüßte nicht, was schöner ist
Als Tod fürs Vaterland!

LETZTES LIED

Meine Blumen sind verblüht!
Sing es, kleines Lied! —
Meine Blumen sind verblüht,
Aber andre, hoff ich, werden
Schöner blühn auf schönern Erden,
Wo die kleinste nicht verblüht.
Sing es, kleines Lied!

Magnus Gottfried Lichtwer
1719–1783

DIE KATZEN UND DER HAUSHERR

Murner, eine Zyperkatze,
Gab unlängst den Güldesschmaus,
Und er sahe sich zum Platze
Eines Bürgers Wohnung aus.

Mensch und Tiere schliefen feste,
Selbst der Hausprophete schwieg,
Als ein Schwarm geschwänzter Gäste
Von den nächsten Dächern stieg.

Murner kömmt, sie zu begrüßen,
Führt sie drauf in einen Saal
Und setzt jeden auf ein Küssen
Von dem feinsten Katzenzahl.

Sechzig feiste Mäusezimmel
Machten die Versammlung satt,
Ob gespickt, das weiß der Himmel,
Jeder gibt, so gut er's hat.

Von der Mahlzeit ging's zum Tanze,
Wo der Wirt sich hören ließ
Und auf einem Rattenschwanze
Manch verliebtes Stückchen blies.

Hinz, des ersten Schwiegervater,
Sang darein erbärmlich schön,
Und zween abgelebte Kater
Quälten sich, ihm beizustehn.

Itzo tanzen alle Katzen,
Poltern, lärmen, daß es kracht,
Zischen, heulen, sprudeln, kratzen,
Bis der Herr im Haus erwacht.

Dieser springt mit einem Stecken
In den finstern Saal hinein,
Schlägt um sich, sie zu erschrecken,
Schmeißet einen Spiegel ein,

Stolpert über eigne Späne,
Stürzt im Fallen auf die Uhr
Und zerbricht zwo Reihen Zähne:
Blinder Eifer schadet nur!

GOLDNE MITTELMÄSSIGKEIT

Nicht Ägyptens glatter Stein,
Auch nicht Gold, der Gott der Toren,
Ward zu meinem Haus erkoren,
Noch geschnitztes Elfenbein,
Und in meiner Väter Schlosse
Wiehern keine teuren Rosse.

Mir, dem Teil der besten Welt,
Sollte von dem Gut der Erden
Weder Thron noch Strohdach werden,
Nicht ein Reich, doch etwas Feld,
Und die Harmonie der Dinge
Wollte, daß ich niedrig ginge.

Sprengt Gebirge, trocknet Seen,
Braucht die Macht von zwanzig Kronen
Und verschwendet Millionen,
Eure Größe zu erhöhn:
Ihr vergeht, trotz Mausoleen,
Obelisken und Trophäen.

Einst, zur Geisterwelt erhöht,
Werd' ich auf den lichten Auen
Einen Wohnsitz mir erbauen,
Wo der Tag nicht untergeht
Und, berauscht von Seligkeiten,
Reine Seelen Gott begleiten.

Johann Peter Uz
1721–1796

GOTT IM FRÜHLINGE

In seinem schimmernden Gewand
Hast du den Frühling uns gesandt
Und Rosen um sein Haupt gewunden.
Holdlächelnd kömmt er schon!
Es führen ihn die Stunden,
O Gott, auf seinen Blumenthron.

Er geht in Büschen, und sie blühn;
Den Fluren kömmt ihr frisches Grün,
Und Wäldern wächst ihr Schatten wieder,
Der West, liebkosend, schwingt
Sein tauendes Gefieder,
Und jeder frohe Vogel singt.

Mit eurer Lieder süßem Klang,
Ihr Vögel, soll auch mein Gesang
Zum Vater der Natur sich schwingen,
Entzückung reißt mich hin!
Ich will dem Herrn lobsingen,
Durch den ich wurde, was ich bin!

O Gütigster! Denn wer ist gut
Wie du, der allen Gutes tut?
Du sorgtest auch für mein Vergnügen,
Als aus dem großen Plan
Erstaunte Welten stiegen
Und Sonnen sich geschaffen sahn.

Schön ist die Erde, wann sie blüht
Und, ganz um unsre Lust bemüht,
Sich in des Frühlings Farben kleidet
Und überall voll Pracht,
selbst wo die Herde weidet,
In bunter Zierde düftend lacht:

Der Gottheit würdiger Altar,
Worauf das blumenreiche Jahr,
O Herr, zu deinem Wohlgefallen
Sein süßes Rauchwerk bringt,
Indes von Nachtigallen
Ein froher Lobgesang erklingt!

Du hast mit Schönheit, die entzückt,
Das Antlitz der Natur geschmückt,
O aller Schönheit reiche Quelle!
Dir geht kein Wesen vor!
Die reinste Liebe schwelle
Mein ganzes Herz zu dir empor!

Nikolaus Dietrich Giseke
1724–1765

DAS MENSCHENGESICHT

Daß unter Menschen Geschöpfe wandeln,
Die menschlich aussehn und tierisch handeln,
Darüber erzürn' ich mich nicht.
Ist denn die Welt nur für uns geschaffen?
Nein, auch für Eulen und auch für Affen,
Und auch für das Menschengesicht.

Sie scheinen äußerlich uns zu gleichen,
Bald aber verraten sie sich durch Zeichen,
Mich wahrlich täuschen sie nicht!
An Unterkehlen, an Augenbrauen,
An offnen Mäulern, die stets erstaunen,
Erkenn' ich das Menschengesicht.

Friedrich Gottlieb Klopstock
1724–1803

DAS ROSENBAND

Im Frühlingsschatten fand ich sie;
Da band ich sie mit Rosenbändern:
Sie fühlt es nicht und schlummerte.

Ich sah sie an; mein Leben hing
Mit diesem Blick an ihrem Leben:
Ich fühlt es wohl und wußt es nicht.

Doch lispelt ich ihr sprachlos zu
Und rauschte mit den Rosenbändern:
Da wachte sie vom Schlummer auf.

Sie sah mich an; ihr Leben hing
Mit diesem Blick an meinem Leben,
Und um uns ward's Elysium.

DAS WIEDERSEHN

Der Weltraum fernt mich weit von dir,
So fernt mich nicht die Zeit.
Wer überlebt das Siebzigste
Schon hat, ist nah bei dir.

Lang sah ich, Meta, schon dein Grab
Und seine Linde wehn;
Die Linde wehet einst auch mir,
Streut ihre Blum' auch mir.

Nicht mir! Das ist mein Schatten nur,
Worauf die Blüte sinkt,
So wie es nur dein Schatten war,
Worauf sie oft schon sank.

Dann kenn' ich auch die höhre Welt,
In der du lange warst;
Dann sehn wir froh die Linde wehn,
Die unsre Gräber kühlt.

Dann ... Aber, ach, ich weiß ja nicht,
Was du schon lange weißt;
Nur daß es, hell von Ahnungen,
Mir um die Seele schwebt,

Mit wonnevollen Hoffnungen
Die Abendröte kommt,
Mit frohem, tiefem Vorgefühl
Die Sonnen auferstehn!

DIE FRÜHEN GRÄBER

Willkommen, o silberner Mond,
Schöner, stiller Gefährt der Nacht!
Du entfliehst? Eile nicht, bleib, Gedankenfreund!
Sehet, er bleibt, das Gewölk wallte nur hin.

Des Maies Erwachen ist nur
Schöner noch wie die Sommernacht,
Wenn ihm Tau, hell wie Licht, aus der Locke träuft,
Und zu dem Hügel herauf rötlich er kömmt.

Ihr Edleren, ach, es bewächst
Eure Male schon ernstes Moos!
O, wie war glücklich ich, als ich noch mit euch
Sahe sich röten den Tag, schimmern die Nacht!

DER ZÜRCHERSEE

Schön ist, Mutter Natur, deiner Erfindung Pracht
Auf die Fluren verstreut, schöner ein froh Gesicht,
Das den großen Gedanken
Deiner Schöpfung noch einmal denkt.

Von des schimmernden Sees Traubengestaden her,
Oder flohest du schon wieder zum Himmel auf,
Komm in rötendem Strahle
Auf dem Flügel der Abendluft,

Komm und lehre mein Lied jugendlich heiter sein,
Süße Freude, wie du, gleich dem beseelteren
Schnellen Jauchzen des Jünglings,
Sanft, der fühlenden Fanny gleich.

Schon lag hinter uns weit Uto, an dessen Fuß
Zürich in ruhigem Tal freie Bewohner nährt;
Schon war manches Gebirge,
Voll von Reben, vorbeigeflohn.

Jetzt entwölkte sich fern silberner Alpen Höh,
Und der Jünglinge Herz schlug schon empfindender,
Schon verriet es beredter
Sich der schönen Begleiterin.

Hallers Doris, die sang, selber des Liedes wert,
Hirzels Daphne, den Kleist innig wie Gleimen liebt,
Und wir Jünglinge sangen
Und empfanden wie Hagedorn.

Jetzo nahm uns die Au in die beschattenden
Kühlen Arme des Walds, welcher die Insel krönt;
Da, da kamest du, Freude,
Volles Maßes auf uns herab.

Göttin Freude, du selbst! Dich, wir empfanden dich!
Ja, du warest es selbst, Schwester der Menschlichkeit,
Deiner Unschuld Gespielin,
Die sich über uns ganz ergoß!

Süß ist fröhlicher Lenz, deiner Begeistrung Hauch,
Wenn die Flur dich gebiert, wenn sich dein Odem sanft
In der Jünglinge Herzen
Und die Herzen der Mädchen gießt.

Ach, du machst das Gefühl siegend, es steigt durch dich
Jede blühende Brust schöner und bebender,
Lauter redet der Liebe
Nun entzauberter Mund durch dich!

Lieblich winket der Wein, wenn er Empfindungen,
Beßre, sanftere Lust, wenn er Gedanken winkt,
Im sokratischen Becher
Von der tauenden Ros' umkränzt;

Wenn er dringt bis ins Herz und zu Entschließungen,
Die der Säufer verkennt, jeden Gedanken weckt,
Wenn er lehret verachten,
Was nicht würdig des Weisen ist.

Reizvoll klinget des Ruhms lockender Silberton
In das schlagende Herz, und die Unsterblichkeit
Ist ein großer Gedanke,
Ist des Schweißes der Edlen wert!

Durch der Lieder Gewalt bei der Urenkelin
Sohn und Tochter noch sein, mit der Entzückung Ton
Oft beim Namen genennet,
Oft gerufen vom Grabe her,

Dann ihr sanfteres Herz bilden und, Liebe, dich,
Fromme Tugend, dich auch gießen ins sanfte Herz,
Ist, beim Himmel, nicht wenig,
Ist des Schweißes der Edlen wert!

Aber süßer ist noch, schöner und reizender,
In dem Arme des Freunds wissen, ein Freund zu sein,
So das Leben genießen,
Nicht unwürdig der Ewigkeit.

Treuer Zärtlichkeit voll, in den Umschattungen,
In den Lüften des Waldes, und mit gesenktem Blick
Auf die silberne Welle
Tat ich schweigend den frommen Wunsch:

Wäret ihr auch bei uns, die ihr mich ferne liebt,
In des Vaterlands Schoß einsam von mir verstreut,
Die in seligen Stunden
Meine suchende Seele fand:

Oh, so bauten wir hier Hütten der Freundschaft uns!
Ewig wohnten wir hier, ewig! Der Schattenwald
Wandelt' uns sich in Tempe,
Jenes Tal in Elysium!

Karl Wilhelm Ramler
1725–1798

Ein Bauer tritt mit seiner Klage
vor Junker Alexander hin:
»Vernehmt, Herr, daß ich heut am Tage
recht übel angekommen bin:
Mein Hund hat Eure Kuh gebissen.
Wer wird den Schaden tragen müssen?«
»Schelm, das sollst du!«, fuhr hier der Junker auf,
»für dreißig Taler war mir nicht die Kuh zu Kauf,
die sollst du diesen Augenblick erlegen.
Das sei hiermit erkannt von Rechtes wegen!«
»Ach nein, gestrenger Herr! Ich bitte, hört«,
rief ihm der Bauer wieder zu,
»ich hab' es in der Angst verkehrt;
nein, Euer Hund biß meine Kuh.« —
Und wie hieß nun das Urteil Alexanders?
»Ja, Bauer! Das ist ganz was anders.«

Christian Felix Weisse
1726–1804

AN DEN SCHLAF

Komm, süßer Schlaf, erquicke mich!
Mein müdes Auge sehnet sich
Der Ruhe zu genießen,
Komm, sanft es zuzuschließen.

Wie aber, Freund, o schlössest du
Von nun an es auf ewig zu,
Und diese Augenlider
Sähn nie den Morgen wieder?

So weiß ich, daß ein schöner Licht
Einst meinen Schlummer unterbricht,
Das ewig, ewig glänzet
Und keine Nacht begrenzet.

DER INHALT MEINER LIEDER

Ich singe nicht der deutschen Adler Kriege,
Den Stolz der Könige, der Weltbezwinger Siege,
Nicht jenes Meer von Blut und Tod
Erwürgter Europäer rot!

Nicht jen Gebirg von Schlössern und Palästen,
Wo unter Reigen sich unnütze Schmeichler mästen,
Indes des Bürgers Träne fließt
Und sein erkargtes Brot begießt.

O nein! es mag der Nachwelt späten Tagen
Einst der Geschichte Buch die Nationen sagen,
Die jener Held im Würgen groß
An seinen Siegeswagen schloß.

Ich will entzückt mein Mädchen singen,
Der schwarzen Augen Macht, die jedes Herz bezwingen,
Die Brust von Lieb und Treu beseelt,
Die mir noch keinen Wunsch verhehlt!

Den kleinen Fuß, wann er im Tanz sich schwinget,
Den weißen Arm, der sich um die Gefährtin schlinget,
Die sie, von ihr im Scherz bekriegt,
An Witz so wie an Reiz besiegt.

Ich tauschte nicht die Flotten aller Meere,
Und wenn auch jedes Schiff mit Gold beladen wäre,
Nicht Perus reiche Länderein
Für eine Locke Chloens ein.

Wie schön! wenn sie, den Nacken abgekehret,
Mit leichtem Grimm den Kuß versagt, den sie begehret,
Den sie sich gern itzt rauben sieht,
Itzt selbst zu rauben sich bemüht.

Gotthold Ephraim Lessing
1729–1781

DIE LIEBE

Ohne Liebe
Lebe, wer da kann.
Wenn er auch ein Mensch schon bliebe,
Bleibt er doch kein Mann.

Süße Liebe,
Mach mein Leben süß!
Stille nie die regen Triebe
Sonder Hindernis.

Schmachten lassen
Sei der Schönen Pflicht!
Nur uns ewig schmachten lassen,
Dieses sei sie nicht.

ICH

Die Ehre hat mich nie gesucht;
die hätte mich auch nie gefunden.
Wählt man, in zugezählten Stunden,
ein prächtig Feierkleid zur Flucht?

Auch Schätze hab' ich nie begehrt.
Was hilft es, sie auf kurzen Wegen

für Diebe mehr als sich zu hegen,
wo man das wenigste verzehrt?

Wie lange währt's, so bin ich hin
und einer Nachwelt untern Füßen!
Was braucht sie, wen sie tritt, zu wissen?
Weiß ich nur, wer ich bin!

Christian Friedrich Daniel Schubart
1739–1791

ERSTICKTER PREISGESANG

Singen will ich, Schöpfer! singen
Dir mit heiterem Gemüt;
Hell, wie Waldgesang, erklingen
Soll von dir, o Gott! mein Lied.
Woge, Geist, in mir, frohlocke
Und zerfließ in Lobgesang;
Töne wie die Silberglocke,
Brause wie der Orgel Klang.

Geister, die wie Feuerflammen
Um den Thron des Höchsten stehn,
Engel, Menschen, singt zusammen;
Helft mir meinen Gott erhöhn!
Hallt Posaunen, Davids Psalter,
Harfe, die Eloa schlug,
Tönt dem Schöpfer, dem Erhalter!
Doch ihr tönt nicht laut genug.

Tier' in Wäldern und in Meeren,
Vögel in der Luft, im Hain,
Preist ihn all; ihr Christenzähren,
Strömt voll Dank und Wonne drein.
Aber — weh! wie schmerzt die Wunde —
Ach! mich Armen traf ein Pfeil;
Der Gesang erstickt im Munde,
Wandelt sich und wird Geheul.

Sieh dich um, du bist gefangen — —
Der Gedanke stürzt auf mich;

Sieh am Arm die Fessel hangen,
Sieh die braune Wand um dich!
Ha! ich seh das Nachtgefieder
Ausgebreitet über mir;
Gott! ach Gott! ich stürze nieder,
Und mein Lied verstummt vor dir!

So beginnt im Morgenstrahle
Oft des Finken Lobgesang;
Ach! er sieht im nahen Tale
Nicht des Vogelmörders Gang!
Plötzlich aus dem ehrnen Schlunde
Fliegt der mörderische Schrot —
Blutig, mit geschloßnem Munde,
Liegt der arme Vogel tot.

DIE FORELLE

In einem Bächlein helle,
da schoß in froher Eil'
die launige Forelle
vorüber wie ein Pfeil.
Ich saß an dem Gestade
und sah in süßer Ruh'
des muntern Fisches Bade
im klaren Bächlein zu.

Ein Fischer mit der Rute
wohl an dem Ufer stand
und sah's mit kaltem Blute,

wie sich das Fischlein wand.
Solang dem Wasser Helle,
so dacht' ich, nicht gebricht,
so fängt er die Forelle
mit seiner Angel nicht.

Doch plötzlich war dem Diebe
die Zeit zu lang. Er macht
das Bächlein tückisch trübe,
und eh' ich es gedacht,
so zuckte seine Rute,
das Fischlein zappelt' dran,
und ich mit regem Blute
sah die Betrogne an.

Die ihr am goldnen Quelle
der sichern Jugend weilt,
denkt doch an die Forelle!
Seht ihr Gefahr, so eilt!
Meist fehlt ihr nur aus Mangel
der Klugheit. Mädchen, seht
Verführer mit der Angel!
Sonst blutet ihr zu spät.

DER GREIS
(Nach Salomo)

Die bösen Tage sind kommen;
Da sind sie nun, die Jahre,
Von denen ich sagen muß:
Leer sind sie von Freuden.
Sonne, Licht, Mond und Sterne
Dunkeln um mich; ich sehe nur Wolken
Und höre nur rasselnden Regen.
Die Hüter meiner Leibeshütte, die Hände, zittern.
Es krümmen sich die Starken, meine Füße.
Meine Zähne, die Mühlenmägde,
Haben Feierabend gemacht.
Aus den Fenstern der Augen blicken nicht mehr
Freundlich lächelnde Geister.
Verschlossen sind die Türen nach der Straße;
Denn vergebens horcht das Ohr nach Vogellaut,
Verstummt sind ihm die Töchter des Gesangs.
Schwindelnd fürcht' ich mich auf dem Hügel
Und schrecke beim Tritt auf ebenem Wege.
Gleich dem Mandelbaume blüht mein Scheitelhaar.
An meinem Stabe zusammengekrümmt,
Bin ich der Heuschrecke gleich.
Vertrocknet ist in mir die Lust.
Bald werd' ich beziehen mein ewiges Haus,
Und die Kläger werden beflort gehen auf den Gassen . . .

Johann Georg Jacobi
1740–1814

ABENDS

Komm, Liebchen! es neigen
Die Wälder sich dir;
Und alles mit Schweigen
Erwartet dich hier.

Der Himmel, ich bitte,
Von Wölkchen wie leer!
Der Mond in der Mitte,
Die Sternlein umher!

Der Himmel im glatten
Umdämmerten Quell!
Dies Plätzchen im Schatten,
Dies andre so hell!

Im Schatten, der Liebe
Dich lockendes Glück,
Dir flüsternd: es bliebe
Noch vieles zurück.

Es blieben der süßen
Geheimnisse viel;
So festes Umschließen;
So wonniges Spiel!

Da rauscht es! Da wanken
Auf jeglichem Baum
Die Äste, da schwanken
Die Vögel im Traum.

Dies Wanken, dies Zittern
Der Blätter im Teich —
O Liebe, dein Wittern!
O Liebe, dein Reich!

ERINNERUNG

Glück der Engel, wo geblieben?
Wo geblieben, schöner Tag,
Als mit unbesorgtem Lieben
Ihre Hand auf meinem Herzen lag?

Oh, sie fühlte jeden Schlag,
Und in jedem lauter Lieben!
Wo geblieben,
Glück der Engel, schöner Tag?

AN DIE LIEBE

Von dir, o Liebe, nehm ich an
Den Kelch der bittern Leiden;
Nur einen Tropfen dann und wann,
Nur einen deiner Freuden!

So wird dein Kelch, o Liebe, mir
Wie Feierbecher glänzen;
Auch unter Tränen will ich dir
Mit Rosen ihn bekränzen.

Matthias Claudius
1740–1815

ABENDLIED

Der Mond ist aufgegangen,
Die goldnen Sternlein prangen
Am Himmel hell und klar;
Der Wald steht schwarz und schweiget,
Und aus den Wiesen steiget
Der weiße Nebel wunderbar.

Wie ist die Welt so stille
Und in der Dämmrung Hülle
So traulich und so hold!
Als eine stille Kammer,
Wo ihr des Tages Jammer
Verschlafen und vergessen sollt.

Seht ihr den Mond dort stehen? —
Er ist nur halb zu sehen
Und ist doch rund und schön!
So sind wohl manche Sachen,
Die wir getrost belachen,
Weil unsre Augen sie nicht sehn.

Wir stolze Menschenkinder
Sind eitel arme Sünder
Und wissen gar nicht viel;
Wir spinnen Luftgespinste
Und suchen viele Künste
Und kommen weiter von dem Ziel.

Gott, laß uns *dein* Heil schauen,
Auf nichts Vergänglichs trauen,
Nicht Eitelkeit uns freun!
Laß uns einfältig werden
Und vor dir hier auf Erden
Wie Kinder fromm und fröhlich sein!

Wollst endlich sonder Grämen
Aus dieser Welt uns nehmen
Durch einen sanften Tod!
Und, wenn du uns genommen,
Laß uns in' Himmel kommen,
Du unser Herr und unser Gott!

So legt euch denn, ihr Brüder,
In Gottes Namen nieder;
Kalt ist der Abendhauch.
Verschon uns, Gott, mit Strafen,
Und laß uns ruhig schlafen!
Und unsern kranken Nachbar auch!

CHRISTIANE

Es stand ein Sternlein am Himmel,
Ein Sternlein guter Art;
Das tät so lieblich scheinen,
So lieblich und so zart!

Ich wußte seine Stelle
Am Himmel, wo es stand;

Trat abends vor die Schwelle
Und suchte, bis ich's fand;

Und blieb dann lange stehen,
Hatt' große Freud in mir:
Das Sternlein anzusehen,
Und dankte Gott dafür.

Das Sternlein ist verschwunden;
Ich suche hin und her,
Wo ich es sonst gefunden,
Und find es nun nicht mehr.

DER MENSCH

Empfangen und genähret
Vom Weibe wunderbar,
Kömmt er und sieht und höret
Und nimmt des Trugs nicht wahr;
Gelüstet und begehret
Und bringt sein Tränlein dar;
Verachtet und verehret,
Hat Freude und Gefahr;
Glaubt, zweifelt, wähnt und lehret,
Hält nichts und alles wahr;
Erbauet und zerstöret
Und quält sich immerdar;
Schläft, wachet, wächst und zehret;
Trägt braun und graues Haar.

Und alles dieses währet,
Wenn's hoch kömmt, achtzig Jahr.
Dann legt er sich zu seinen Vätern nieder,
Und er kömmt nimmer wieder.

EIN WIEGENLIED BEI MONDSCHEIN ZU SINGEN

So schlafe nun, du Kleine!
Was weinest du?
Sanft ist im Mondenscheine
und süß die Ruh'!

Auch kommt der Schlaf geschwinder
und sonder Müh';
Der Mond freut sich der Kinder
und liebet sie.

Er liebt zwar auch die Knaben,
doch Mädchen mehr,
gießt freundlich schöne Gaben
von oben her

auf sie aus, wenn sie saugen,
recht wunderbar,
schenkt ihnen blaue Augen
und blondes Haar.

Alt ist er wie ein Rabe,
sieht manches Land;
mein Vater hat als Knabe
ihn schon gekannt.

Und bald nach ihren Wochen
  hat Mutter mal
mit ihm von mir gesprochen:
  sie saß im Tal

in einer Abendstunde,
  den Busen bloß,
ich lag mit offnem Munde
  in ihrem Schoß;

sie sah mich an; für Freude
  ein Tränchen lief;
der Mond beschien uns beide,
  ich lag und schlief;

da sprach sie: »Mond, oh, scheine,
  ich hab' sie lieb,
schein' Glück für meine Kleine!«
  Ihr Auge blieb

noch lang am Monde kleben
  und flehte mehr.
Der Mond fing an zu beben,
  als hörte er.

Und denkt nun immer wieder
  an diesen Blick
und scheint von hoch hernieder
  mir lauter Glück.

Er schien mir unterm Kranze
  ins Brautgesicht
und bei dem Ehrentanze;
  du warst noch nicht.

DIE STERNSEHERIN LISE

Ich sehe oft um Mitternacht,
wenn ich mein Werk getan
und niemand mehr im Hause wacht,
die Stern' am Himmel an.

Sie gehn da, hin und her zerstreut,
als Lämmer auf der Flur,
in Rudeln auch, und aufgereiht
wie Perlen an der Schnur.

Und funkeln alle weit und breit
und funkeln rein und schön;
ich seh' die große Herrlichkeit
und kann mich satt nicht sehn ...

Dann saget unterm Himmelszelt
mein Herz mir in der Brust:
»Es gibt was Bessers in der Welt
als all ihr Schmerz und Lust.«

Ich werf' mich auf mein Lager hin
und liege lange wach
und suche es in meinem Sinn
und sehne mich danach.

DIE LIEBE

Die Liebe hemmet nichts; sie kennt nicht Tür noch Riegel
und dringt durch alles sich;
sie ist ohn' Anbeginn, schlug ewig ihre Flügel
und schlägt sie ewiglich.

TÄGLICH ZU SINGEN

Ich danke Gott und freue mich
wie' s Kind zur Weihnachtsgabe,
daß ich bin, bin! Und daß ich dich,
schön menschlich Antlitz! habe;

daß ich die Sonne, Berg und Meer
und Laub und Gras kann sehen
und abends unterm Sternenheer
und lieben Monde gehen;

und daß mir denn zumute ist,
als wenn wir Kinder kamen
und sahen, was der Heil'ge Christ
bescheret hatte, Amen!

Ich danke Gott mit Saitenspiel,
daß ich kein König worden;
ich wär' geschmeichelt worden viel
und wär' vielleicht verdorben.

Auch bet' ich ihn von Herzen an,
daß ich auf dieser Erde
nicht bin ein großer, reicher Mann
und wohl auch keiner werde.

Denn Ehr' und Reichtum treibt und bläht,
hat mancherlei Gefahren,
und vielen hat's das Herz verdreht,
die weiland wacker waren.

Und all das Geld und all das Gut
gewährt zwar viele Sachen;
Gesundheit, Schlaf und guten Mut
kann's aber doch nicht machen.

Und die sind doch, bei Ja und Nein!
ein rechter Lohn und Segen!
Drum will ich mich nicht groß kastein
des vielen Geldes wegen.

Gott gebe mir nur jeden Tag,
soviel ich darf zum Leben.
Er gibt's dem Sperling auf dem Dach;
wie sollt' er's mir nicht geben!

RHEINWEINLIED

Bekränzt mit Laub den lieben vollen Becher
Und trinkt ihn fröhlich leer.
In ganz Europia, ihr Herren Zecher!
Ist solch ein Wein nicht mehr.

Er kommt nicht her aus Ungarn noch aus Polen,
Noch wo man franzmänn'sch spricht;
Da mag Sankt Veit, der Ritter, Wein sich holen,
Wir holen ihn da nicht.

Ihn bringt das Vaterland aus seiner Fülle;
Wie wär' er sonst so gut!
Wie wär' er sonst so edel, wäre stille
Und doch voll Kraft und Mut!

Er wächst nicht überall im deutschen Reiche;
Und viele Berge, hört,
Sind, wie die weiland Creter, faule Bäuche
Und nicht der Stelle wert.

Thüringens Berge zum Exempel bringen
Gewächs, sieht aus wie Wein;
Ist's aber nicht. Man kann dabei nicht singen,
Dabei nicht fröhlich sein.

Im Erzgebirge dürft ihr auch nicht suchen,
Wenn ihr Wein finden wollt.
Das bringt nur Silbererz und Koboltkuchen
Und etwas Lausegold.

Der Blocksberg ist der lange Herr Philister,
Er macht nur Wind wie der;

Drum tanzen auch der Kuckuck und sein Küster
Auf ihm die Kreuz und Quer.

Am Rhein, am Rhein, da wachsen unsre Reben;
Gesegnet sei der Rhein!
Da wachsen sie am Ufer hin und geben
Uns diesen Labewein.

So trinkt ihn denn, und laßt uns allewege
Uns freun und fröhlich sein!
Und wüßten wir, wo jemand traurig läge,
Wir gäben ihm den Wein.

EIN LIED HINTERM OFEN ZU SINGEN

Der Winter ist ein rechter Mann,
kernfest und auf die Dauer;
sein Fleisch fühlt sich wie Eisen an
und scheut nicht süß noch sauer.

War je ein Mann gesund, ist er's;
er krankt und kränkelt nimmer,
weiß nichts von Nachtschweiß noch Vapeurs
und schläft im kalten Zimmer.

Er zieht sein Hemd im Freien an
und läßt's vorher nicht wärmen;
und spottet über Fluß im Zahn
und Kolik in Gedärmen.

Aus Blumen und aus Vogelsang
weiß er sich nichts zu machen,
haßt warmen Drang und warmen Klang
und alle warmen Sachen.

Doch wenn die Füchse bellen sehr,
wenn's Holz im Ofen knittert
und um den Ofen Knecht und Herr
die Hände reibt und zittert;

wenn Stein und Bein vor Frost zerbricht
und Teich' und Seen krachen;
das klingt ihm gut, das haßt er nicht,
dann will er tot sich lachen.

Sein Schloß von Eis liegt ganz hinaus
beim Nordpol an dem Strande;
doch hat er auch ein Sommerhaus
im lieben Schweizerlande.

Da ist er denn bald dort, bald hier,
gut Regiment zu führen.
Und wenn er durchzieht, stehen wir
und sehn ihn an und frieren.

NACH DER KRANKHEIT

Ich lag und schlief; da fiel ein böses Fieber
im Schlaf auf mich daher
und stach mir in der Brust und nach dem Rücken über
und wütete fast sehr.

Es sprachen Trost, die um mein Bette saßen;
lieb Weibel grämte sich,
ging auf und ab, wollt' sich nicht trösten lassen
und weinte bitterlich.

Da kam Freund Hein: »Lieb Weib, mußt nicht so grämen,
ich bring' ihn sanft zur Ruh«;
und trat ans Bett, mich in den Arm zu nehmen,
und lächelte dazu.

»Sei mir willkommen, sei gesegnet, Lieber!
Weil du so lächelst; doch —
doch, guter Hein, hör an, darfst du vorüber,
so geh und laß mich noch!«

»Bist bange, Asmus? — Darf vorübergehen
auf dein Gebet und Wort.
Leb also wohl, und bis auf Wiedersehen!«
Und damit ging er fort.

Und ich genas! Wie sollt' ich Gott nicht loben!
Die Erde ist doch schön,
ist herrlich doch wie seine Himmel oben
und lustig drauf zu gehn!

Will mich denn freun noch, wenn auch Lebensmühe
mein wartet, will mich freun!
Und wenn du wiederkömmst, spät oder frühe,
so lächle wieder, Hein!

DER TOD UND DAS MÄDCHEN

Das Mädchen:

Vorüber! Ach vorüber!
Geh, wilder Knochenmann!
Ich bin noch jung, geh, Lieber!
Und rühre mich nicht an.

Der Tod:

Gib deine Hand, du schön und zart Gebild!
Bin Freund und komme nicht zu strafen.
Sei gutes Muts! ich bin nicht wild,
sollst sanft in meinen Armen schlafen!«

BEI DEM GRABE MEINES VATERS

Friede sei um diesen Grabstein her!
Sanfter Friede Gottes! Ach, sie haben
einen guten Mann begraben,
und mir war er mehr;

träufte mir von Segen, dieser Mann,
wie ein milder Stern aus bessern Welten!
Und ich kann's ihm nicht vergelten,
was er mir getan.

Er entschlief; sie gruben ihn hier ein.
Leiser, süßer Trost, von Gott gegeben,
und ein Ahnden von dem ew'gen Leben
duft' um sein Gebein!

Bis ihn Jesus Christus, groß und hehr!
freundlich wird erwecken — ach, sie haben
einen guten Mann begraben,
und mir war er mehr.

MOTETTO
als der erste Zahn durch war

Viktoria! Viktoria!
Der kleine weiße Zahn ist da.
Du, Mutter! komm, und groß und klein
im Hause! kommt und guckt hinein
und seht den hellen, weißen Schein.

Der Zahn soll Alexander heißen!
Du liebes Kind! Gott halt' ihn dir gesund
und geb' dir Zähne mehr in deinen kleinen Mund
und immer was dafür zu beißen!

DIE MUTTER BEI DER WIEGE

Schlaf, süßer Knabe, süß und mild!
Du deines Vaters Ebenbild!
Das bist du; zwar dein Vater spricht,
du habest seine Nase nicht.

Nur eben itzo war er hier
und sah dir ins Gesicht

und sprach: Viel hat er zwar von mir,
doch meine Nase nicht.

Mich dünkt es selbst, sie ist zu klein,
doch muß es seine Nase sein;
denn wenn's nicht seine Nase wär',
wo hätt'st du denn die Nase her?

Schlaf, Knabe; was dein Vater spricht,
spricht er wohl nur im Scherz;
hab immer seine Nase nicht,
und habe nur sein Herz!

KRIEGSLIED

's ist Krieg! 's ist Krieg! O Gottes Engel wehre,
Und rede du darein!
's ist leider Krieg — und ich begehre
Nicht schuld daran zu sein!

Was sollt' ich machen, wenn im Schlaf mit Grämen
Und blutig, bleich und blaß,
Die Geister der Erschlagnen zu mir kämen
Und vor mir weinten, was?

Wenn wackre Männer, die sich Ehre suchten,
Verstümmelt und halbtot
Im Staub sich vor mir wälzten und mir fluchten
In ihrer Todesnot?

Wenn tausend tausend Väter, Mütter, Bräute,
  So glücklich vor dem Krieg,
Nun alle elend, alle arme Leute,
  Wehklagten über mich?

Wenn Hunger, böse Seuch' und ihre Nöten
  Freund, Freund und Feind ins Grab
Versammleten und mir zu Ehren krähten
  Von einer Leich' herab?

Was hülf' mir Kron' und Land und Gold und Ehre?
  Die könnten mich nicht freun!
's ist leider Krieg — und ich begehre
  Nicht schuld daran zu sein!

DER TOD

Ach, es ist so dunkel in des Todes Kammer,
Tönt so traurig, wenn er sich bewegt
Und nun aufhebt seinen schweren Hammer
Und die Stunde schlägt.

Johann Joachim Eschenburg
1743–1820

TRENNUNG

Da schlägt des Abschieds Stunde,
Um grausam uns zu trennen;
Wie werd' ich leben können,
Geliebte, ohne dich?
Ein Fremdling aller Freuden,
Ach, leb' ich, um zu leiden;
Und du? Vielleicht auf ewig
Vergißt mein Mädchen mich!

Der Zeit denk' ich mit Tränen,
Die mich so hoch erfreute,
Als noch an deiner Seite
Mein Leben sanft entwich.
Nur um mich mehr zu kränken,
Werd' ich der Zeit gedenken;
Und du? Vielleicht auf ewig
Vergißt mein Mädchen mich!

Den Quell hör' ich noch rauschen,
Wo sie vor Zorn entbrannte,
Doch schnell besänftigt wandte
Sich hold ihr Blick auf mich.
Bald schlug mich Schwermut nieder,
Bald lebt' und hofft' ich wieder;
Und du? Vielleicht auf ewig
Vergißt mein Mädchen mich!

Ach! denk' an diese Trennung,
Wie tief sie mich betrübte,

Daß ich dich da noch liebte,
Als Glück und Hoffnung wich;
Daß ich mit Tränengüssen
Von dir mich losgerissen;
Denk' — — — Ach! vielleicht auf ewig
Vergißt mein Mädchen mich!

ELEGIE AN DORINDE

Dein gedenk' ich: Sehnsucht und Entzücken
Überströmt die Seele, die dich liebt;
Das ist einer von den Augenblicken,
Die zu sparsam mir das Schicksal gibt!
Ein Gefolge banger, schwarzer Stunden
Drängt sich dicht um meine Jugend her;
Augenblicke sind mir froh verschwunden,
Aber Jahre trüb' und freudenleer.

Eh' ich dich, in dir die Liebe kannte,
Da schon war es, als mein weiches Herz
Von der Freundschaft hoher Glut entbrannte;
Aber öfter von der Freundschaft Schmerz.
O! wie manche riß von meiner Seite
Unerbittlich Tod und Trennung hin!
Früh, in dornenvoller Wildnis, weihte
Sich die Schwermut mir zur Führerin.

Teile nicht das Schicksal meiner Tage,
Sanftes Mädchen, weine nicht um mich!
Nicht zum Trübsinn, nicht zu bittrer Klage,

Nur zur Freude schuf der Himmel dich.
O! vergiß, vergiß, was oft mit Blicken,
Oft mit Worten deine Seele sprach;
Sieh, den Leiden, welche jetzt mich drücken,
Folgt vielleicht noch größrer Kummer nach.

Doch wenn einst mir Tage voller Freude
Wie die Sonn' aus öder Nacht entstehn,
Sanftes Mädchen, o! dann laß uns beide
Treu vereint den Pfad des Lebens gehn!
Mit gestärktem, wonnevollem Herzen
Danken wir der Schickung dann, daß sie
Endlich uns nach überstandnen Schmerzen
Den Genuß des reinsten Glücks verlieh.

Johann Gottfried Herder
1744–1803

EIN TRAUM

Ein Traum, ein Traum ist unser Leben
auf Erden hier.
Wie Schatten auf den Wogen schweben
und schwinden wir
und messen unsere trägen Tritte
nach Raum und Zeit
und sind (und wissen's nicht) in Mitte
der Ewigkeit.

DER AUGENBLICK

Warum denn währt des Lebens Glück
Nur einen Augenblick?
Die zarteste der Freuden
Stirbt wie der Schmetterling,
Der, bangend an der Blume,
Verging, verging.

Wir ahnen, wir genießen kaum
Des Lebens kurzen Traum.
Nur im unseligen Leiden
Wird unser Herzeleid
In einer bangen Stunde
Zur Ewigkeit.

DAS FLÜCHTIGSTE

Tadle nicht der Nachtigallen
Bald verhallend süßes Lied;
Sieh, wie unter allen, allen
Lebensfreuden, die entfallen,
Stets zuerst die schönste flieht.

Sieh, wie dort im Tanz der Horen
Lenz und Morgen schnell entweicht,
Wie die Rose, mit Auroren
Jetzt im Silbertau geboren,
Jetzt Auroren gleich erbleicht.

Höre, wie im Chor der Triebe
Bald der zarte Ton verklingt.
Sanftes Mitleid, Wahn der Liebe,
Ach, daß er uns ewig bliebe!
Aber auch sein Zauber sinkt.

Und die Frische dieser Wangen,
Deines Herzens rege Glut
Und die ahnenden Verlangen,
Die am Wink der Hoffnung hangen —
Ach, ein fliehend, fliehend Gut!

Selbst die Blüte deines Strebens,
Aller Musen schönste Gunst,
Jede höchste Kunst des Lebens,
Freund, du fesselst sie vergebens;
Sie entschlüpft, die Zauberkunst.

Aus dem Meer der Götterfreuden
Ward ein Tropfe uns geschenkt,

Ward gemischt mit manchem Leiden,
Leerer Ahnung, falschen Freuden,
Ward im Nebelmeer ertränkt.

Aber auch im Nebelmeere
Ist der Tropfe Seligkeit;
Einen Augenblick ihn trinken,
Rein ihn trinken und versinken,
Ist Genuß der Ewigkeit.

Friedrich Wilhelm Gotter
1746–1797

MEIN PRINZCHEN

Schlafe, mein Prinzchen! Es ruhn
Schäfchen und Vögelchen nun.
Garten und Wiese verstummt,
Auch nicht ein Bienchen mehr summt;
Luna mit silbernem Schein
Gucket zum Fenster herein.
Schlafe beim silbernen Schein,
Schlafe, mein Prinzchen, schlaf ein!

Auch in dem Schlosse schon liegt
Alles in Schlummer gewiegt;
Reget kein Mäuschen sich mehr,
Keller und Küche sind leer.
Nur in der Zofe Gemach
Tönet ein schmelzendes Ach!
Was für ein Ach mag das sein?
Schlafe, mein Prinzchen, schlaf ein!

Wer ist beglückter als du?
Nichts als Vergnügen und Ruh!
Spielwerk und Zucker vollauf
Und noch Karossen im Lauf!
Alles besorgt und bereit,
Daß nur mein Prinzchen nicht schreit!
Was wird das künftig erst sein?
Schlafe, mein Prinzchen, schlaf ein!

Gottfried August Bürger
1747–1794

AN DIE MENSCHENGESICHTER

Ich habe was Liebes, das hab ich zu lieb;
Was kann ich, was kann ich dafür?
Drum sind mir die Menschengesichter nicht hold:
Doch spinn ich ja leider nicht Seide noch Gold,
Ich spinne nur Herzeleid mir.

Auch mich hat was Liebes im Herzen zu lieb;
Was kann es fürs liebende Herz?
Auch ihm sind die Menschengesichter nicht hold:
Doch spinnt es ja leider nicht Seide noch Gold,
Es spinnt sich nur Elend und Schmerz.

Wir seufzen und sehnen, wir schmachten uns nach,
Wir sehnen und seufzen uns krank.
Die Menschengesichter verargen uns das:
Sie reden, sie tun uns bald dies und bald das
Und schmieden uns Fessel und Zwang.

Wenn ihr für die Leiden der Liebe was könnt,
Gesichter, so gönnen wir's euch.
Wenn wir es nicht können, so irr es euch nicht!
Wir können, ach leider! wir können es nicht,
Nicht für das Mogolische Reich!

Wir irren und quälen euch andre ja nicht;
Wir quälen ja uns nur allein.
Drum, Menschengesichter, wir bitten euch sehr,
Drum laßt uns gewähren und quält uns nicht mehr,
O laßt uns gewähren allein!

Was drängt ihr euch um die Kranken herum
Und scheltet und schnarchet sie an?
Von Schelten und Schnarchen genesen sie nicht.
Man liebet ja Tugend, man übet ja Pflicht;
Doch keiner tut mehr, als er kann.

Die Sonne, sie leuchtet; sie schattet, die Nacht;
Hinab will der Bach, nicht hinan;
Der Sommerwind trocknet; der Regen macht naß;
Das Feuer verbrennet. — Wie hindert ihr das? —
O laßt es gewähren, wie's kann!

Es hungert den Hunger, es dürstet den Durst;
Sie sterben von Nahrung entfernt.
Naturgang wendet kein Aber und Wenn. —
O Menschengesichter, wie zwinget ihr's denn,
Daß Liebe zu lieben verlernt?

DIE BEIDEN LIEBENDEN

Ich bin kein großer, reicher Herr,
und sie ist keine hohe Dame,
doch hold, auch ohne Prunkgezerr,
erklingt ein kurzer Schäfername.
Dagegen herzen wir uns frei,
sind sicher vor Verrätertücken,
auch schielet keine Spötterei,
wann wir uns Knie und Hände drücken.

Im Denken ist sie Pallas ganz
und Juno ganz am edlen Gange,

Terpsichore beim Freudentanz,
Euterpe neidet sie im Sange;
ihr weicht Aglaja, wenn sie lacht,
Melpomene bei sanfter Klage,
die Wollust ist sie in der Nacht,
die holde Sittsamkeit bei Tage.

Wenn sie an ihrem Tischchen sitzt,
so werd ich scherzend hingewinket:
»Komm, schmücke selbst dein Mädchen itzt,
wie deiner Laun' am besten dünket!«
Und mich beflügelt ihr Gebot,
sie unvermutet zu umfangen;
dann schminkt mit hohem Morgenrot
mein Kuß die jugendlichen Wangen.

Drauf leg ich ihr die Schnürbrust an.
Vor Wonne beben mir die Hände.
Das Band zerreißt, so oft es kann,
damit die Arbeit später ende.
Wie flink bin ich nicht stets bereit,
so liebe Dienste zu verrichten!
Doch schneller noch, zur Abendzeit,
das Werk des Morgens zu zernichten.

Wohl hundert Launen, kraus und hold,
umflattern täglich meine Traute.
Bald singt und lacht, bald weint und schmollt,
bald klimpert sie auf ihrer Laute,
tanzt hin und wieder, blitzgeschwind,
bringt bald ein Büchelchen, bald Karten,
bald streut sie alles in den Wind
und eilt hinunter in den Garten.

Ich hinterher, ereile sie
in einer sichern, stillen Grotte.
Freund Amor treibt, sie weiß nicht wie,
sie tief ins Dunkel. Dank dem Gotte!
Sie bebt, von meinem Arm umstrickt.
Mein Kuß erstickt ihr letztes Lallen.
Sie sinkt. Ich halte sie entzückt,
und — halt! — und lasse sie nicht fallen.

HERR BACCHUS

Herr Bacchus ist ein braver Mann,
das kann ich euch versichern;
mehr als Apoll, der Leiermann,
mit seinen Notenbüchern.

Apoll muß tiefgebückt und krumm
in Fürstensäle schleichen;
allein mit Bacchus gehn sie um
als wie mit ihresgleichen.

Drum wollen wir auf den Parnaß
vor allen andern Dingen
das große Heidelberger Faß
voll Nierensteiner bringen.

Man lebte so nach altem Brauch
bisher dort allzu nüchtern.
Drum blieben die neun Jungfern auch
von je und je so schüchtern.

Ha! Zapften sie sich ihren Trank
Aus Bacchus' Nektartonnen,
sie jagten Blödigkeit und Zwang
ins Kloster zu den Nonnen.

Fürwahr! Sie ließen nicht mit Müh'
zur kleinsten Gunst sich zwingen,
und ungerufen würden sie
uns in die Arme springen.

Ludwig Christoph Heinrich Hölty
1748–1776

FRÜHLINGSLIED

Die Luft ist blau, das Tal ist grün,
die kleinen Maienglocken blühn
und Schlüsselblumen drunter;
der Wiesengrund
ist schon so bunt
und malt sich täglich bunter.

Drum komme, wem der Mai gefällt,
und freue sich der schönen Welt
und Gottes Vatergüte,
die diese Pracht
hervorgebracht,
den Baum und seine Blüte.

ELEGIE AUF EINE NACHTIGALL

Sie ist dahin, die Maienlieder tönte,
Die Sängerin,
Die durch ihr Lied den ganzen Hain verschönte,
Sie ist dahin.
Sie, deren Lied mir in die Seele hallte,
Wenn ich am Bach,
Der durchs Gebüsch im Abendgolde wallte,
Auf Blumen lag.

Sie schmelzete die Wipfel in Entzücken.
Der Widerklang
Entfuhr dem Schlaf, auf blauer Berge Rücken,
Wenn ihr Gesang
Im Wipfel floß. Die ländlichen Schalmeien
Erklangen drein,
Es tanzeten die Elfen ihre Reihen
Darnach im Hain.

Dann lauschten oft die jugendlichen Bräute
Auf einer Bank
Von Rasen an des trauten Lieblings Seite
Dem Zauberklang.
Sie drückten sich, bei jeder deiner Fugen,
Die Hand einmal
Und hörten nicht, wenn deine Schwestern schlugen,
O Nachtigall.

Sie lauschten, bis der Hall der Abendglocke
Im Dorfe schwieg
Und Hesperus mit silberfarbner Locke
Dem Meer entstieg,
Und gingen dann im Wehn der Abendkühle
Dem Dörfchen zu,
Mit einer Brust voll zärtlicher Gefühle,
Voll süßer Ruh.

LEBENSPFLICHTEN

Rosen auf den Weg gestreut,
Und des Harms vergessen!
Eine kleine Spanne Zeit
Ward uns zugemessen.

Heute hüpft im Frühlingstanz
Noch der frohe Knabe;
Morgen weht der Totenkranz
Schon auf seinem Grabe.

Wonne führt die junge Braut
Heute zum Altare;
Eh die Abendwolke taut,
Ruht sie auf der Bahre.

Ungewisser, kurzer Dau'r
Ist dies Erdeleben;
Und zur Freude, nicht zur Trau'r,
Uns von Gott gegeben.

Gebet Harm und Grillenfang,
Gebet ihn den Winden;
Ruht bei frohem Becherklang
Unter grünen Linden.

Lasset keine Nachtigall
Unbehorcht verstummen,
Keine Bien' im Frühlingstal
Unbelauschet summen.

Fühlt, so lang es Gott erlaubt,
Kuß und süße Trauben,

Bis der Tod, der alles raubt,
  Kommt, sie euch zu rauben.

Unser schlummerndes Gebein,
  In die Gruft gesäet,
Fühlet nicht den Rosenhain,
  Der das Grab umwehet;

Fühlet nicht den Wonneklang
  Angestoßner Becher,
Nicht den frohen Rundgesang
  Weingelehrter Zecher.

Leopold Friedrich Günther von Goeckingk
1748–1828

AN NANTCHEN

Daß mir diese Welt mit allen
Ihren Narren wohl gefällt,
Daß vom Dummkopf angefallen,
Von dem Neider angebellt,
Rach und Spott zurückefallen:
Dafür nimm, du Zauberin!
Diesen Kuß zum Danke hin.

Daß ich keine Sorgen nähre,
Titel nicht erschleichen mag,
Bunt Gepränge gern entbehre,
Kurz, daß mir ein froher Tag
Mehr ist als ein Jahr der Ehre:
Dafür, holde Schmeichlerin!
Nimm dies Lied zum Danke hin.

Daß ich oft zur Sternenhöhe
Bald mit heiterm Angesicht,
Bald mit stillen Tränen sehe;
Daß ich dann um Güter nicht,
Nur um dich und Weisheit flehe:
Dafür, du Bekehrerin!
Nimm mein Herz zum Danke hin.

ALS DER ERSTE SCHNEE FIEL

Gleich einem König, der in seine Staaten
Zurück als Sieger kehrt, empfängt ein Jubel dich!
Der Knabe balgt um deine Flocken sich,
Wie bei der Krönung um Dukaten.

Selbst mir, obschon ein Mädchen und der Rute
Lang nicht mehr untertan, bist du ein lieber Gast;
Denn siehst du nicht, seit du die Erde hast
So weich belegt, wie ich mich spute?

Zu fahren, ohne Segel, ohne Räder,
Auf einer Muschel, hin durch deinen weißen Flor,
So sanft, und doch so leicht, so schnell, wie vor
Dem Westwind eine Flaumenfeder.

Aus allen Fenstern und aus allen Türen
Sieht mir der bleiche Neid aus hohlen Augen nach;
Selbst die Matrone wird ein leises Ach!
Und einen Wunsch um mich verlieren.

Denn der, um den wir Mädchen oft uns stritten,
Wird hinter mir, so schlank wie eine Tanne, stehn
Und sonst auf nichts mit seinen Augen sehn
Als auf das Mädchen in dem Schlitten.

WAS HAT BESTAND?

Was hat Bestand auf diesem Erdenballe,
Der immer sich im schnellen Wirbel dreht?
Ich hatt' als Kind wohl fünfzig Tauben, alle
So schön, wie ihr gewiß sie nirgend seht.
Ich hatte sie, bis trotz der scharfen Falle
Der Marder in den Schlag sich fand!
Was hat Bestand?

Was hat Bestand? In meinem Elemente
War ich als Knabe, wenn ich nur erhitzt
Umher nach einem Vogelneste rennte.
So sucht' und rennt' ich wahrlich wohl nicht itzt,
Gesetzt auch, daß ich ihn verlieren könnte,
Nach Pitts berühmtem Diamant.
Was hat Bestand?

Was hat Bestand? Ward nicht im ganzen Lande
Die schönste mir von allen Schönen hold?
Ein goldner Ring verknüpfte unsre Bande.
Und lauter blieb sie wie des Ringes Gold.
Auf einmal stand sie an des Grabes Rande;
Ich hielt sie; aber sie verschwand!
Was hat Bestand?

Was hat Bestand? Soll ich von diesem Jungen,
Dess' Auge schmachtend schon nach Liedern girrt,
Nicht hoffen, daß er das, was ich gesungen,
Dreifach melodischer einst singen wird,
Wenn seinen Vater längst das Grab verschlungen?
Und morgen scharrt man ihn in Sand!
Was hat Bestand?

Was hat Bestand? Ich sang so gern Gesänge;
Im Jugendschwindel hielt ich sie für schön.
Jetzt seh' ich mehr als Zoilus in Menge
Noch Flecken unverwischt auf ihnen stehn.
Jetzt sind sie noch mit andern im Gedränge,
Bald — teils vergessen, teils verkannt!
Was hat Bestand?

Was hat Bestand? Die Tugend nur, die weise
Das Leben selbst nur für geliehen hält
Und nie vergisset, sie sei auf der Reise,
Wo jeder fast, so gut er kann, uns schnellt.
Doch endlich öffnet uns der Tod die Schleuse,
Und weg ist hinter uns das Land
Voll Unbestand!

AN MEINE FREUNDE

Hört ihr einst, ich sei gestorben,
Oh, dann spielet auf Theorben
Keine Trauermelodie.
Ich, der euch im Leben nie
Eure Freude hat verdorben:
Ich vertrüb' im Tode sie?

Nein! Ihr sollt um mich nicht klagen!
Freuen mögt ihr euch und sagen:
Wohl, geborgen ist auch der.
Und wer gab die Hand wie er
Seinem Führer ohne Zagen?
Darum klatschet hinterher!

Und dann holt aus meinem Keller
Die paar Flaschen Muskateller,
Aufgespart für euch, heraus;
Trinkt, als wär' ich noch zu Haus,
Sie auf meinem Lieblingssöller
Miteinander fröhlich aus.

Und erinnert euch der Zeiten,
Wo beim Klange süßer Saiten
Meine Laun' im Vogelflug
Mich auf leisen Flügeln trug,
Stunden, die mich nicht gereuten,
Als der Tod jetzt sprach: Genug!

Laßt von mir die Leute sprechen,
Was sie wollen; von Verbrechen
War mein ganzes Leben rein,
Und so darf man Mensch nur sein,
Um auch mir so manche Schwächen
Nach dem Tode zu verzeihn.

Meine Lieder tadeln hören,
Soll nicht eure Ruhe stören.
Nie verschwand noch ein Gesang,
Den ein reiner Geist durchdrang.
Nichts, wenn meine den entbehren,
Rettet sie vom Untergang.

Johann Wolfgang von Goethe
1749–1832

MIT EINEM GEMALTEN BAND

Kleine Blumen, kleine Blätter
Streuen mir mit leichter Hand
Gute junge Frühlingsgötter
Tändelnd auf ein luftig Band.

Zephyr, nimm's auf deine Flügel,
Schling's um meiner Liebsten Kleid!
Und so tritt sie vor den Spiegel
All in ihrer Munterkeit.

Sieht mit Rosen sich umgeben,
Selbst wie eine Rose jung:
Einen Blick, geliebtes Leben!
Und ich bin belohnt genung.

Fühle, was dies Herz empfindet,
Reiche frei mir deine Hand,
Und das Band, das uns verbindet,
Sei kein schwaches Rosenband!

MAIFEST

Wie herrlich leuchtet
Mir die Natur!
Wie glänzt die Sonne!
Wie lacht die Flur!

Es dringen Blüten
Aus jedem Zweig
Und tausend Stimmen
Aus dem Gesträuch

Und Freud und Wonne
Aus jeder Brust.
O Erd, o Sonne,
O Glück, o Lust,

O Lieb, o Liebe,
So golden schön
Wie Morgenwolken
Auf jenen Höhn,

Du segnest herrlich
Das frische Feld —
Im Blütendampfe
Die volle Welt!

O Mädchen, Mädchen,
Wie lieb ich dich!
Wie blinkt dein Auge,
Wie liebst du mich!

So liebt die Lerche
Gesang und Luft,

Und Morgenblumen
Den Himmelsduft,

Wie ich dich liebe
Mit warmem Blut,
Die du mir Jugend
Und Freud und Mut

Zu neuen Liedern
Und Tänzen gibst.
Sei ewig glücklich,
Wie du mich liebst.

WILLKOMMEN UND ABSCHIED

Es schlug mein Herz, geschwind zu Pferde!
Es war getan fast eh gedacht.
Der Abend wiegte schon die Erde,
Und an den Bergen hing die Nacht;
Schon stand im Nebelkleid die Eiche,
Ein aufgetürmter Riese, da,
Wo Finsternis aus dem Gesträuche
Mit hundert schwarzen Augen sah.

Der Mond von einem Wolkenhügel
Sah kläglich aus dem Duft hervor,
Die Winde schwangen leise Flügel,
Umsausten schauerlich mein Ohr;
Die Nacht schuf tausend Ungeheuer,
Doch frisch und fröhlich war mein Mut:

In meinen Adern welches Feuer!
In meinem Herzen welche Glut!

Dich sah ich, und die milde Freude
Floß von dem süßen Blick auf mich;
Ganz war mein Herz an deiner Seite
Und jeder Atemzug für dich.
Ein rosenfarbnes Frühlingswetter
Umgab das liebliche Gesicht,
Und Zärtlichkeit für mich — ihr Götter!
Ich hofft' es, ich verdient' es nicht!

Doch ach, schon mit der Morgensonne
Verengt der Abschied mir das Herz:
In deinen Küssen welche Wonne!
In deinem Auge welcher Schmerz!
Ich ging, du standst und sahst zur Erden
Und sahst mir nach mit nassem Blick:
Und doch, welch Glück, geliebt zu werden!
Und lieben, Götter, welch ein Glück!

WARUM GABST DU UNS DIE TIEFEN BLICKE

Warum gabst du uns die tiefen Blicke,
Unsre Zukunft ahndungsvoll zu schaun,
Unsrer Liebe, unserm Erdenglücke
Wähnend selig nimmer hinzutraun?
Warum gabst uns, Schicksal, die Gefühle,
Uns einander in das Herz zu sehn,
Um durch all die seltenen Gewühle
Unser wahr Verhältnis auszuspähn?

Ach, so viele tausend Menschen kennen,
Dumpf sich treibend, kaum ihr eigen Herz,
Schweben zwecklos hin und her und rennen
Hoffnungslos in unversehnen Schmerz;
Jauchzen wieder, wenn der schnellen Freuden
Unerwart'te Morgenröte tagt.
Nur uns armen liebevollen beiden
Ist das wechselseitge Glück versagt,
Uns zu lieben, ohn uns zu verstehen,
In dem andern sehn, was er nie war,
Immer frisch auf Traumglück auszugehen
Und zu schwanken auch in Traumgefahr.

Glücklich, den ein leerer Traum beschäftigt!
Glücklich, dem die Ahndung eitel wär!
Jede Gegenwart und jeder Blick bekräftigt
Traum und Ahndung leider uns noch mehr.
Sag, was will das Schicksal uns bereiten?
Sag, wie band es uns so rein genau?
Ach, du warst in abgelebten Zeiten
Meine Schwester oder meine Frau;

Kanntest jeden Zug in meinem Wesen,
Spähtest, wie die reinste Nerve klingt,
Konntest mich mit einem Blicke lesen,
Den so schwer ein sterblich Aug durchdringt.
Tropftest Mäßigung dem heißen Blute,
Richtetest den wilden irren Lauf,
Und in deinen Engelsarmen ruhte
Die zerstörte Brust sich wieder auf;

Hieltest zauberleicht ihn angebunden
Und vergaukeltest ihm manchen Tag.

Welche Seligkeit glich jenen Wonnestunden,
Da er dankbar dir zu Füßen lag,
Fühlt' sein Herz an deinem Herzen schwellen,
Fühlte sich in deinem Auge gut,
Alle seine Sinnen sich erhellen
Und beruhigen sein brausend Blut.

Und von allem dem schwebt ein Erinnern
Nur noch um das ungewisse Herz,
Fühlt die alte Wahrheit ewig gleich im Innern,
Und der neue Zustand wird ihm Schmerz.
Und wir scheinen uns nur halb beseelet,
Dämmernd ist um uns der hellste Tag.
Glücklich, daß das Schicksal, das uns quälet,
Uns doch nicht verändern mag.

BEHERZIGUNG

Ach, was soll der Mensch verlangen?
Ist es besser, ruhig bleiben?
Klammernd fest sich anzuhangen?
Ist es besser, sich zu treiben?
Soll er sich ein Häuschen bauen?
Soll er unter Zelten leben?
Soll er auf die Felsen trauen?
Selbst die besten Felsen beben.

Eines schickt sich nicht für alle.
Sehe jeder, wie er's treibe,
Sehe jeder, wo er bleibe,
Und wer steht, daß er nicht falle!

PROMETHEUS

Bedecke deinen Himmel, Zeus,
Mit Wolkendunst!
Und übe, dem Knaben gleich,
Der Disteln köpft,
An Eichen dich und Bergeshöhn!
Mußt mir meine Erde
Doch lassen stehn,
Und meine Hütte, die du nicht gebaut,
Und meinen Herd,
Um dessen Glut
Du mich beneidest.

Ich kenne nichts Ärmers
Unter der Sonn' als euch, Götter.
Ihr nähret kümmerlich
Von Opfersteuern
Und Gebetshauch
Eure Majestät
Und darbtet, wären
Nicht Kinder und Bettler
Hoffnungsvolle Toren.

Da ich ein Kind war,
Nicht wußte, wo aus noch ein,
Kehrt' ich mein verirrtes Auge
Zur Sonne, als wenn drüber wär'
Ein Ohr, zu hören meine Klage,
Ein Herz wie mein's,
Sich des Bedrängten zu erbarmen.

Wer half mir
Wider der Titanen Übermut?

Wer rettete vom Tode mich,
Von Sklaverei?
Hast du nicht alles selbst vollendet,
Heilig glühend Herz?
Und glühtest, jung und gut,
Betrogen, Rettungsdank
Dem Schlafenden da droben?

Ich dich ehren? Wofür?
Hast du die Schmerzen gelindert
Je des Beladenen?
Hast du die Tränen gestillet
Je des Geängsteten?
Hat nicht mich zum Manne geschmiedet
Die allmächtige Zeit
Und das ewige Schicksal,
Meine Herrn und deine?

Wähntest du etwa,
Ich sollte das Leben hassen,
In Wüsten fliehn,
Weil nicht alle
Blütenträume reiften?

Hier sitz' ich, forme Menschen
Nach meinem Bilde,
Ein Geschlecht, das mir gleich sei,
Zu leiden, zu weinen,
Zu genießen und zu freuen sich,
Und dein nicht zu achten,
Wie ich.

AN DEN MOND

Füllest wieder Busch und Tal
Still mit Nebelglanz,
Lösest endlich auch einmal
Meine Seele ganz;

Breitest über mein Gefild
Lindernd deinen Blick,
Wie des Freundes Auge mild
Über mein Geschick.

Jeden Nachklang fühlt mein Herz
Froh' und trüber Zeit,
Wandle zwischen Freud und Schmerz
In der Einsamkeit.

Fließe, fließe, lieber Fluß!
Nimmer werd ich froh,
So verrauschte Scherz und Kuß,
Und die Treue so.

Ich besaß es doch einmal,
Was so köstlich ist!
Daß man doch zu seiner Qual
Nimmer es vergißt!

Rausche, Fluß, das Tal entlang,
Ohne Rast und Ruh,
Rausche, flüstre meinem Sang
Melodien zu,

Wenn du in der Winternacht
Wütend überschwillst

Oder um die Frühlingspracht
Junger Knospen quillst.

Selig, wer sich vor der Welt
Ohne Haß verschließt,
Einen Freund am Busen hält
Und mit dem genießt,

Was, von Menschen nicht gewußt
Oder nicht bedacht,
Durch das Labyrinth der Brust
Wandelt in der Nacht.

RASTLOSE LIEBE

Dem Schnee, dem Regen,
Dem Wind entgegen,
Im Dampf der Klüfte,
Durch Nebeldüfte,
Immer zu! Immer zu!
Ohne Rast und Ruh!

Lieber durch Leiden
Möcht ich mich schlagen,
Als so viel Freuden
Des Lebens ertragen.
Alle das Neigen
Von Herzen zu Herzen,
Ach, wie so eigen
Schaffet das Schmerzen!

Wie soll ich fliehen?
Wälderwärts ziehen?
Alles vergebens!
Krone des Lebens,
Glück ohne Ruh,
Liebe, bist du!

WANDRERS NACHTLIED

Der du von dem Himmel bist,
Alles Leid und Schmerzen stillest,
Den, der doppelt elend ist,
Doppelt mit Erquickung füllest,
Ach, ich bin des Treibens müde,
Was soll all der Schmerz und Lust?
Süßer Friede,
Komm, ach komm in meine Brust!

EIN GLEICHES

Über allen Gipfeln
Ist Ruh,
In allen Wipfeln
Spürest du
Kaum einen Hauch;
Die Vögelein schweigen im Walde.
Warte nur, balde
Ruhest du auch.

JÄGERS ABENDLIED

Im Felde schleich ich still und wild,
Gespannt mein Feuerrohr,
Da schwebt so licht dein liebes Bild,
Dein süßes Bild mir vor.

Du wandelst jetzt wohl still und mild
Durchs Feld und liebe Tal,
Und ach, mein schnell verrauschend Bild,
Stellt sich dir's nicht einmal?

Des Menschen, der die Welt durchstreift
Voll Unmut und Verdruß,
Nach Osten und nach Westen schweift,
Weil er dich lassen muß.

Mir ist es, denk ich nur an dich,
Als in den Mond zu sehn;
Ein stiller Friede kommt auf mich,
Weiß nicht, wie mir geschehn.

MIGNON

Kennst du das Land, wo die Zitronen blühn,
im dunkeln Laub die Goldorangen glühn,
ein sanfter Wind vom blauen Himmel weht,
die Myrte still und hoch der Lorbeer steht?
Kennst du es wohl?
Dahin! Dahin
möcht' ich mit dir, o mein Geliebter, ziehn.

Kennst du das Haus? Auf Säulen ruht sein Dach,
es glänzt der Saal, es schimmert das Gemach,
und Marmorbilder stehn und sehn mich an:
Was hat man dir, du armes Kind, getan?
Kennst du es wohl?
Dahin! Dahin
möcht' ich mit dir, o mein Beschützer, ziehn.

Kennst du den Berg und seinen Wolkensteg?
Das Maultier sucht im Nebel seinen Weg;
in Höhlen wohnt der Drachen alte Brut;
es stürzt der Fels und über ihn die Flut.
Kennst du ihn wohl?
Dahin! Dahin
geht unser Weg! O Vater, laß uns ziehn!

GEFUNDEN

Ich ging im Walde
So für mich hin,
Und nichts zu suchen,
Das war mein Sinn.

Im Schatten sah ich
Ein Blümchen stehn,
Wie Sterne leuchtend,
Wie Äuglein schön.

Ich wollt es brechen,
Da sagt' es fein:

Soll ich zum Welken
Gebrochen sein?

Ich grub's mit allen
Den Würzlein aus,
Zum Garten trug ich's
Am hübschen Haus.

Und pflanzt' es wieder
Am stillen Ort;
Nun zweigt es immer
Und blüht so fort.

Nur wer die Sehnsucht kennt,
Weiß, was ich leide!
Allein und abgetrennt
Von aller Freude,
Seh' ich ans Firmament
Nach jener Seite.
Ach! der mich liebt und kennt,
Ist in der Weite.
Es schwindelt mir, es brennt
Mein Eingeweide.
Nur wer die Sehnsucht kennt,
Weiß, was ich leide!

DAS GÖTTLICHE

Edel sei der Mensch,
Hilfreich und gut!
Denn das allein
Unterscheidet ihn
Von allen Wesen,
Die wir kennen.

Heil den unbekannten
Höhern Wesen,
Die wir ahnen!
Ihnen gleiche der Mensch!
Sein Beispiel lehr' uns
Jene glauben.

Denn unfühlend
Ist die Natur:
Es leuchtet die Sonne
Über Bös' und Gute,
Und dem Verbrecher
Glänzen wie dem Besten
Der Mond und die Sterne.

Wind und Ströme,
Donner und Hagel
Rauschen ihren Weg
Und ergreifen,
Vorüber eilend,
Einen um den andern.

Auch so das Glück
Tappt unter die Menge,

Faßt bald des Knaben
Lockige Unschuld,
Bald auch den kahlen
Schuldigen Scheitel.

Nach ewigen, eh'rnen,
Großen Gesetzen
Müssen wir alle
Unseres Daseins
Kreise vollenden.

Nur allein der Mensch
Vermag das Unmögliche:
Er unterscheidet,
Wählet und richtet;
Er kann dem Augenblick
Dauer verleihen.

Er allein darf
Den Guten lohnen,
Den Bösen strafen,
Heilen und retten,
Alles Irrende, Schweifende
Nützlich verbinden.

Und wir verehren
Die Unsterblichen,
Als wären sie Menschen,
Täten im großen,
Was der Beste im kleinen
Tut oder möchte.

Der edle Mensch
Sei hilfreich und gut!

Unermüdet schaff' er
Das Nützliche, Rechte,
Sei uns ein Vorbild
Jener geahneten Wesen!

Vom Vater hab' ich die Statur,
Des Lebens ernstes Führen,
Vom Mütterchen die Frohnatur
Und Lust zu fabulieren.
Urahnherr war der Schönsten hold,
Das spukt so hin und wieder;
Urahnfrau liebte Schmuck und Gold.
Das zuckt wohl durch die Glieder.
Sind nun die Elemente nicht
Aus dem Komplex zu trennen,
Was ist denn an dem ganzen Wicht
Original zu nennen?

WERT DES WORTES

Worte sind der Seele Bild —
Nicht ein Bild! Sie sind ein Schatten!
Sagen herbe, deuten mild,
Was wir haben, was wir hatten. —
Was wir hatten, wo ist's hin?
Und was ist's denn, was wir haben? —
Nun, wir sprechen! Rasch im Fliehn
Haschen wir des Lebens Gaben.

Zum Sehen geboren,
Zum Schauen bestellt,
Dem Turme geschworen,
Gefällt mir die Welt.
Ich blick' in die Ferne,
Ich seh' in der Näh
Den Mond und die Sterne,
Den Wald und das Reh.
So seh' ich in allen
Die ewige Zier,
Und wie mir's gefallen,
Gefall' ich auch mir.
Ihr glücklichen Augen,
Was je ihr gesehn,
Es sei wie es wolle,
Es war doch so schön!

SULEIKA

Hochbeglückt in deiner Liebe,
Schelt' ich nicht Gelegenheit;
Ward sie auch an dir zum Diebe,
Wie mich solch ein Raub erfreut!

Und wozu denn auch berauben?
Gib dich mir aus freier Wahl;
Gar zu gerne möcht' ich glauben —
Ja, ich bin's, die dich bestahl.

Was so willig du gegeben,
Bringt dir herrlichen Gewinn,
Meine Ruh', mein reiches Leben
Geb' ich freudig, nimm es hin!

Scherze nicht! Nichts von Verarmen!
Macht uns nicht die Liebe reich?
Halt' ich dich in meinen Armen,
Jedem Glück ist meines gleich.

WIEDERFINDEN

Ist es möglich! Stern der Sterne,
Drück ich wieder dich ans Herz!
Ach, was ist die Nacht der Ferne
Für ein Abgrund, für ein Schmerz!
Ja, du bist es! meiner Freuden
Süßer, lieber Widerpart;
Eingedenk vergangner Leiden,
Schaudr' ich vor der Gegenwart.

Als die Welt im tiefsten Grunde
Lag an Gottes ew'ger Brust,
Ordnet' er die erste Stunde
Mit erhabner Schöpfungslust,
Und er sprach das Wort: »Es werde!«
Da erklang ein schmerzlich Ach!
Als das All mit Machtgebärde
In die Wirklichkeiten brach.

Auf tat sich das Licht: so trennte
Scheu sich Finsternis von ihm,

Und sogleich die Elemente
Scheidend auseinander fliehn.
Rasch, in wilden wüsten Träumen
Jedes nach der Weite rang,
Starr, in ungemeßnen Räumen,
Ohne Sehnsucht, ohne Klang.

Stumm war alles, still und öde,
Einsam Gott zum erstenmal!
Da erschuf er Morgenröte,
Die erbarmte sich der Qual;
Sie entwickelte dem Trüben
Ein erklingend Farbenspiel,
Und nun konnte wieder lieben,
Was erst auseinander fiel.

Und mit eiligem Bestreben
Sucht sich, was sich angehört;
Und zu ungemeßnem Leben
Ist Gefühl und Blick gekehrt.
Sei's Ergreifen, sei es Raffen,
Wenn es nur sich faßt und hält!
Allah braucht nicht mehr zu schaffen,
Wir erschaffen seine Welt.

So, mit morgenroten Flügeln,
Riß es mich an deinen Mund,
Und die Nacht mit tausend Siegeln
Kräftigt sternenhell den Bund.
Beide sind wir auf der Erde
Musterhaft in Freud und Qual,
Und ein zweites Wort: Es werde!
Trennt uns nicht zum zweitenmal.

In tausend Formen magst du dich verstecken,
Doch, Allerliebste, gleich erkenn ich dich;
Du magst mit Zauberschleiern dich bedecken,
Allgegenwärt'ge, gleich erkenn ich dich.

An der Zypresse reinstem, jungem Streben,
Allschöngewachsne, gleich erkenn ich dich;
In des Kanales reinem Wellenleben,
Allschmeichelhafte, wohl erkenn ich dich.

Wenn steigend sich der Wasserstrahl entfaltet,
Allspielende, wie froh erkenn ich dich;
Wenn Wolke sich gestaltend umgestaltet,
Allmannigfalt'ge, dort erkenn ich dich.

An des geblümten Schleiers Wiesenteppich,
Allbuntbesternte, schön erkenn ich dich;
Und greift umher ein tausendarm'ger Eppich,
O Allumklammernde, da kenn ich dich.

Wenn am Gebirg der Morgen sich entzündet,
Gleich, Allerheiternde, begrüß ich dich,
Dann über mir der Himmel rein sich ründet,
Allherzerweiternde, dann atm' ich dich.

Was ich mit äußerm Sinn, mit innerm kenne,
Du Allbelehrende, kenn ich durch dich;
Und wenn ich Allahs Namenhundert nenne,
Mit jedem klingt ein Name nach für dich.

Friedrich Leopold Graf zu Stolberg
1750–1819

DER MOND
An meinen Bruder

Der Mond, der uns so freundlich scheint,
War unsrer lieben Mutter Freund;
Er sieht uns an mit sanftem Blick
Und denkt wohl auch an sie zurück.

Er kommt zu uns von Alpen her,
Scheint unsern Schwestern übers Meer
Und sieht von seiner hohen Bahn
Mit *einem* Blick uns alle an.

So sieht uns unsrer Mutter Blick;
Sie fleht zu Gott für unser Glück
Und strahlt in stiller Nächte Ruh
Uns ihren teuren Segen zu.

Johann Martin Miller
1750–1814

DIE ZUFRIEDENHEIT

Was frag ich viel nach Geld und Gut,
Wenn ich zufrieden bin!
Gibt Gott mir nur gesundes Blut,
So hab ich frohen Sinn
Und sing aus dankbarem Gemüt
Mein Morgen- und mein Abendlied.

So mancher schwimmt im Überfluß,
Hat Haus und Hof und Geld;
Und ist doch immer voll Verdruß
Und freut sich nicht der Welt.
Je mehr er hat, je mehr er will,
Nie schweigen seine Klagen still.

Da heißt die Welt ein Jammertal
Und deucht mir doch so schön;
Hat Freuden ohne Maß und Zahl,
Läßt keinen leer ausgehn.
Das Käferlein und Vögelein
Darf sich ja auch des Maien freun.

Und uns zu Liebe schmücken ja
Sich Wiese, Berg und Wald;
Und Vögel singen fern und nah,
Daß alles widerhallt.
Bei'r Arbeit singt die Lerch uns zu,
Die Nachtigall bei'r süßen Ruh.

Und wenn die goldne Sonn aufgeht
Und golden wird die Welt,
Und alles in der Blüte steht
Und Ähren trägt das Feld;
Dann denk ich: Alle diese Pracht
Hat Gott zu meiner Lust gemacht.

Dann preis ich Gott und lobe Gott
Und schweb in hohem Mut,
Und denk: Es ist ein lieber Gott
Und meints mit Menschen gut;
Drum will ich immer dankbar sein
Und mich ob seiner Güte freun!

Johann Heinrich Voss
1751–1826

DER HERBSTGANG

Die Bäume stehn der Frucht entladen,
Und gelbes Laub verweht ins Tal;
Das Stoppelfeld in Schimmerfaden
Erglänzt im niedern Mittagsstrahl.
Es kreist der Vögel Schwarm und ziehet;
Das Vieh verlangt zum Stall und fliehet
Die magern Aun, vom Reife fahl.

O geh am sanften Scheidetage
Des Jahrs zu guter Letzt hinaus
Und nenn ihn Sommertag und trage
Den letzten schwer gefundnen Strauß.
Bald steigt Gewölk und schwarz dahinter
Der Sturm und sein Genoß, der Winter,
Und hüllt in Flocken Feld und Haus.

Ein weiser Mann, ihr Lieben, haschet
Die Freuden im Vorüberfliehn,
Empfängt, was kommt, unüberraschet,
Und pflückt die Blumen, weil sie blühn.
Und sind die Blumen auch verschwunden:
So steht am Winterherd umwunden
Sein Festpokal mit Immergrün.

Noch trocken führt durch Tal und Hügel
Der längstvertraute Sommerpfad.
Nur rötlich hängt am Wasserspiegel
Der Baum, den grün ihr neulich saht.

Doch grünt der Kamp von Winterkorne;
Doch grünt, beim Rot der Hagedorne
Und Spillbeern, unsre Lagerstatt!

So still an warmer Sonne liegend,
Sehn wir das bunte Feld hinan,
Und dort, auf schwarzer Brache pflügend,
Mit Lustgepfeif, den Ackersmann:
Die Krähn in frischer Furche schwärmen
Dem Pfluge nach und schrein und lärmen;
Und dampfend zieht das Gaulgespann.

Natur, wie schön in jedem Kleide!
Auch noch im Sterbekleid wie schön!
Sie mischt in Wehmut sanfte Freude
Und lächelt tränend noch im Gehn.
Du, welkes Laub, das niederschauert,
Du, Blümchen, lispelst: Nicht getrauert!
Wir werden schöner auferstehn!

Jakob Michael Reinhold Lenz
1751–1792

WO BIST DU ITZT

Wo bist du itzt, mein unvergeßlich Mädchen?
Wo singst du itzt?
Wo lacht die Flur, wo triumphiert das Städtchen,
Das dich besitzt?

Seit du entfernt, will keine Sonne scheinen,
Und es vereint
Der Himmel sich, dir zärtlich nachzuweinen,
Mit deinem Freund.

All unsre Lust ist fort mit dir gezogen,
Still überall
Ist Stadt und Feld. Dir nach ist sie geflogen,
Die Nachtigall.

O komm zurück! Schon rufen Hirt und Herden
Dich bang herbei.
Komm bald zurück! Sonst wird es Winter werden
Im Monat Mai.

EIN MÄDELE JUNG

Ein Mädele jung ein Würfel ist,
Wohl auf den Tisch gelegen:
Das kleine Rösel aus Hennegau
Wird bald zu Gottes Tisch gehen.

Was lächelst so froh mein liebes Kind,
Dein Kreuz wird dir'n schon kommen.
Wenn's heißt, das Rösel aus Hennegau
Hab nun einen Mann genommen.

O Kindlein mein, wie tut's mir so weh,
Wie dir dein Äugelein lachen,
Und wenn ich die tausend Tränlein seh,
Die werden dein Bäckelein waschen.

Friedrich Schiller
1759–1805

AN DIE FREUDE

Freude, schöner Götterfunken,
Tochter aus Elysium,
Wir betreten feuertrunken,
Himmlische, dein Heiligtum.
Deine Zauber binden wieder,
Was die Mode streng geteilt,
Alle Menschen werden Brüder,
Wo dein sanfter Flügel weilt.

Chor

Seid umschlungen, Millionen!
Diesen Kuß der ganzen Welt!
Brüder — überm Sternenzelt
Muß ein lieber Vater wohnen.

Wem der große Wurf gelungen,
Eines Freundes Freund zu sein,
Wer ein holdes Weib errungen,
Mische seinen Jubel ein!
Ja — wer auch nur *eine* Seele
Sein nennt auf dem Erdenrund!
Und wers nie gekonnt, der stehle
Weinend sich aus diesem Bund.

Chor

Was den großen Ring bewohnet,
Huldige der Sympathie!
Zu den Sternen leitet sie,
Wo der Unbekannte thronet.

Freude trinken alle Wesen
An den Brüsten der Natur,
Alle Guten, alle Bösen
Folgen ihrer Rosenspur.
Küsse gab sie uns und Reben,
Einen Freund, geprüft im Tod,
Wollust ward dem Wurm gegeben,
Und der Cherub steht vor Gott.

Chor

Ihr stürzt nieder, Millionen?
Ahnest du den Schöpfer, Welt?
Such ihn überm Sternenzelt!
Über Sternen muß er wohnen.

Freude heißt die starke Feder
In der ewigen Natur.
Freude, Freude treibt die Räder
In der großen Weltenuhr.
Blumen lockt sie aus den Keimen,
Sonnen aus dem Firmament,
Sphären rollt sie in den Räumen,
Die des Sehers Rohr nicht kennt.

Chor

Froh, wie seine Sonnen fliegen
Durch des Himmels prächtgen Plan,
Wandelt, Brüder, eure Bahn,
Freudig wie ein Held zum Siegen.

Aus der Wahrheit Feuerspiegel
Lächelt sie den Forscher an.
Zu der Tugend steilem Hügel

Leitet sie des Dulders Bahn.
Auf des Glaubens Sonnenberge
Sieht man ihre Fahnen wehn,
Durch den Riß gesprengter Särge
Sie im Chor der Engel stehn.

Chor

Duldet mutig, Millionen!
Duldet für die beßre Welt!
Droben überm Sternenzelt
Wird ein großer Gott belohnen.

Göttern kann man nicht vergelten,
Schön ist's, ihnen gleich zu sein.
Gram und Armut soll sich melden,
Mit den Frohen sich erfreun.
Groll und Rache sei vergessen,
Unserm Todfeind sei verziehn,
Keine Träne soll ihn pressen,
Keine Reue nage ihn.

Chor

Unser Schuldbuch sei vernichtet!
Ausgesöhnt die ganze Welt!
Brüder — überm Sternenzelt
Richtet Gott, wie wir gerichtet.

Freude sprudelt in Pokalen,
In der Traube goldnem Blut
Trinken Sanftmut Kannibalen,
Die Verzweiflung Heldenmut.
Brüder, fliegt von euren Sitzen,
Wenn der volle Römer kreist,

Laßt den Schaum zum Himmel spritzen:
Dieses Glas dem guten Geist!

Chor

Den der Sterne Wirbel loben,
Den des Seraphs Hymne preist,
Dieses Glas dem guten *Geist*
Überm Sternenzelt dort oben!

Festen Mut in schweren Leiden,
Hilfe, wo die Unschuld weint,
Ewigkeit geschwornen Eiden,
Wahrheit gegen Freund und Feind,
Männerstolz vor Königsthronen —
Brüder, gält' es Gut und Blut:
Dem Verdienste seine Kronen,
Untergang der Lügenbrut!

Chor

Schließt den heil'gen Zirkel dichter,
Schwört bei diesem goldnen Wein,
Dem Gelübde treu zu sein,
Schwört es bei dem Sternenrichter!

DIE GRÖSSE DER WELT

Die der schaffende Geist einst aus dem Chaos schlug,
Durch die schwebende Welt flieg ich des Windes Flug,
Bis am Strande
Ihrer Wogen ich lande,
Anker werf, wo kein Hauch mehr weht
Und der Markstein der Schöpfung steht.

Sterne sah ich bereits jugendlich auferstehn,
Tausendjährigen Gangs durchs Firmament zu gehn,
Sah sie spielen
Nach den lockenden Zielen;
Irrend suchte mein Blick umher,
Sah die Räume schon — sternenleer.

Anzufeuern den Flug, weiter zum Reich des Nichts,
Steur ich mutiger fort, nehme den Flug des Lichts,
Neblicht trüber
Himmel an mir vorüber,
Weltsysteme, Fluten im Bach,
Strudeln dem Sonnenwanderer nach.

Sieh, den einsamen Pfad wandelt ein Pilger mir
Rasch entgegen —: »Halt an! Waller, was suchst du hier?«
Zum Gestade
Seiner Welt meine Pfade!
Segle hin, wo kein Hauch mehr weht
Und der Markstein der Schöpfung steht.

»Steh! Du segelst umsonst — vor dir Unendlichkeit!«
Steh! Du segelst umsonst — Pilger, auch hinter mir! —

Senke nieder,
Adlergedank, dein Gefieder!
Kühne Seglerin, Phantasie,
Wirf ein mutloses Anker hie!

SPRÜCHE DES KONFUZIUS

Dreifach ist der Schritt der Zeit:
Zögernd kommt die Zukunft hergezogen,
Pfeilschnell ist das Jetzt entflogen,
Ewig still steht die Vergangenheit.

Keine Ungeduld beflügelt
Ihren Schritt, wenn sie verweilt.
Keine Furcht, kein Zweifeln zügelt
Ihren Lauf, wenn sie enteilt.
Keine Reu, kein Zaubersegen
Kann die stehende bewegen.

Möchtest du beglückt und weise
Endigen des Lebens Weise,
Nimm die zögernde zum Rat,
Nicht zum Werkzeug deiner Tat.
Wähle nicht die fliehende zum Freund,
Nicht die bleibende zum Feind.

Dreifach ist des Raumes Maß:
Rastlos fort ohn' Unterlaß
Strebt die *Länge*, fort ins Weite
Endlos gießet sich die *Breite*,
Grundlos senkt die *Tiefe* sich.

Dir ein Bild sind sie gegeben:
Rastlos vorwärts mußt du streben,
Nie ermüdet stillestehn,
Willst du die Vollendung sehn;
Mußt ins Breite dich entfalten,
Soll sich dir die Welt gestalten;
In die Tiefe mußt du steigen,
Soll sich dir das Wesen zeigen.

Nur Beharrung führt zum Ziel,
Nur die Fülle führt zur Klarheit,
Und im Abgrund wohnt die Wahrheit.

DIE WORTE DES GLAUBENS

Drei Worte nenn ich euch, inhaltschwer,
Sie gehen von Munde zu Munde,
Doch stammen sie nicht von außen her,
Das Herz nur gibt davon Kunde;
Dem Menschen ist aller Wert geraubt,
Wenn er nicht mehr an die drei Worte glaubt.

Der Mensch ist frei geschaffen, ist frei,
Und würd er in Ketten geboren,
Laßt euch nicht irren des Pöbels Geschrei,
Nicht den Mißbrauch rasender Toren;
Vor dem Sklaven, wenn er die Kette bricht,
Vor dem freien Menschen erzittert nicht.

Und die Tugend, sie ist kein leerer Schall,
Der Mensch kann sie üben im Leben,

Und sollt er auch straucheln überall,
Er kann nach der göttlichen streben;
Und was kein Verstand der Verständigen sieht,
Das übet in Einfalt ein kindlich Gemüt.

Und ein Gott ist, ein heiliger Wille lebt,
Wie auch der menschliche wanke,
Hoch über der Zeit und dem Raume webt
Lebendig der höchste Gedanke;
Und wo alles in ewigem Wechsel kreist,
Es beharret im Wechsel ein ruhiger Geist.

Die drei Worte bewahret euch, inhaltschwer,
Sie pflanzet von Munde zu Munde,
Und stammen sie gleich nicht von außen her,
Euer Innres gibt davon Kunde;
Dem Menschen ist nimmer sein Wert geraubt,
Solang er noch an die drei Worte glaubt.

DIE WORTE DES WAHNS

Drei Worte hört man, bedeutungschwer,
Im Munde der Guten und Besten,
Sie schallen vergeblich, ihr Klang ist leer,
Sie können nicht helfen und trösten.
Verscherzt ist dem Menschen des Lebens Frucht,
Solang er die Schatten zu haschen sucht.

Solang er glaubt an die goldene Zeit,
Wo das Rechte, das Gute wird siegen —

Das Rechte, das Gute führt ewig Streit,
Nie wird der Feind ihm erliegen;
Und erstickst du ihn nicht in den Lüften frei,
Stets wächst ihm die Kraft auf der Erde neu.

Solang er glaubt, daß das buhlende Glück
Sich dem Edeln vereinigen werde —
Dem Schlechten folgt es mit Liebesblick,
Nicht dem Guten gehöret die Erde.
Er ist ein Fremdling, er wandert aus
Und suchet ein unvergänglich Haus.

Solang er glaubt, daß dem ird'schen Verstand
Die Wahrheit je wird erscheinen —
Ihren Schleier hebt keine sterbliche Hand,
Wir können nur raten und meinen.
Du kerkerst den Geist in ein tönend Wort,
Doch der freie wandelt im Sturme fort.

Drum, edle Seele, entreiß dich dem Wahn
Und den himmlischen Glauben bewahre!
Was kein Ohr vernahm, was die Augen nicht sahn,
Es ist dennoch das Schöne, das Wahre!
Es ist nicht draußen, da sucht es der Tor,
Es ist in dir, du bringst es ewig hervor.

SEHNSUCHT

Ach, aus dieses Tales Gründen,
Die der kalte Nebel drückt,
Könnt ich doch den Ausgang finden,
Ach wie fühlt ich mich beglückt!
Dort erblick ich schöne Hügel,
Ewig jung und ewig grün!
Hätt ich Schwingen, hätt ich Flügel,
Nach den Hügeln zög ich hin.

Harmonien hör ich klingen,
Töne süßer Himmelsruh,
Und die leichten Winde bringen
Mir der Düfte Balsam zu,
Goldne Früchte seh ich glühen,
Winkend zwischen dunkelm Laub,
Und die Blumen, die dort blühen,
Werden keines Winters Raub.

Ach wie schön muß sich's ergehen
Dort im ew'gen Sonnenschein,
Und die Luft auf jenen Höhen,
O wie labend muß sie sein!
Doch mir wehrt des Stromes Toben,
Der ergrimmt dazwischen braust,
Seine Wellen sind gehoben,
Daß die Seele mir ergraust.

Einen Nachen seh ich schwanken,
Aber ach! der Fährmann fehlt.
Frisch hinein und ohne Wanken!
Seine Segel sind beseelt.

Du mußt glauben, du mußt wagen,
Denn die Götter leihn kein Pfand,
Nur ein Wunder kann dich tragen
In das schöne Wunderland.

REITERLIED
Aus Wallensteins Lager

Wohlauf, Kameraden, aufs Pferd, aufs Pferd!
Ins Feld, in die Freiheit gezogen!
Im Felde, da ist der Mann noch was wert,
Da wird das Herz noch gewogen.
Da tritt kein anderer für ihn ein,
Auf sich selber steht er da ganz allein.

Aus der Welt die Freiheit verschwunden ist,
Man sieht nur Herren und Knechte,
Die Falschheit herrschet, die Hinterlist
Bei dem feigen Menschengeschlechte.
Der dem Tod ins Angesicht schauen kann,
Der Soldat allein ist der freie Mann.

Des Lebens Ängsten, er wirft sie weg,
Hat nicht mehr zu fürchten, zu sorgen,
Er reitet dem Schicksal entgegen keck,
Trifft's heute nicht, trifft es doch morgen.
Und trifft es morgen, so lasset uns heut
Noch schlürfen die Neige der köstlichen Zeit.

Warum weint die Dirn und zergrämet sich schier?
Laß fahren dahin, laß fahren!
Er hat auf Erden kein bleibend Quartier,
Kann treue Lieb' nicht bewahren.
Das rasche Schicksal, es treibt ihn fort,
Seine Ruh läßt er an keinem Ort.

Drum frisch, Kameraden, den Rappen gezäumt,
Die Brust im Gefechte gelüftet!
Die Jugend brauset, das Leben schäumt,
Frisch auf, eh' der Geist noch verdüftet!
Und setzet ihr nicht das Leben ein,
Nie wird euch das Leben gewonnen sein.

Johann Peter Hebel
1760–1826

NEUJAHRSLIED

Mit der Freude zieht der Schmerz
traulich durch die Zeiten.
Schwere Stürme, milde Weste,
bange Sorgen, frohe Feste
wandeln sich zur Seiten.

Und wo eine Träne fällt,
blüht auch eine Rose.
Schon gemischt, noch eh' wir's bitten,
ist für Thronen und für Hütten
Schmerz und Lust im Lose.

War's nicht so im alten Jahr?
Wird's im neuen enden?
Sonnen wallen auf und nieder,
Wolken gehn und kommen wieder,
und kein Wunsch wird's wenden.

Gebe denn, der über uns
wägt mit rechter Waage,
jedem Sinn für seine Freuden,
jedem Mut für seine Leiden
in die neuen Tage,

jedem auf des Lebens Pfad
einen Freund zur Seite,
ein zufriedenes Gemüte
und zu stiller Herzensgüte
Hoffnung ins Geleite!

Friedrich von Matthisson
1761–1831

ZURUF

Alles kann sich umgestalten!
Mag das dunkle Schicksal walten.
Mutig! auf der steilsten Bahn.
Trau dem Glücke! Trau den Göttern!
Steig, trotz Wogendrang und Wettern,
Kühn, wie Cäsar, in den Kahn.

Laß den Schwächling angstvoll zagen!
Wer um Hohes kämpft, muß wagen,
Leben gelt es oder Tod!
Laß die Woge donnernd branden:
Nur bleib immer, magst du landen
Oder scheitern, selbst Pilot!

Johann Gaudenz von Salis-Seewis
1762–1834

HERBSTLIED

Bunt sind schon die Wälder,
gelb die Stoppelfelder,
und der Herbst beginnt.
Rote Blätter fallen,
graue Nebel wallen,
kühler weht der Wind.

Wie die volle Traube
aus dem Rebenlaube
purpurfarbig strahlt!
Am Geländer reifen
Pfirsiche, mit Streifen
rot und weiß bemalt.

Sieh! wie hier die Dirne
emsig Pflaum' und Birne
in ihr Körbchen legt;
dort, mit leichten Schritten,
jene goldne Quitten
in den Landhof trägt!

Flinke Träger springen,
und die Mädchen singen,
alles jubelt froh!
Bunte Bänder schweben
zwischen hohen Reben
auf dem Hut von Stroh!

Geige tönt und Flöte
bei der Abendröte
und im Mondenglanz;
junge Winzerinnen
winken und beginnen
deutschen Ringeltanz.

LIED EINES LANDMANNS IN DER FREMDE

Traute Heimat meiner Lieben,
Sinn ich still an dich zurück,
Wird mir wohl; und dennoch trüben
Sehnsuchtstränen meinen Blick.

Stiller Weiler, grün umfangen
Von beschirmendem Gesträuch,
Kleine Hütte, voll Verlangen
Denk' ich immer noch an euch!

An die Fenster, die mit Reben
Einst mein Vater selbst umzog;
An den Birnbaum, der daneben
Auf das niedre Dach sich bog;

An die Stauden, wo ich Meisen
Im Holunderkasten fing;
An des stillen Weihers Schleusen,
Wo ich sonntags fischen ging.

Was mich dort als Kind erfreute,
Kömmt mir wieder leibhaft vor;
Das bekannte Dorfgeläute
Widerhallt in meinem Ohr.

Selbst des Nachts in meinen Träumen,
Schiff' ich auf der Heimat See;
Schüttle Äpfel von den Bäumen,
Wäss're ihrer Wiesen Klee;

Lösch' aus ihres Brunnens Röhren
Meinen Durst am schwülen Tag;
Pflück' im Walde Heidelbeeren,
Wo ich einst im Schatten lag.

Wann erblick' ich selbst die Linde
Auf dem Kirchenplatz gepflanzt,
Wo gekühlt im Abendwinde
Unsre frohe Jugend tanzt?

Wann des Kirchturms Giebelspitze,
Halb im Obstbaumwald versteckt,
Wo der Storch auf hohem Sitze
Friedlich seine Jungen heckt?

Traute Heimat meiner Väter,
Wird bei deines Friedhofs Tür
Nur einst, früher oder später,
Auch ein Ruheplätzchen mir!

Karl Ludwig Fernow
1763–1808

SPINNERLIED

Es spinnen, es weben
Des Sterblichen Leben
Der Göttinnen drei.
Klotho beginnet.
Lachesis spinnet.
Atropos schneidet den Faden entzwei.

In Dunkelheit wohnen
Die Parzen, sie thronen
Am nächtlichen Tor
Der Zukunft. Es rauschet
Die Spindel, doch lauschet
Dem hohen Geheimnis vergebens dein Ohr.

Bald rauschet die Freude,
Hellschimmernde Seide,
Am kreisenden Stab;
Bald zaudernder schleichet,
Von Tränen gebleichet,
Der Faden die furchtbare Spindel hinab.

Doch rastlos gezogen
Verrinnt in den Wogen
So Freude als Leid.
Ein Weilchen nur schweben
Wir, treiben und streben
Und sinken im rollenden Strome der Zeit.

Johann Gottfried Seume
1763–1810

DER PASS

Wenn wir am Rand des Lebens stehen
Und alles, was die Erde hält,
Rund um uns her zusammenfällt;
Wenn Kronen mit dem Bettelstab vergehen;

Wenn Herrn von weiten, weiten Reichen,
Die gestern noch mit ihrer Riesenhand
Den Orient und Okzident umspannt,
Heut ihrem letzten Sklaven gleichen;

Wenn tiefe, tiefe Dunkelheit
Des Sinnes Ohnmacht schwer umhüllet
Und *ein* Gedanke nur die Seele füllet,
An Gott und Nichts und Ewigkeit:

Dann, dann ist *eine* gute Tat
Im Sinn des Testaments getan,
Ein bess'rer Paß zur unbekannten Bahn
Als aller Pfarrer Attestat.

Joachim Perinet
1763–1816

Wer niemals einen Rausch gehabt,
der ist kein braver Mann;
wer seinen Durst mit Achteln labt,
fang' lieber gar nicht an.
Da dreht sich alles um und um
In unserm Capitolium.

Doch zu viel trinken ist nicht gut,
drei Quartel sind eben recht;
da steht auf einem Ohr der Hut,
ist nur der Wein auch echt.
Trinkt unsereiner zu viel Wein,
find't er sich nicht zum Haus hinein.

Ein jeder Trinker lebe hoch,
der bei dem vollen Glas
schon oft der Arbeit hartes Joch,
des Lebens Müh' vergaß.
Wer dich verschmäht, du edler Wein,
der ist nicht wert, ein Mensch zu sein.

Drum trink' ich, weil ich trinken kann
und mir das Weinchen schmeckt,
so lange, bis der Sensenmann
ins kühle Grab mich streckt.
Dann endet sich mein Lebenslauf,
so hört von selbst das Trinken auf.

August Wilhelm Schlegel
1767–1845

IN DER FREMDE

Oft hab' ich dich rauh gescholten,
Muttersprache, so vertraut!
Höher hätte mir gegolten
südlicher Sirenenlaut.

Und nun irr' ich in der Ferne
freudenlos von Ort zu Ort
und vernähm', ach, wie so gerne
nur ein einzig deutsches Wort.

Einsam schweif' ich in die Felder,
such' ein Echo der Natur;
aber Bäche, Winde, Wälder
rauschen fremd auf dieser Flur.

Unverstanden, unbeachtet,
wie mein deutsches Lied verhallt,
bleibt es, wann mein Busen schmachtet
und in bangem Sehnen wallt.

Christoph von Schmid
1768–1854

Ihr Kinderlein, kommet! O kommet doch all.
Zur Krippe her kommet in Bethlehems Stall
und seht, was in dieser hochheiligen Nacht
der Vater im Himmel für Freude uns macht.

O seht in der Krippe im nächtlichen Stall,
seht hier bei des Lichtleins hellglänzendem Strahl
in reinlichen Windeln das himmlische Kind,
viel schöner und holder, als Engel es sind.

Da liegt es, ach Kinder, auf Heu und auf Stroh,
Maria und Joseph betrachten es froh.
Die redlichen Hirten knien betend davor,
hoch oben schwebt jubelnd der Engelein Chor.

O beugt wie die Hirten anbetend die Knie,
erhebet die Händlein und danket wie sie.
Stimmt freudig, ihr Kinder — wer wollt' sich nicht freun —
stimmt freudig zum Jubel der Engel mit ein.

Ernst Moritz Arndt
1769–1860

ABENDLIED

Der Tag ist nun vergangen,
Und dunkel schläft die Welt,
Die hellen Sterne prangen
Am blauen Himmelszelt;
Nur in den grünen Zweigen
Singt noch die Nachtigall,
Im weiten, tiefen Schweigen
Der einz'ge Lebensschall.

Ich aber, Vater, stehe
In meiner Hüttentür
Und schau hinauf zur Höhe
Und schau hinauf zu dir;
Wie gerne möcht ich klingen
Als helle Nachtigall,
Dir Preis und Dank zu bringen
Mit tiefem Schmerzenschall.

Ja, mit dem Schall der Schmerzen:
Denn geht die Nacht herauf,
So springt in meinem Herzen
Ein Quell der Tränen auf.
Der Tränen und der Klagen —
Du, Vater, weißt es best,
Was singen nicht und sagen,
Was sich nicht sprechen läßt.

Du kennest meinen Kummer,
Der auf gen Himmel blickt,

Wann für den süßen Schlummer
Die ganze Welt sich schickt,
Womit so schwer beladen
Mein Herz nach oben schaut,
Nach deinem Born der Gnaden,
Der Labsal niedertaut.

Ja, deine süße Liebe,
Die tröstet mir den Schmerz,
Ja, deine süße Liebe,
Die stillet mir das Herz,
Die löst in heißen Tränen
Das Eis des Busens auf
Und stellet Sinn und Sehnen
Zum hohen Sternenlauf.

O laß mich ewig schauen
Im stillen Kindersinn
Zu jenen güldnen Auen,
Woher ich kommen bin!
O richte Herz und Sinne,
Mein Vater, für und für
Zu deiner süßen Minne,
Zum Himmel hin, zu dir.

So mag ich froh mich legen
Nun mit der Welt zur Ruh,
Mein Amen und mein Segen,
Mein Wächter, das bist du;
So mag in deinem Frieden
Ich fröhlich schlafen ein,
Dort oben und hienieden
Im Schlaf und Wachen dein.

VATERLANDSLIED

Der Gott, der Eisen wachsen ließ,
der wollte keine Knechte;
drum gab er Säbel, Schwert und Spieß
dem Mann in seine Rechte;
drum gab er ihm den kühnen Mut,
den Zorn der freien Rede,
daß er bestände bis aufs Blut,
bis in den Tod, die Fehde.

So wollen wir, was Gott gewollt,
mit rechten Treuen halten
und nimmer im Tyrannensold
die Menschenschädel spalten;
doch wer für Tand und Schande ficht,
den hauen wir zu Scherben,
der soll im deutschen Lande nicht
mit deutschen Männern erben.

O Deutschland, heil'ges Vaterland!
O deutsche Lieb und Treue!
Du holdes Land! Du schönes Land!
Dir schwören wir aufs neue:
Dem Buben und dem Knecht die Acht!
Der füttre Krähn und Raben!
So ziehn wir aus zur Hermannsschlacht
und wollen Rache haben.

Laßt wehen, was nur wehen kann,
Standarten wehn und Fahnen!
Wir wollen heut uns, Mann für Mann,
zum Heldentode mahnen.

Auf! Fliege, stolzes Siegspanier,
voran den kühnen Reihen!
Wir siegen oder sterben hier
den süßen Tod der Freien.

DES DEUTSCHEN VATERLAND

Was ist des Deutschen Vaterland?
Ist's Preußenland? Ist's Schwabenland?
Ist's, wo am Rhein die Rebe blüht?
Ist's, wo am Belt die Möwe zieht?
O nein! nein! nein!
Sein Vaterland muß größer sein.

Was ist des Deutschen Vaterland?
Ist's Pommerland? Westfalenland?
Ist's, wo der Sand der Dünen weht?
Ist's, wo die Donau brausend geht?
O nein! nein! nein!
Sein Vaterland muß größer sein.

Was ist des Deutschen Vaterland?
So nenne mir das große Land!
Ist's Land der Schweizer? Ist's Tirol?
Das Land und Volk gefiel' mir wohl;
doch nein! nein! nein!
Sein Vaterland muß größer sein.

Was ist des Deutschen Vaterland?
So nenne mir das große Land!

Gewiß, es ist das Österreich,
an Ehren und an Siegen reich?
O nein! nein! nein!
Sein Vaterland muß größer sein.

Was ist des Deutschen Vaterland?
So nenne mir das große Land!
So weit die deutsche Zunge klingt
und Gott im Himmel Lieder singt,
das soll es sein!
Das, wackrer Deutscher, nenne dein!

Das ganze Deutschland soll es sein!
O Gott vom Himmel, sieh darein!
Und gib uns rechten deutschen Mut,
daß wir es lieben treu und gut.
Das soll es sein.
Das ganze Deutschland soll es sein.

Friedrich Hölderlin
1770–1843

DIE EICHBÄUME

Aus den Gärten komm ich zu euch, ihr Söhne des Berges!
Aus den Gärten, da lebt die Natur, geduldig und häuslich,
Pflegend und wieder gepflegt, mit dem fleißigen Menschen
zusammen.
Aber ihr, ihr Herrlichen! steht, wie ein Volk von Titanen
In der zahmeren Welt und gehört nur euch und dem Himmel,
Der euch nährt' und erzog, und der Erde, die euch geboren.
Keiner von euch ist noch in die Schule der Menschen gegangen,
Und ihr drängt euch fröhlich und frei, aus der kräftigen Wurzel,
Untereinander herauf und ergreift, wie der Adler die Beute,
Mit gewaltigem Arme den Raum, und gegen die Wolken
Ist euch heiter und groß die sonnige Krone gerichtet.
Eine Welt ist jeder von euch, wie die Sterne des Himmels
Lebt ihr, jeder ein Gott, in freiem Bunde zusammen.
Könnt ich die Knechtschaft nur erdulden, ich neidete nimmer
Diesen Wald und schmiegte mich gern ans gesellige Leben.
Fesselte nur nicht mehr ans gesellige Leben das Herz mich,
Das von Liebe nicht läßt, wie gern würd' ich unter euch wohnen!

AN DIE PARZEN

Nur *einen* Sommer gönnt, ihr Gewaltigen!
Und *einen* Herbst zu reifem Gesange mir,
Daß williger mein Herz, vom süßen
Spiele gesättiget, dann mir sterbe.

Die Seele, der im Leben ihr göttlich Recht
Nicht ward, sie ruht auch drunten im Orkus nicht;
Doch ist mir einst das Heil'ge, das am
Herzen mir liegt, das Gedicht, gelungen,

Willkommen dann, o Stille der Schattenwelt!
Zufrieden bin ich, wenn auch mein Saitenspiel
Mich nicht hinabgeleitet; *einmal*
Lebt ich, wie Götter, und mehr bedarf's nicht.

MENSCHENBEIFALL

Ist nicht heilig mein Herz, schöneren Lebens voll,
Seit ich liebe? Warum achtetet ihr mich mehr,
Da ich stolzer und wilder,
Wortereicher und leerer war?

Ach! der Menge gefällt, was auf den Marktplatz taugt,
Und es ehret der Knecht nur den Gewaltsamen;
An das Göttliche glauben
Die allein, die es selber sind.

ABENDPHANTASIE

Vor seiner Hütte ruhig im Schatten sitzt
Der Pflüger; dem Genügsamen raucht sein Herd.
Gastfreundlich tönt dem Wanderer im
Friedlichen Dorfe die Abendglocke.

Wohl kehren jetzt die Schiffer zum Hafen auch,
In fernen Städten fröhlich verrauscht des Markts
Geschäft'ger Lärm; in stiller Laube
Glänzt das gesellige Mahl den Freunden.

Wohin denn ich? Es leben die Sterblichen
Von Lohn und Arbeit; wechselnd in Müh und Ruh
Ist alles freudig; warum schläft denn
Nimmer nur mir in der Brust der Stachel?

Am Abendhimmel blühet ein Frühling auf;
Unzählig blühn die Rosen, und ruhig scheint
Die goldne Welt; o dorthin nehmt mich,
Purpurne Wolken! und möge droben

In Licht und Luft zerrinnen mir Lieb und Leid! —
Doch, wie verscheucht von törichter Bitte, flieht
Der Zauber; dunkel wird's, und einsam
Unter dem Himmel, wie immer, bin ich —

Komm du nun, sanfter Schlummer! zu viel begehrt
Das Herz; doch endlich, Jugend! verglühst du ja,
Du ruhelose, träumerische!
Friedlich und heiter ist dann das Alter.

HEIDELBERG

Lange lieb ich dich schon, möchte dich, mir zur Lust,
Mutter nennen und dir schenken ein kunstlos Lied,
Du, der Vaterlandsstädte
Ländlichschönste, so viel ich sah.

Wie der Vogel des Walds über die Gipfel fliegt,
Schwingt sich über den Strom, wo er vorbei dir glänzt,
Leicht und kräftig die Brücke,
Die von Wagen und Menschen tönt.

Wie von Göttern gesandt, fesselt' ein Zauber einst
Auf die Brücke mich an, da ich vorüberging,
Und herein in die Berge
Mir die reizende Ferne schien,

Und der Jüngling, der Strom, fort in die Ebne zog,
Traurigfroh, wie das Herz, wenn es, sich selbst zu schön,
Liebend unterzugehen,
In die Fluten der Zeit sich wirft.

Quellen hattest du ihm, hattest dem Flüchtigen
Kühle Schatten geschenkt, und die Gestade sahn
All ihm nach, und es bebte
Aus den Wellen ihr lieblich Bild.

Aber schwer in das Tal hing die gigantische,
Schicksalskundige Burg nieder bis auf den Grund,
Von den Wettern zerrissen;
Doch die ewige Sonne goß

Ihr verjüngendes Licht über das alternde
Riesenbild, und umher grünte lebendiger

Efeu; freundliche Wälder
Rauschten über die Burg herab.

Sträuche blühten herab, bis wo im heitern Tal,
An den Hügel gelehnt oder dem Ufer hold,
Deine fröhlichen Gassen
Unter duftenden Gärten ruhn.

LEBENSLAUF

Größers wolltest auch du, aber die Liebe zwingt
All uns nieder, das Leid beuget gewaltiger,
Doch es kehret umsonst nicht
Unser Bogen, woher er kommt.

Aufwärts oder hinab! herrschet in heilger Nacht,
Wo die stumme Natur werdende Tage sinnt,
Herrscht im schiefsten Orkus
Nicht ein Grades, ein Recht noch auch?

Dies erfuhr ich. Denn nie, sterblichen Meistern gleich,
Habt ihr Himmlischen, ihr Alleserhaltenden,
Daß ich wüßte, mit Vorsicht
Mich des ebenen Pfades geführt.

Alles prüfe der Mensch, sagen die Himmlischen,
Daß er, kräftig genährt, danken für alles lern',
Und verstehe die Freiheit,
Aufzubrechen, wohin er will.

HÄLFTE DES LEBENS

Mit gelben Birnen hänget
Und voll mit wilden Rosen
Das Land in den See,
Ihr holden Schwäne,
Und trunken von Küssen
Tunkt ihr das Haupt
Ins heilignüchterne Wasser.

Weh mir, wo nehm ich, wenn
Es Winter ist, die Blumen, und wo
Den Sonnenschein
Und Schatten der Erde?
Die Mauern stehn
Sprachlos und kalt, im Winde
Klirren die Fahnen.

DER GOTT DER JUGEND

Gehn dir im Dämmerlichte,
wenn in der Sommernacht
für selige Gesichte
dein liebend Auge wacht,
noch oft der Freunde Manen
und, wie der Sterne Chor,
die Geister der Titanen
des Altertums empor,

wird da, wo sich im Schönen
das Göttliche verhüllt,

noch oft das tiefe Sehnen
der Liebe dir gestillt,
belohnt des Herzens Mühen
der Ruhe Vorgefühl,
und tönt von Melodien
der Seele Saitenspiel:

So such im stillsten Tale
den blütenreichsten Hain,
und gieß aus goldner Schale
den frohen Opferwein!
Noch lächelt unveraltet
des Herzens Frühling dir,
der Gott der Jugend waltet
noch über dir und mir.

Wie unter Tiburs Bäumen,
wenn da der Dichter saß,
und unter Götterträumen
der Jahre Flucht vergaß,
wenn ihn die Ulme kühlte,
und wenn sie stolz und froh
um Silberblüten spielte,
die Flut des Anio,

und wie um Platons Hallen,
wenn durch der Haine Grün,
begrüßt von Nachtigallen,
der Stern der Liebe schien,
wenn alle Lüfte schliefen,
und, sanft bewegt vom Schwan,
Cephissus durch Oliven
und Myrtensträuche rann,

so schön ists noch hienieden!
Auch unser Herz erfuhr
das Leben und den Frieden
der freundlichen Natur;
noch blüht des Himmels Schöne,
noch mischen brüderlich
in unsers Herzens Töne
des Frühlings Laute sich.

Drum such im stillsten Tale
den düftereichsten Hain,
und gieß aus goldner Schale
den frohen Opferwein,
noch lächelt unveraltet
das Bild der Erde dir,
der Gott der Jugend waltet
noch über dir und mir.

ANDENKEN

Der Nordost wehet,
Der liebste unter den Winden
Mir, weil er feurigen Geist
Und gute Fahrt verheißet den Schiffern.
Geh aber nun und grüße
Die schöne Garonne,
Und die Gärten von Bordeaux
Dort, wo am scharfen Ufer
Hingehet der Steg und in den Strom
Tief fällt der Bach, darüber aber

Hinschauet ein edel Paar
Von Eichen und Silberpappeln;

Noch denket das mir wohl, und wie
Die breiten Gipfel neiget
Der Ulmwald, über die Mühl',
Im Hofe aber wächset ein Feigenbaum.
An Feiertagen gehn
Die braunen Frauen daselbst
Auf seidnem Boden,
Zur Märzenzeit,
Wenn gleich ist Nacht und Tag
Und über langsamen Stegen,
Von goldenen Träumen schwer,
Einwiegende Lüfte ziehen.

Es reiche aber,
Des dunkeln Lichtes voll,
Mir einer den duftenden Becher,
Damit ich ruhen möge; denn süß
Wär' unter Schatten der Schlummer.
Nicht ist es gut,
Seellos von sterblichen
Gedanken zu sein. Doch gut
Ist ein Gespräch und zu sagen
Des Herzens Meinung, zu hören viel
Von Tagen der Lieb'
Und Taten, welche geschehen.

Wo aber sind die Freunde? Bellarmin
Mit den Gefährten? Mancher
Trägt Scheue, an die Quelle zu gehen;
Es beginnet nämlich der Reichtum

Im Meere. Sie,
Wie Maler, bringen zusammen
Das Schöne der Erd' und verschmähn
Den geflügelten Krieg nicht, und
Zu wohnen einsam, jahrlang, unter
Dem entlaubten Mast, wo nicht die Nacht durchglänzen
Die Feiertage der Stadt,
Und Saitenspiel und eingeborener Tanz nicht.

Nun aber sind zu Indiern
Die Männer gegangen,
Dort an der luftigen Spitz'
An Traubenbergen, wo herab
Die Dordogne kommt,
Und zusammen mit der prächt'gen
Garonne meerbreit
Ausgehet der Strom. Es nehmet aber
Und gibt Gedächtnis die See,
Und die Lieb' auch heftet fleißig die Augen.
Was bleibet aber, stiften die Dichter.

AN ZIMMERN

Die Linien des Lebens sind verschieden,
Wie Wege sind, und wie der Berge Grenzen.
Was hier wir sind, kann dort ein Gott ergänzen
Mit Harmonie und ewigem Lohn und Frieden.

Friedrich von Hardenberg (Novalis)
1772–1801

BERGMANNSLEBEN

Der ist der Herr der Erde,
  Wer ihre Tiefen mißt
Und jeglicher Beschwerde
  In ihrem Schoß vergißt;

Wer ihrer Felsenglieder
  Geheimen Bau versteht
Und unverdrossen nieder
  Zu ihrer Werkstatt geht.

Er ist mit ihr verbündet
  Und inniglich vertraut
Und wird von ihr entzündet,
  Als wär sie seine Braut.

Er sieht ihr alle Tage
  Mit neuer Liebe zu
Und scheut nicht Fleiß und Plage;
  Sie läßt ihm keine Ruh.

Die mächtigen Geschichten
  Der längst verfloßnen Zeit
Ist sie ihm zu berichten
  Mit Freundlichkeit bereit.

Der Vorwelt heilge Lüfte
  Umwehn sein Angesicht
Und in der Nacht der Klüfte
  Strahlt ihm ein ewges Licht.

Er trifft auf allen Wegen
  Ein wohlbekanntes Land,
Und gern kommt sie entgegen
  Den Werken seiner Hand.

Ihm folgen die Gewässer
  Hülfreich den Berg hinauf.
Und alle Felsenschlösser
  Tun ihre Schätz' ihm auf.

Er führt des Goldes Ströme
  In seines Königs Haus
Und schmückt die Diademe
  Mit edlen Steinen aus.

Zwar reicht er treu dem König
  Den glückbegabten Arm,
Doch fragt er nach ihm wenig
  Und bleibt mit Freuden arm.

Sie mögen sich erwürgen
  Am Fuß um Gut und Geld,
Er bleibt auf den Gebürgen
  Der frohe Herr der Welt.

MARIENLIED

Ich sehe dich in tausend Bildern,
Maria, lieblich ausgedrückt,
Doch keins von allen kann dich schildern,
Wie meine Seele dich erblickt.

Ich weiß nur, daß der Welt Getümmel
Seitdem mir wie ein Traum verweht,
Und ein unnennbar süßer Himmel
Mir ewig im Gemüte steht.

HYMNE AN DIE NACHT

Hinüber wall ich,
Und jede Pein
Wird einst ein Stachel
Der Wollust sein.
Noch wenig Zeiten,
So bin ich los
Und liege trunken
Der Lieb im Schoß.
Unendliches Leben
Wogt mächtig in mir,
Ich schaue von oben
Herunter nach dir.
An jenem Hügel
Verlischt dein Glanz —
Ein Schatten bringet
Den kühlenden Kranz.

O! sauge, Geliebter,
Gewaltig mich an,
Daß ich entschlummern
Und lieben kann.
Ich fühle des Todes
Verjüngende Flut,
Zu Balsam und Äther
Verwandelt mein Blut —
Ich lebe bei Tage
Voll Glauben und Mut
Und sterbe die Nächte
In heiliger Glut.

LIED DER TOTEN

Lobt doch unsre stillen Feste,
Unsre Gärten, unsre Zimmer,
Das bequeme Hausgeräte,
Unser Hab und Gut.
Täglich kommen neue Gäste,
Diese früh, die andern späte,
Auf den weiten Herden immer
Lodert neue Lebensglut.

Tausend zierliche Gefäße
Einst betaut mit tausend Tränen,
Goldne Ringe, Sporen, Schwerter,
Sind in unserm Schatz:
Viel Kleinodien und Juwelen

Wissen wir in dunkeln Höhlen,
Keiner kann den Reichtum zählen,
Zählt' er auch ohn Unterlaß.

Kinder der Vergangenheiten,
Helden aus den grauen Zeiten,
Der Gestirne Riesengeister,
Wunderlich gesellt,
Holde Frauen, ernste Meister,
Kinder und verlebte Greise
Sitzen hier in *einem* Kreise,
Wohnen in der alten Welt.

Keiner wird sich je beschweren,
Keiner wünschen fortzugehen,
Wer an unsern vollen Tischen
Einmal fröhlich saß.
Klagen sind nicht mehr zu hören,
Keine Wunden mehr zu sehen,
Keine Tränen abzuwischen;
Ewig läuft das Stundenglas.

Tiefgerührt von heil'ger Güte
Und versenkt in sel'ges Schauen
Steht der Himmel im Gemüte,
Wolkenloses Blau;
Lange fliegende Gewande
Tragen uns durch Frühlingsauen,
Und es weht in diesem Lande
Nie ein Lüftchen kalt und rauh.

Süßer Reiz der Mitternächte,
Stiller Kreis geheimer Mächte,

Wollust rätselhafter Spiele,
Wir nur kennen euch.
Wir nur sind am hohen Ziele,
Bald in Strom uns zu ergießen
Dann in Tropfen zu zerfließen,
Und zu nippen auch zugleich.

Uns ward erst die Liebe Leben;
Innig wie die Elemente
Mischen wir des Daseins Fluten,
Brausend Herz mit Herz.
Lüstern scheiden sich die Fluten,
Denn der Kampf der Elemente
Ist der Liebe höchstes Leben
Und des Herzens eignes Herz.

Leiser Wünsche süßes Plaudern
Hören wir allein und schauen
Immerdar in sel'ge Augen,
Schmecken nichts als Mund und Kuß.
Alles, was wir nur berühren,
Wird zu heißen Balsamfrüchten,
Wird zu weichen zarten Brüsten,
Opfer kühner Lust.

Immer wächst und blüht Verlangen
Am Geliebten festzuhangen,
Ihn im Innern zu empfangen,
Eins mit ihm zu sein,
Seinem Durste nicht zu wehren,
Sich im Wechsel zu verzehren,
Voneinander sich zu nähren,
Voneinander nur allein.

So in Lieb und hoher Wollust
Sind wir immerdar versunken,
Seit der wilde trübe Funken
Jener Welt erlosch;
Seit der Hügel sich geschlossen,
Und der Scheiterhaufen sprühte,
Und dem schauernden Gemüte
Nun das Erdgesicht zerfloß.

Zauber der Erinnerungen,
Heil'ger Wehmut süße Schauer
Haben innig uns durchklungen,
Kühlen unsre Glut.
Wunden gibt's, die ewig schmerzen,
Eine göttlich tiefe Trauer
Wohnt in unser aller Herzen,
Löst uns auf in *eine* Flut.

Und in dieser Flut ergießen
Wir uns auf geheime Weise
In den Ozean des Lebens
Tief in Gott hinein;
Und aus seinem Herzen fließen
Wir zurück zu unserm Kreise,
Und der Geist des höchsten Strebens
Taucht in unsre Wirbel ein.

Schüttelt eure goldnen Ketten
Mit Smaragden und Rubinen,
Und die blanken saubern Spangen,
Blitz und Klang zugleich.
Aus des feuchten Abgrunds Betten,
Aus den Gräbern und Ruinen,

Himmelsrosen auf den Wangen
Schwebt ins bunte Fabelreich.

Könnten doch die Menschen wissen,
Unsre künftigen Genossen,
Daß bei allen ihren Freuden
Wir geschäftig sind:
Jauchzend würden sie verscheiden,
Gern das bleiche Dasein missen —
Oh! die Zeit ist bald verflossen,
Kommt, Geliebte, doch geschwind!

Helft uns nur den Erdgeist binden,
Lernt den Sinn des Todes fassen
Und das Wort des Lebens finden;
Einmal kehrt euch um.
Deine Macht muß bald verschwinden,
Dein erborgtes Licht verblassen,
Werden dich in kurzem binden,
Erdgeist, deine Zeit ist um.

Gib treulich mir die Hände,
sei Bruder mir und wende
den Blick vor deinem Ende
nicht wieder weg von mir!

Ein Tempel, wo wir knien,
ein Ort, wohin wir ziehen,
ein Glück, für das wir glühen,
ein Himmel mir und dir!

Ludwig Tieck
1773–1853

WUNDER DER LIEBE

Mondbeglänzte Zaubernacht,
Die den Sinn gefangen hält,
Wundervolle Märchenwelt,
Steig auf in der alten Pracht!

Liebe läßt sich suchen, finden,
Niemals lernen oder lehren;
Wer da will die Flamm entzünden,
Ohne selbst sich zu versehren,
Muß sich reinigen der Sünden.
Alles schläft, weil er noch wacht;
Wann der Stern der Liebe lacht,
Goldne Augen auf ihn blicken,
Schaut er trunken von Entzücken
Mondbeglänzte Zaubernacht.

Aber nie darf er erschrecken,
Wenn sich Wolken dunkel jagen,
Finsternis die Sterne decken,
Kaum der Mond es noch will wagen,
Einen Schimmer aufzuwecken.
Ewig steht der Liebe Zelt,
Von dem eignen Licht erhellt;
Aber Mut nur kann zerbrechen,
Was die Furcht will ewig schwächen,
Die den Sinn gefangen hält.

Keiner Liebe hat gefunden,
Dem ein trüber Ernst beschieden;

Flüchtig sind die goldnen Stunden,
Welche immer den vermieden,
Den die bleiche Sorg umwunden:
Wer die Schlange an sich hält,
Dem ist Schatten vorgestellt;
Alles, was die Dichter sangen,
Nennt der Arme, eingefangen,
Wundervolle Märchenwelt.

Herz, im Glauben auferblühend,
Fühlt alsbald die goldnen Scheine,
Die es lieblich in sie ziehend
Macht zu eigen sich und seine,
In der schönsten Flamme glühend.
Ist das Opfer angefacht,
Wird's dem Himmel dargebracht;
Hat dich Liebe angenommen,
Auf dem Altar hell entglommen
Steig auf in der alten Pracht!

LIEBE

Weht ein Ton vom Feld herüber,
Grüßt mich immerdar ein Freund,
Spricht zu mir: Was meinst du, Lieber?
Sieh, wie Sonne Liebe scheint:
Herz am Herzen stets vereint
Gehn die bösen Stunden über.

Liebe denkt in süßen Tönen,
Denn Gedanken stehn zu fern,

Nur in Tönen mag sie gern
Alles, was sie will, verschönen.
Drum ist ewig uns zugegen,
Wenn Musik mit Klängen spricht,
Ihr die Sprache nicht gebricht,
Holde Lieb' auf allen Wegen;
Liebe kann sich nicht bewegen,
Leihet sie den Odem nicht.

Samuel Christian Pape
1774–1817

DES GEFANGENEN AHNDUNG

Auf Sanct Marien Kirchhof,
Da blick' ich still hinab;
Drei Männer stehn so traurig —
O Türmer, wie so schaurig!
Ist wahrlich dort ein Grab!

»Ich seh drei Junggesellen
Mit Spaten in der Hand,
Sie pflanzen dort in Reihen
Am Kirchhof junge Maien
Wohl zur Kapellenwand.«

Auf Sanct Marien Kirchhof,
Da hör ich Grabgesang;
Das hallt so dumpf und traurig —
O Türmer, wie so schaurig!
Ist wahrlich Totenklang!

»Ich hör' von ferne läuten
Durch Regen und durch Sturm;
Ich hör' die Jungfraun singen,
Die Feierglocken klingen
Wohl vom Kapellenturm.«

Auf Sanct Marien Kirchhof,
Da weht ein schwarzes Tuch;
Die Menge wallt so traurig —
O Türmer, wie so schaurig!
Ist wahrlich Leichenzug!

»Ich seh' den Pfaffen wallen
Den Kirchensteig hervor;
Ich seh' die Menge gehen,
Fronleichnamsfahnen wehen
Wohl am Kapellentor!«

O nein, o nein! sie senken
Den schwarzen Sarg hinab;
Die Sterbeglocken hallen,
Die Grabgesänge schallen —
Ist meines Liebchens Grab!

Wohl über wenig Tage,
Ein Tag ist bald vorbei,
Dann klagt nicht mehr der Ritter
Am dunkeln Sklavengitter,
Dann bin ich los und frei!

Auf Sanct Marien Kirchhof,
Da sehn' ich mich hinab;
Bald siehst du, Türmer, traurig,
Von deiner Warte schaurig
Auch auf des Ritters Grab!

DIE LAUTENSÄNGERIN

Draußen auf der braunen Heide,
Linker Hand zum Tor hinaus,
Unter einer Pappelweide
Liegt ein kleines Schäferhaus.

Wo die hohen Pappelbäume,
Wo das stille Hüttchen liegt,
Wurd' ich oft in süße Träume
Unter Tränen eingewiegt.

In der Hütte wohnt' ein Mädchen,
Eine Lautensängerin.
Öfters ging ich aus dem Städtchen
Nach den Pappelweiden hin.

Mußte dann das gute Mädchen,
An der Tür, mich wandern sehn,
Ließ es wohl das Spinnerädchen
In der Myrtenlaube stehn.

Nahm wohl seine süße Laute
In die zarte, weiße Hand,
Spielte, bis der Abend graute,
Bis der Mond am Himmel stand.

Und sie sang von ihren Tränen
Und von treuer Liebe Not,
Wie die Liebenden sich sehnen
Nur nach Grabgeläut und Tod.

Daß sie wiederfinden wollte
Ihren Liebsten, der sie kennt,
Wo ihr's niemand wehren sollte,
Wo kein Tod sie wieder trennt.

Vieles hat sie schon getragen;
Willig trägt sie's; aber dann,
Allen Engeln will sie's klagen,
Was sie litt von Jugend an. —

Meine Tränen flossen immer,
Immer naht' ich ihr so gern;
Aber, ach! ich wagt' es nimmer,
Denn die Mutter war nicht fern.

Mußte bald das Hüttchen meiden,
Wo das gute Mädchen wohnt;
In die Fremde mußt' ich scheiden,
Weh mir! im Septembermond.

Monde gingen mir vorüber,
Sieben Monde gingen hin;
Immer dacht' ich noch hinüber
An die Lautensängerin.

Und die Vöglein sangen Lieder,
Und der schöne Lenz begann;
Und im Maien kam ich wieder
In der lieben Heimat an.

Täglich ging ich aus dem Städtchen
Nach den Pappelweiden hin,
Nach der Hütte, nach dem Mädchen,
Nach der Lautensängerin.

Konnt' ich doch das gute Mädchen
Nimmer vor der Hütte sehn!
Sah ich doch kein Spinnerädchen
In der Myrtenlaube stehn!

Hörte keine süße Laute
Von der zarten, weißen Hand,
Harrend, bis der Abend graute,
Bis der Mond am Himmel stand! —

Da gedacht' ich ihrer Tränen
Und der treuen Liebe Not,
Wie die Liebenden sich sehnen
Nur nach Grabgeläut und Tod.

Heimlich, in der Abendstunde,
Ging ich nun zum Kirchhof hin,
Und der Kirchhof gab mir Kunde
Von der Lautensängerin.

DER JÄGER

Am Sonntag war's, nach Mitternacht,
Am ersten Tag im Maien;
Der Jäger hört, vom Traum erwacht,
Den Totenvogel schreien.
Das treibt ihn wunderbar heraus
Aus seinem Bett, den Saal hinaus;
Er schaut sich um im Freien.

Frühmorgens um die Kirchenzeit,
Sieh da! von seiner Lieben
Ein großer Brief, so lang als breit,
Von ihrer Hand geschrieben.
Der Brief, als der gelesen war,
Da ward's ihm alles hell und klar,
Was ihn herausgetrieben.

Der Jäger setzt sich auf ein Roß,
Hinüber durch die Heide,

Daß ihm der Schweiß herunterfloß
An seinem Jagdgeschmeide.
Und als er kam ins Dorf gerannt,
Da ging sie an des Priesters Hand,
In eitel Gold und Seide.

Er sprang herab, er wankte hin,
Mit Zittern und mit Beben,
Ihm ward so grauenvoll zu Sinn,
Wie zwischen Tod und Leben.
Dann rief er dumpf und weinte laut:
»So bist du nun des Pfaffen Braut?
Das mag dir Gott vergeben!«

Und als sie sprach kein einzig Wort
Und als sie stand in Trauer,
Da trieb er sich unbändig fort,
Mit wildem Todesschauer,
Und nieder schlug er leichenblaß
Und taumelt' unter Moos und Gras,
Hart an der Kirchhofsmauer.

Da riß sie ihn in Todesqual
Hervor aus Leichensteinen;
Hier sah er noch zum letzten Mal
Die Abendsonne scheinen.
Um zwölf Uhr, als der Wächter rief,
Das war die Stund', als er entschlief.
Da hub sie an zu weinen.

Clemens Brentano
1778–1842

ABENDSTÄNDCHEN

Hör, es klagt die Flöte wieder,
Und die kühlen Brunnen rauschen,
Golden wehn die Töne nieder —
Stille, stille, laß uns lauschen!

Holdes Bitten, mild Verlangen,
Wie es süß zum Herzen spricht!
Durch die Nacht, die mich umfangen,
Blickt zu mir der Töne Licht.

ICH WEISS

Ich weiß wohl, was du liebst in mir:
Es ist die Glut in meiner Brust,
Es ist die zauberhafte Zier
Der tief geheimen innern Lust,
Die strahlt aus mir und ruft zu dir:
Schließ mich in einen Felsenstein,
So ruf ich dich durch Mark und Bein:
Komm, lebe, liebe, stirb bei mir,
Du mußt, du mußt!

AN SOPHIE MEREAU

Von den Mauern Widerklang —
Ach! —im Herzen frägt es bang:
Ist es ihre Stimme?
Und vergebens sucht mein Blick:
Kehret mir ein Ton zurück? —
Ist's nur meine Stimme? —

Auf der Mauern höhern Rand
Sind die Blicke hingebannt,
Doch ich seh nur Sterne;
Und in hoher Himmelssee
Ich die Sterne küssen seh.
Wären's unsre Sterne!

Nacht ist voller Lug und Trug,
Nimmer sehen wir genug
In den schwarzen Augen;
Heiß ist Liebe, Nacht ist kühl,
Ach! ich seh ihr viel zu viel
In die schwarzen Augen!

Sonne wollt nicht untergehn,
Blieb am Berg neugierig stehn;
Kam die Nacht gegangen;
Stille Nacht, in deinem Schoß
Liegt der Menschen höchstes Los
Mütterlich umfangen.

ICH WOLLT EIN STRÄUSSLEIN BINDEN

Ich wollt ein Sträußlein binden,
Da kam die dunkle Nacht,
Kein Blümlein war zu finden,
Sonst hätt ich dir's gebracht.

Da flossen von den Wangen
Mir Tränen in den Klee,
Ein Blümlein aufgegangen
Ich nun im Garten seh.

Das wollte ich dir brechen
Wohl in dem dunklen Klee,
Doch fing es an zu sprechen:
»Ach tue mir nicht weh!

Sei freundlich in dem Herzen,
Betracht dein eigen Leid,
Und lasse mich in Schmerzen
Nicht sterben vor der Zeit!«

Und hätt's nicht so gesprochen,
Im Garten ganz allein,
So hätt ich dir's gebrochen;
Nun aber darf's nicht sein.

Mein Schatz ist ausgeblieben,
Ich bin so ganz allein.
Im Lieben wohnt Betrüben,
Und kann nicht anders sein.

DER SPINNERIN LIED

Es sang vor langen Jahren
Wohl auch die Nachtigall;
Das war wohl süßer Schall,
Da wir zusammen waren.

Ich sing und kann nicht weinen
Und spinne so allein
Den Faden klar und rein,
Solang der Mond wird scheinen.

Da wir zusammen waren,
Da sang die Nachtigall;
Nun mahnet mich ihr Schall,
Daß du von mir gefahren.

So oft der Mond mag scheinen,
Gedenk ich dein allein;
Mein Herz ist klar und rein,
Gott wolle uns vereinen!

Seit du von mir gefahren,
Singt stets die Nachtigall;
Ich denk bei ihrem Schall,
Wie wir zusammen waren.

Gott wolle uns vereinen,
Hier spinn ich so allein,
Der Mond scheint klar und rein,
Ich sing und möchte weinen!

WENN DIE SONNE WEGGEGANGEN

Wenn die Sonne weggegangen,
kommt die Dunkelheit heran,
Abendrot hat goldne Wangen,
und die Nacht hat Trauer an.

Seit die Liebe weggegangen,
bin ich nun ein Mohrenkind,
und die roten frohen Wangen
dunkel und verloren sind.

Dunkelheit muß tief verschweigen
alles Wehe, alle Lust;
aber Mond und Sterne zeigen,
was mir wohnet in der Brust.

Wenn die Lippen dir verschweigen
meines Herzens stille Glut,
müssen Blick und Tränen zeigen,
wie die Liebe nimmer ruht.

HAST DU NICHT MEIN GLÜCK GESEHN?

Vogel halte, laß dich fragen,
Hast du nicht mein Glück gesehn?
Hast du's in dein Nest getragen?
»Ei, dein Glück — ei, sage wen?«

Eine feine zarte Rebe
Und zwei Träublein Feuerwein,
Drüber Seidenwurm-Gewebe,
Drunter süße Maulbeerlein.

Hier hab ich's im Arm gewieget,
Hier am Herzen drückt ich's fest,
Lieblich hat sich's angeschmieget,
Und du, Vogel, trugst's ins Nest.

»Armer Mann! Dein Glück, ich wette,
War ein Liebchen und kein Strauß,
Ging aus deinem Arm zu Bette,
Und du gingst allein nach Haus.«

Meinst du? Nun, so sag mir, Quelle,
Hast du nicht mein Glück gesehn?
Trug's ins Meer nicht deine Welle?
»Ei, dein Glück — ei, sage wen?«

Eine tauberauschte Rose
Und zwei Rosentöchterlein,
Frühlingsträume ihr im Schoße,
Wachten auf und schliefen ein.

Hier am Herzen hat's gehauchet
Süßen Duft, Goldbienen schwer
Sind die Küsse eingetauchet.
Fort ist's. — Ach, du trugst's ins Meer!

»Armer Mann! Dein Glück, ich wette,
Liebe war dein Rosenlos,
Ging aus deinem Arm zu Bette,
Heim trugst du die Dornen bloß.«

Meinst du, will ich Taube fragen,
Hast du nicht mein Glück gesehn?
Nicht ins Felsennest getragen?
»Ei, dein Glück! — ei, sage wen?«

Eine goldne Honigwabe,
Süßen Sinn und Wachs so rein,
Aller Küsse Blumengabe
Schlossen drin die Bienen ein.

Ach! ich trug es an die Lippen
Duftend, schimmernd, süß und lind,
Durft ein bißchen daran nippen,
War doch ein verwöhntes Kind!

»Armer Mann! Dein Glück, ich wette,
Liebe war's, als Honigseim,
Ging aus deinem Arm zu Bette,
Und du gingest einsam heim.«

Meinst du? — will ich Echo fragen,
Hast du nicht mein Glück gesehn?
Und willst allen davon sagen?
»Ei, dein Glück! — ei, sage wen?«

Einer Stimme süßes Klagen,
Locken, Flüstern, Wonn und Weh,
Nachtigallen-Traumeszagen,
Bitte, bitte, geh, o geh!

Mir am Herzen hat's gewehet
Alle Wonnen, allen Schmerz,
Wie ein Kinderseelchen flehet
Unter süßem Mutterherz.

»Armer Mann! Dein Glück, ich wette,
War ein liebend träumend Wort,
Fleht' aus deinem Arm zu Bette,
Du gingst einsam dichtend fort.«

Meinst du? muß ich Rose fragen,
Hast du nicht mein Glück gesehn?
Birgt's dein Schoß mit süßem Zagen?
»Ei, dein Glück! — ei, sage wen?«

Süßes Duften, wachend Träumen,
Hülle, Fülle, süß und warm,
Bienen-Kuß an Rausches Säumen
Irrend, suchend, Rausches arm.

Hier am Herzen hat's geblühet,
Meine Seele süß umlaubt,
Liebe hat mein Blut durchglühet,
Hoffnung hat doch nicht geglaubt.

»Armer Mann! Dein Glück, ich wette,
Liebe war's, als Trunkenheit,
Ging aus deinem Arm zu Bette,
Du gingst einsam, kühl, es schneit.«

Meinst du? frage ich die Sterne,
Habt ihr nicht mein Glück gesehn?
Sterne sehn ja Augen gerne.
»Ei, dein Glück! — ei, sage wen?«

Lockennacht an Himmels Stirne
Sinnend, minnend Doppel-Licht,
Augen blitzend, Glücksgestirne,
Andern Sternen folg ich nicht.

Sah's von Tränen tief verschleiert,
Sah's von Sehnen tief durchglüht,
Sah's durchleuchtet, sah's durchfeuert,
Sah's, wie Liebe blüht und flieht!

»Armer Mann! Dein Glück, ich wette,
War ein milder Augenschein,
Ging aus deinem Arm zu Bette,
Durch die Nacht gingst du allein.«

Meinst du? muß die Lilie fragen,
Hast du nicht mein Glück gesehn?
Gleichet dir, doch darf's nicht sagen,
»Ei, dein Glück! — ei, sage wen?«

Eine, eine, sag nicht welche,
Stand im Gärtchen, nachts allein,
Sah, o Lilie! deine Kelche
Überströmt von Lichtesschein.

Hat von Lilien, Engeln, Sternen
Schon an meiner Brust geträumt,
Alle Nähen, alle Fernen
Mir mit Dichtergold gesäumt.

»Sel'ger Mann! Dein Glück, ich wette,
Ist ein Mädchen, fein und lieb,
Ging aus deinem Arm zu Bette,
Dir des Traumes Goldsaum blieb.«

FRÜHES LIED

Fahre fort mit Dornenschlägen,
Weiße Rose; meinem Herzen,
Dem verbrannten, quillt ein Segen
Aus den Tränen, aus den Schmerzen.

Breche ganz mein altes Leben,
Ich muß dir, die so erschienen,
Einen bessern Bruder geben,
Gott und dir in ihm zu dienen.

Alles muß von dir ich nehmen,
Kann dir nichts, ach gar nichts geben,
Denn du mußt den Drachen zähmen,
Um dem Herrn den Schatz zu heben.

Sieh, ich beug mich dir zu Füßen,
Du Erbarmen, weine nieder;
Lehre mich, wie du zu büßen,
Tränenquell der frommen Lieder.

All mein Letzen und Verletzen,
All mein Lügen, Trachten, Scheinen,
Darauf sollst den Fuß du setzen
Und so im Triumph erscheinen.

Alles, was du still gelitten,
Deine Not, dein fromm Entsagen
Hat auch mir das Herz durchschnitten,
Doch du, du hast es getragen!

Alles, was du je getragen,
Sieh, das hab ich all verschuldet,

Meine Schuld hat dich geschlagen,
Und du hast so fromm geduldet.

Und nun trägst du dies versunkne,
Das dich marterte, dies Herz,
O, du Gottesmitleidstrunkne,
An dem deinen himmelwärts.

SCHWANENLIED

Wenn die Augen brechen,
Wenn die Lippen nicht mehr sprechen,
Wenn das pochende Herz sich stillet
Und der warme Blutstrom nicht mehr quillet:
O, dann sinkt der Traum zum Spiegel nieder,
Und ich hör der Engel Lieder wieder,
Die das Leben mir vorübertrugen,
Die so selig mit den Flügeln schlugen
Ans Geläut der keuschen Maiesglocken,
Daß sie all die Vöglein in den Tempel locken,
Die so süße, wild entbrannte Psalmen sangen,
Daß die Liebe und die Lust so brünstig rangen,
Bis das Leben war gefangen und empfangen;
Bis die Blumen blühten;
Bis die Früchte glühten
Und gereift zum Schoß der Erde fielen,
Rund und bunt zum Spielen;
Bis die goldnen Blätter an der Erde rauschten
Und die Wintersterne sinnend lauschten,
Wo der stürmende Sämann hin sie säet,

Daß ein neuer Frühling schön erstehet.
Stille wird's, es glänzt der Schnee am Hügel,
Und ich kühl im Silberreif den schwülen Flügel,
Möcht ihn hin nach neuem Frühling zücken,
Da erstarret mich ein kalt Entzücken —
Es erfriert mein Herz, ein See voll Wonne,
Auf ihm gleitet still der Mond und sanft die Sonne,
Unter den sinnenden, denkenden, klugen Sternen
Schau ich mein Sternbild an in Himmelsfernen;
Alle Leiden sind Freuden, alle Schmerzen scherzen,
Und das ganze Leben singt aus meinem Herzen:
Süßer Tod, süßer Tod
Zwischen dem Morgen- und Abendrot!

DIE ROSE

Wie steigst du so ganz leise
Still aus der Erd heraus,
Und lischt das schöne, weiße
Hell Tageslichtlein aus.

Du machst das ganze Leben
So dunkel und so tot:
Willst mir wohl Ruhe geben
Und trösten meine Not?

Da bist du gar betrogen,
Gibst dir verlorne Müh;
Denn aus der Not gezogen
Hat keine mich als sie,

Die jetzt in stillen Stunden
Mein kleines Bildnis schaut,
Der Liebe zu gesunden,
Manch Hoffnungsschloß erbaut.

Die treue Lieb bewachet,
Hat schwärzer Haar als du,
Und ihre Sternlein machet
Sie jetzo balde zu.

Ich geh in stillen Gründen,
Mein Liebe sinnt von ihr
Viel Blumen: daraus winden
Ich will ein Kränzlein mir.

Die Blümlein sind Gedanken,
Die schnelle all vergehn;
Doch eins hab ich zu danken,
Das bleibet ewig stehn:

Ich hab ein schön Geschmeide
Mit wundersamer Kraft,
Das alles Glück und Freude
Mir bald zu Diensten schafft.

Wohnt doch die Wahrheit drinnen,
Und zweifeln kann ich nicht,
Weil hell zu meinen Sinnen
Die Wunderblume spricht.

DIE SCHÖNHEIT

Und was ich treibe, was ich tue,
Ich komm doch nimmermehr zur Ruhe.

Meine Schönheit ist so weit bekannt,
Daß die ganze Welt in mich entbrannt.

Aus dem Tale und über die Berge
Kommen Riesen, Satyrn und Zwerge,

Viel hundert Waldteufel und Faunen —
Es ist ordentlich zu erstaunen,

Wo sich die Leute her beschreiben,
Zu Haus können sie sich doch nicht gleich auftreiben.

Ich kann kaum den Himmel mehr sehn,
So muß ich täglich den Zaun erhöhn,

Daß mich die plumpen Riesen
Nicht gar zu Tode niesen,

Wenn sie mit ihren großen Perrucken
Über den Zaun herübergucken.

An der Tür ist ein ewiges Klopfen,
Und ich kann nicht genug Löcher zustopfen,

Daß nicht die Zwerge herein schlüpfen,
Die drauß wie Frösche herum hüpfen.

Von den vielen Seufzern wird die Luft verderben,
Und meine Bäume wollen schon absterben;

Ich mag noch so viele faule Äpfel hinausschleudern,
Das hilft nichts bei den mancherlei Bärnhäutern!

AUS DEN ROMANZEN VOM ROSENKRANZ

Allem Tagewerk sei Frieden!
Keine Axt erschall im Wald!
Alle Farbe ist geschieden,
Und es raget die Gestalt.

Tauberauschte Blumen schließen
Ihrer Kelche süßen Kranz,
Und die schlummertrunknen Wiesen
Wiegen sich in Traumes Glanz.

Wo die wilden Quellen zielen
Nieder von dem Felsenrand,
Ziehn die Hirsche frei und spielen
Freudig in dem blanken Sand;

In der Düfte Schwermut wiegen
Sich die Rosen in den Schlaf
(Das Geheimnis ruht verschwiegen,
Das sie in den Busen traf);

Und es wandeln, die sich lieben,
Flüsternd auf dem sel'gen Pfad,
Wo sie gestern Scherze trieben,
Zu des Meeres Glanzgestad.

Die Sirene stimmet wieder
Ihre gift'gen Lieder an,
Und die Herzen tauchen nieder
In den tiefen, süßen Wahn.

Denn es schied die Sonne wieder
In der ew'gen Flammen Pracht,

Und es hebt die dunkeln Glieder
Abermals die alte Nacht,

Und die Erde, aufgeriegelt,
Sendet ihren Geist heran;
Um das Haupt schwebt, sternbesiegelt,
Ihm der blaue Weltenplan.

Und des Waldes dunkle Riesen
Drängen sich ums enge Tal,
Und durch ihre Kronen gießen
Sterne geisterhaften Strahl.

Aus der Tiefe aufgewiegelt,
Wachsen stumme Brunnen an;
Drinnen schaun sich, mondumspiegelt,
Die Gedanken traurig an.

Hörst du, wie die Brunnen rauschen,
Hörst du, wie die Grille zirpt?
Stille, stille, laß uns lauschen,
Selig, wer in Träumen stirbt.
Selig, wen die Wolken wiegen,
Wem der Mond ein Schlaflied singt,
O wie selig kann der fliegen,
Dem der Traum den Flügel schwingt,
Daß an blauer Himmelsdecke
Sterne er wie Blumen pflückt:
Schlafe, träume, flieg', ich wecke
Bald dich auf und bin beglückt.

EINSAM WILL ICH UNTERGEHN!

25. August 1817

Einsam will ich untergehn,
Keiner soll mein Leiden wissen;
Wird der Stern, den ich gesehn,
Von dem Himmel mir gerissen,
Will ich einsam untergehn,
Wie ein Pilger in der Wüste!

Einsam will ich untergehn,
Wie ein Pilger in der Wüste!
Wenn der Stern, den ich gesehn,
Mich zum letzten Male grüßte,
Will ich einsam untergehn,
Wie ein Bettler auf der Heide!

Einsam will ich untergehn,
Wie ein Bettler auf der Heide!
Gibt der Stern, den ich gesehn,
Mir nicht weiter das Geleite,
Will ich einsam untergehn,
Wie der Tag im Abendgrauen!

Einsam will ich untergehn,
Wie der Tag im Abendgrauen!
Will der Stern, den ich gesehn,
Nicht mehr auf mich niederschauen,
Will ich einsam untergehn,
Wie ein Sklave an der Kette!

Einsam will ich untergehn,
Wie ein Sklave an der Kette!

Scheint der Stern, den ich gesehn,
Nicht mehr auf mein Dornenbette,
Will ich einsam untergehn,
Wie ein Schwanenlied im Tode!

Einsam will ich untergehn,
Wie ein Schwanenlied im Tode!
Ist der Stern, den ich gesehn,
Mir nicht mehr ein Friedensbote,
Will ich einsam untergehn,
Wie ein Schiff in wüsten Meeren!

Einsam will ich untergehn,
Wie ein Schiff in wüsten Meeren!
Wird der Stern, den ich gesehn,
Jemals weg von mir sich kehren,
Will ich einsam untergehn,
Wie der Trost in stummen Schmerzen!

Einsam will ich untergehn,
Wie der Trost in stummen Schmerzen!
Soll den Stern, den ich gesehn,
Jemals meine Schuld verscherzen,
Will ich einsam untergehn,
Wie mein Herz in deinem Herzen!

DER FEIND

Einen kenne ich,
wir lieben ihn nicht.
Einen nenne ich,
der die Schwerter zerbricht.
Weh! Sein Haupt steht in der Mitternacht,
sein Fuß in dem Staub,
vor ihm weht das Laub
zur dunkeln Erde hernieder.
Ohne Erbarmen
in den Armen
trägt er die kindlich taumelnde Welt;
Tod, so heißt er,
und die Geister
beben vor ihm, dem schrecklichen Held.

Karoline von Günderode
1780–1806

DIE EINE KLAGE

Wer die tiefste aller Wunden
Hat in Geist und Sinn empfunden,
Bittrer Trennung Schmerz;
Wer geliebt, was er verloren,
Lassen muß, was er erkoren,
Das geliebte Herz:

Der versteht in Lust die Tränen
Und der Liebe ewig Sehnen,
Eins in Zwei zu sein,
Eins im andern sich zu finden,
Daß der Zweiheit Grenzen schwinden
Und des Daseins Pein.

Wer so ganz in Herz und Sinnen
Konnt ein Wesen lieb gewinnen,
Oh! den tröstet's nicht,
Daß für Freuden, die verloren,
Neue werden neu geboren:
Jene sind's doch nicht.

Das geliebte, süße Leben,
Dieses Nehmen und dies Geben,
Wort und Sinn und Blick,
Dieses Suchen und dies Finden,
Dieses Denken und Empfinden
Gibt kein Gott zurück.

Achim von Arnim
1781–1831

RITT IM MONDENSCHEIN

Herz am Herzen ist nicht weit
Unter lichten Sternen,
Und das Aug, von Tau geweiht,
Blickt zu lieben Fernen;

Unterm Hufschlag klingt die Welt,
Und die Himmel schweigen,
Zwischen beiden mir gesellt
Will der Mond sich zeigen.

Zeigt sich heut in roter Glut
An dem Erdenrande,
Gleich als ob mit heißem Blut
Er auf Erden lande.

Doch nun flieht er scheu empor,
Glänzt in reinem Lichte,
Und ich scheue mich auch vor
Seinem Angesichte.

Mir ist zu licht zum Schlafen,
Der Tag bricht in die Nacht,
Die Seele ruht im Hafen,
Ich bin so froh erwacht.

Ich hauchte meine Seele
Im ersten Kusse aus.
Was ist's, daß ich mich quäle,
Ob sie auch fand ein Haus.

Sie hat es wohl gefunden
Auf ihren Lippen schön,
O welche sel'ge Stunden,
Wie ist mir so geschehn!

Was soll ich nun noch sehen,
Ach, alles ist in ihr,
Was fühlen, was erflehen,
Es ward ja alles mir!

Ich habe was zu sinnen,
Ich hab, was mich beglückt:
In allen meinen Sinnen
Bin ich von ihr entzückt.

GEBET

Gib Liebe mir und einen frohen Mund,
daß ich dich, Herr der Erde, tue kund;
Gesundheit gib bei sorgenfreiem Gut,
ein frommes Herz und einen festen Mut;
gib Kinder mir, die aller Mühe wert;
verscheuch die Feinde von dem trauten Herd;
gib Flügel dann und einen Hügel Sand;
den Hügel Sand im lieben Vaterland;
die Flügel schenk dem abschiedsschweren Geist,
daß er sich leicht der schönen Welt entreißt.

SIE GAB, WAS MICH VERARMET

Sie gab, was mich verarmet,
Mir scheidend ihren Mund,
Sie hat sich mein erbarmet,
Ach Gott, wem tu ich's kund!
Ich kann's nicht in mir lassen,
Es sprenget meine Brust,
Es kann's die Welt nicht fassen,
Was mir allein bewußt.

Wie mir der Abend rötet,
Noch niemand wissen muß;
Ach, hätt' sie mich getötet
Im ersten, ersten Kuß!
Von Schmerzen könnt' ich ruhen,
Im Jubel vieles tun,
In schweren Reiseschuhen
Tanz' ich so töricht nun!

WIEGENLIED

Goldne Wiegen schwingen,
Und die Mücken singen,
Blumen sind die Wiegen,
Kindlein drinnen liegen,
Auf und nieder geht der Wind,
Geht sich warm und geht gelind.

Wieviel Kinder wiegen?
Wieviel soll ich kriegen?
Eins und zwei und dreie
Und ich zähl aufs neue,
Auf und nieder geht der Wind,
Und ich weine wie ein Kind.

Adelbert von Chamisso
1781–1838

DIE ALTE WASCHFRAU

Du siehst geschäftig bei dem Linnen
Die Alte dort im weißen Haar,
Die rüstigste der Wäscherinnen
Im sechsundsiebenzigsten Jahr,
So hat sie stets mit sauerm Schweiß
Ihr Brot in Ehr und Zucht gegessen
Und ausgefüllt mit treuem Fleiß
Den Kreis, den Gott ihr zugemessen.

Sie hat in ihren jungen Tagen
Geliebt, gehofft und sich vermählt;
Sie hat des Weibes Los getragen,
Die Sorgen haben nicht gefehlt;
Sie hat den kranken Mann gepflegt;
Sie hat drei Kinder ihm geboren;
Sie hat ihn in das Grab gelegt
Und Glaub' und Hoffnung nicht verloren.

Da galt's, die Kinder zu ernähren;
Sie griff es an mit heiterm Mut;
Sie zog sie auf in Zucht und Ehren,
Der Fleiß, die Ordnung sind ihr Gut.
Zu suchen ihren Unterhalt,
Entließ sie segnend ihre Lieben;
So stand sie nun allein und alt,
Ihr war ihr heitrer Mut geblieben.

Sie hat gespart und hat gesonnen
Und Flachs gekauft und nachts gewacht,

Den Flachs zu feinem Garn gesponnen,
Das Garn dem Weber hingebracht;
Der hat's gewebt zu Leinewand;
Die Schere brauchte sie, die Nadel,
Und nähte sich mit eigner Hand
Ihr Sterbehemde sonder Tadel.

Ihr Hemd, ihr Sterbehemd, sie schätzt es,
Verwahrt's im Schrein am Ehrenplatz;
Es ist ihr Erstes und ihr Letztes,
Ihr Kleinod, ihr ersparter Schatz.
Sie legt es an, des Herren Wort
Am Sonntag früh sich einzuprägen;
Dann legt sie's wohlgefällig fort,
Bis sie darin zur Ruh sie legen.

Und ich, an meinem Abend, wollte,
Ich hätte, diesem Weibe gleich,
Erfüllt, was ich erfüllen sollte,
In meinen Grenzen und Bereich;
Ich wollt, ich hätte so gewußt,
Am Kelch des Lebens mich zu laben,
Und könnt' am Ende gleiche Lust
An meinem Sterbehemde haben.

LEBE WOHL
1826

Wer sollte fragen, wie's geschah?
Es geht auch andern ebenso.
Ich freute mich, als ich dich sah,
Du warst, als du mich sahst, auch froh.

Der erste Gruß, den ich dir bot,
Macht' uns auf einmal beide reich;
Du wurdest, als ich kam, so rot,
Du wurdest, als ich ging, so bleich.

Nun kam ich auch tagaus, tagein,
Es ging uns beiden durch den Sinn;
Bei Regen und bei Sonnenschein
Schwand bald der Sommer uns dahin.

Wir haben uns die Hand gedrückt,
Um nichts gelacht, um nichts geweint,
Gequält einander und beglückt
Und haben's redlich auch gemeint.

Dann kam der Herbst, der Winter gar,
Die Schwalbe zog nach altem Brauch,
Und: lieben? — lieben immerdar?
Es wurde kalt, es fror uns auch.

Ich werde gehn ins fremde Land,
Du sagst mir höflich: Lebe wohl!
Ich küsse höflich dir die Hand,
Und nun ist alles, wie es soll.

DER SOLDAT

Es geht bei gedämpfter Trommel Klang,
wie weit noch die Stätte, der Weg wie lang!
O käm' er zur Ruh' und wär' es vorbei!
Ich glaub', es bricht mir das Herz entzwei.

Ich hab' in der Welt nur ihn geliebt,
nur ihn, dem jetzt man den Tod doch gibt.
Bei klingendem Spiele wird paradiert,
dazu bin ich auch kommandiert.

Da schaut er auf zum letztenmal
in Gottes Sonne freudigen Strahl;
nun binden sie ihm die Augen zu —
dir schenke Gott die ewige Ruh!

Es haben die neun wohl angelegt,
acht Kugeln haben vorbeigefegt;
sie zitterten alle vor Jammer und Schmerz,
ich aber, ich traf ihn mitten ins Herz.

FRISCH GESUNGEN

Hab' oft im Kreise der Lieben
Im duftigen Grase geruht
Und mir ein Liedlein gesungen,
Und alles war hübsch und gut.

Hab' einsam auch mich gehärmet
In bangem, düsterem Mut

Und habe wieder gesungen,
Und alles war wieder gut.

Und manches, was ich erfahren,
Verkocht' ich in stiller Wut.
Und kam ich wieder zu singen,
War alles auch wieder gut.

Sollst nicht uns lange klagen,
Was alles dir wehe tut,
Nur frisch, nur frisch gesungen!
Und alles wird wieder gut.

Justinus Kerner
1786–1862

WANDERLIED

Wohlauf! noch getrunken
den funkelnden Wein!
Ade nun, ihr Lieben!
Geschieden muß sein.
Ade nun, ihr Berge,
du väterlich Haus!
Es treibt in die Ferne
mich mächtig hinaus.

Die Sonne, sie bleibet
am Himmel nicht stehn,
es treibt sie, durch Länder
und Meere zu gehn.
Die Woge nicht haftet
am einsamen Strand,
die Stürme, sie brausen
mit Macht durch das Land.

Mit eilenden Wolken
der Vogel dort zieht
und singt in der Ferne
ein heimatlich Lied.
So treibt es den Burschen
durch Wälder und Feld,
zu gleichen der Mutter,
der wandernden Welt.

Da grüßen ihn Vögel
bekannt überm Meer,

sie flogen von Fluren
der Heimat hieher;
da duften die Blumen
vertraulich um ihn,
sie trieben vom Lande
die Lüfte dahin.

Die Vögel, die kennen
sein väterlich Haus;
die Blumen einst pflanzt' er
der Liebe zum Strauß;
und Liebe, die folgt ihm,
sie geht ihm zur Hand:
so wird ihm zur Heimat
das ferneste Land.

DER WANDERER IN DER SÄGEMÜHLE

Dort unten in der Mühle
saß ich in süßer Ruh',
und sah dem Räderspiele
und sah den Wassern zu.

Sah zu der blanken Säge,
es war mir wie im Traum,
die bahnte lange Wege
in einen Tannenbaum.

Die Tanne war wie lebend,
in Trauermelodie;

durch alle Fasern bebend,
sang diese Worte sie:

Du kehrst zur rechten Stunde,
o Wanderer, hier ein,
du bist's, für den die Wunde
mir dringt ins Herz hinein!

Du bist's, für den wird werden,
wenn kurz gewandert du,
dies Holz im Schoß der Erden
ein Schrein zur langen Ruh.

Vier Bretter sah ich fallen,
mir ward's ums Herze schwer,
ein Wörtlein wollt' ich lallen,
da ging das Rad nicht mehr.

AN DAS TRINKGLAS EINES VERSTORBENEN FREUNDES

Du herrlich Glas, nun stehst du leer,
Glas, das er oft mit Lust erhoben;
die Spinne hat rings um dich her
indes den düstern Flor gewoben.

Jetzt sollst du mir gefüllet sein
mondhell mit Gold der deutschen Reben!
In deiner Tiefe heil'gen Schein
schau' ich hinab mit frommem Beben.

Was ich erschau' in deinem Grund,
ist nicht Gewöhnliches zu nennen,
doch wird mir klar zu dieser Stund',
wie nichts den Freund vom Freund kann trennen.

Auf diesen Glauben, Glas so hold!
Trink' ich dich aus mit hohem Mute.
Klar spiegelt sich der Sterne Gold,
Pokal, in deinem teuren Blute.

Still geht der Mond das Tal entlang,
ernst tönt die mitternächt'ge Stunde,
leer steht das Glas, der heil'ge Klang
tönt nach in dem kristallnen Grunde.

Ludwig Uhland
1787–1862

FRÜHLINGSGLAUBE

Die linden Lüfte sind erwacht,
Sie säuseln und weben Tag und Nacht,
Sie schaffen an allen Enden.
O frischer Duft, o neuer Klang!
Nun, armes Herze, sei nicht bang!
Nun muß sich alles, alles wenden.

Die Welt wird schöner mit jedem Tag,
Man weiß nicht, was noch werden mag,
Das Blühen will nicht enden.
Es blüht das fernste, tiefste Tal:
Nun, armes Herz, vergiß der Qual!
Nun muß sich alles, alles wenden.

DER BLINDE KÖNIG

Was steht der nord'schen Fechter Schar
Hoch auf des Meeres Bord?
Was will in seinem grauen Haar
Der blinde König dort?
Er ruft, in bittrem Harme
Auf seinen Stab gelehnt,
Daß überm Meeresarme
Das Eiland widertönt:

»Gib, Räuber, aus dem Felsverlies
Die Tochter mir zurück!
Ihr Harfenspiel, ihr Lied, so süß,

War meines Alters Glück.
Vom Tanz auf grünem Strande
Hast du sie weggeraubt;
Dir ist es ewig Schande,
Mir beugt's das graue Haupt.«

Da tritt aus seiner Kluft hervor
Der Räuber, groß und wild,
Er schwingt sein Hünenschwert empor
Und schlägt an seinen Schild:
»Du hast ja viele Wächter,
Warum denn litten's die?
Dir dient so mancher Fechter,
Und keiner kämpft um sie?«

Noch stehn die Fechter alle stumm,
Tritt keiner aus den Reihn,
Der blinde König kehrt sich um:
»Bin ich denn ganz allein?«
Da faßt des Vaters Rechte
Sein junger Sohn so warm:
»Vergönn mir's, daß ich fechte!
Wohl fühl' ich Kraft im Arm.«

»O Sohn, der Feind ist riesenstark,
Ihm hielt noch keiner stand;
Und doch, in dir ist edles Mark,
Ich fühl's am Druck der Hand.
Nimm hier die alte Klinge!
Sie ist der Skalden Preis.
Und fällst du, so verschlinge
Die Flut mich armen Greis!«

Und horch! es schäumet und es rauscht
Der Nachen übers Meer.

Der blinde König steht und lauscht,
Und alles schweigt umher,
Bis drüben sich erhoben
Der Schild' und Schwerter Schall
Und Kampfgeschrei und Toben
Und dumpfer Widerhall.

Da ruft der Greis so freudig bang:
»Sagt an, was ihr erschaut!
Mein Schwert, ich kenn's am guten Klang,
Es gab so scharfen Laut.« —
»Der Räuber ist gefallen,
Er hat den blut'gen Lohn.
Heil dir, du Held vor allen,
Du starker Königssohn!«

Und wieder wird es still umher,
Der König steht und lauscht:
»Was hör ich kommen übers Meer?
Es rudert und es rauscht.« —
»Sie kommen angefahren,
Dein Sohn mit Schwert und Schild,
In sonnenhellen Haaren
Dein Töchterlein Gunild.«

»Willkommen!« ruft vom hohen Stein
Der blinde Greis hinab,
»Nun wird mein Alter wonnig sein,
Und ehrenvoll mein Grab.
Du legst mir, Sohn, zur Seite
Das Schwert von gutem Klang,
Gunilde, du befreite,
Singst mir den Grabgesang.«

DER GUTE KAMERAD

Ich hatt' einen Kameraden,
Einen bessern findst du nit.
Die Trommel schlug zum Streite,
Er ging an meiner Seite
In gleichem Schritt und Tritt.

Eine Kugel kam geflogen;
Gilt's mir oder gilt es dir?
Ihn hat es weggerissen,
Er liegt mir vor den Füßen,
Als wär's ein Stück von mir.

Will mir die Hand noch reichen,
Derweil ich eben lad':
»Kann dir die Hand nicht geben,
Bleib du im ew'gen Leben
Mein guter Kamerad!«

EINKEHR

Bei einem Wirte wundermild,
Da war ich jüngst zu Gaste;
Ein goldner Apfel war sein Schild
An einem langen Aste.

Es war der gute Apfelbaum,
Bei dem ich eingekehret;
Mit süßer Kost und frischem Schaum
Hat er mich wohl genähret.

Es kamen in sein grünes Haus
Viel leichtbeschwingte Gäste;
Sie sprangen frei und hielten Schmaus
Und sangen auf das beste.

Ich fand ein Bett zu süßer Ruh
Auf weichen, grünen Matten;
Der Wirt, er deckte selbst mich zu
Mit seinem kühlen Schatten.

Nun fragt' ich nach der Schuldigkeit,
Da schüttelt' er den Wipfel.
Gesegnet sei er allezeit
Von der Wurzel bis zum Gipfel!

BAUERNREGEL

Im Sommer such ein Liebchen dir
in Garten und Gefild!
Da sind die Tage lang genug,
da sind die Nächte mild.

Im Winter muß der süße Bund
schon fest geschlossen sein,
so darfst nicht lange stehn im Schnee
bei kaltem Mondenschein.

DIE ZUFRIEDENEN

Ich saß bei jener Linde
mit meinem trauten Kinde,
wir saßen Hand in Hand;
kein Blättchen rauscht' im Winde,
die Sonne schien gelinde
herab aufs stille Land.

Wir saßen ganz verschwiegen
mit innigem Vergnügen,
das Herz kaum merklich schlug.
Was sollten wir auch sagen?
Was konnten wir uns fragen?
Wir wußten ja genug.

Es mocht' uns nichts mehr fehlen,
kein Sehnen konnt' uns quälen,
nichts Liebes war uns fern;
aus liebem Aug' ein Grüßen,
vom lieben Mund ein Küssen
gab eins dem andern gern.

DER WEISSE HIRSCH

Es gingen drei Jäger wohl auf die Birsch,
sie wollten erjagen den weißen Hirsch.

Sie legten sich unter den Tannenbaum,
da hatten die drei einen seltsamen Traum.

Der erste:
»Mir hat geträumt, ich klopft' auf den Busch,
da rauschte der Hirsch heraus, husch, husch!«

Der zweite:
»Und als er sprang mit der Hunde Geklaff,
da brannt' ich ihn auf das Fell, piff, paff!«

Der dritte:
»Und als ich den Hirsch an der Erde sah,
da stieß ich lustig ins Horn, trara!«

So lagen sie da und sprachen, die drei,
da rannte der weiße Hirsch vorbei,

und eh' die drei Jäger ihn recht gesehn,
so war er davon über Tiefen und Höhn.
Husch, husch! piff, paff! trara!

METZELSUPPENLIED

Wir haben heut nach altem Brauch
ein Schweinchen abgeschlachtet;
der ist ein jüdisch heikler Gauch,
wer solch ein Fleisch verachtet.
Es lebe zahm und wildes Schwein!
Sie leben alle, groß und klein,
die blonden und die braunen!

So säumet denn, ihr Freunde, nicht,
die Würste zu verspeisen,

und laßt zum würzigen Gericht
die Becher fleißig kreisen!
Es reimt sich trefflich Wein und Schwein
und paßt sich köstlich Wurst und Durst;
bei Würsten gibt's zu bürsten.

Auch unser edles Sauerkraut,
wir sollen's nicht vergessen;
ein Deutscher hat's zuerst gebaut,
drum ist's ein deutsches Essen.
Wenn solch ein Fleischchen, weiß und mild
im Kraute liegt, das ist ein Bild
wie Venus in den Rosen.

Und wird von schönen Händen dann
das schöne Fleisch zerleget,
das ist, was einem deutschen Mann
gar süß das Herz beweget.
Gott Amor naht und lächelt still
und denkt: »Nur daß, wer küssen will,
zuvor den Mund sich wische!«

Ihr Freunde, tadle keiner mich,
daß ich von Schweinen singe!
Es knüpfen Kraftgedanken sich
oft an geringe Dinge.
Ihr kennet jenes alte Wort,
ihr wißt: es findet hier und dort
ein Schwein auch eine Perle.

Joseph von Eichendorff
1788–1857

Schläft ein Lied in allen Dingen,
Die da träumen fort und fort,
Und die Welt hebt an zu singen,
Triffst du nur das Zauberwort.

ABSCHIED

O Täler weit, o Höhen,
O schöner, grüner Wald,
Du meiner Lust und Wehen
Andächt'ger Aufenthalt!
Da draußen, stets betrogen,
Saust die geschäft'ge Welt,
Schlag noch einmal die Bogen
Um mich, du grünes Zelt!

Wenn es beginnt zu tagen,
Die Erde dampft und blinkt,
Die Vögel lustig schlagen,
Daß dir dein Herz erklingt:
Da mag vergehn, verwehen
Das trübe Erdenleid,
Da sollst du auferstehen
In junger Herrlichkeit!

Da steht im Wald geschrieben
Ein stilles, ernstes Wort

Vom rechten Tun und Lieben
Und was des Menschen Hort.
Ich habe treu gelesen
Die Worte schlicht und wahr,
Und durch mein ganzes Wesen
Ward's unaussprechlich klar.

Bald werd ich dich verlassen,
Fremd in der Fremde gehn,
Auf buntbewegten Gassen
Des Lebens Schauspiel sehn;
Und mitten in dem Leben
Wird deines Ernsts Gewalt
Mich Einsamen erheben,
So wird mein Herz nicht alt.

DER FROHE WANDERSMANN

Wem Gott will rechte Gunst erweisen,
Den schickt er in die weite Welt;
Dem will er seine Wunder weisen
In Berg und Wald und Strom und Feld.

Die Trägen, die zu Hause liegen,
Erquicket nicht das Morgenrot;
Sie wissen nur von Kinderwiegen,
Von Sorgen, Last und Not um Brot.

Die Bächlein von den Bergen springen,
Die Lerchen schwirren hoch vor Lust,

Was sollt ich nicht mit ihnen singen
Aus voller Kehl und frischer Brust?

Den lieben Gott laß ich nur walten;
Der Bächlein, Lerchen, Wald und Feld
Und Erd und Himmel will erhalten,
Hat auch mein' Sach' aufs best' bestellt!

HEIMWEH

Wer in die Fremde will wandern,
Der muß mit der Liebsten gehn,
Es jubeln und lassen die andern
Den Fremden alleine stehn.

Was wisset ihr, dunkele Wipfel,
Von der alten, schönen Zeit?
Ach, die Heimat hinter den Gipfeln,
Wie liegt sie von hier so weit!

Am liebsten betracht ich die Sterne,
Die schienen, wie ich ging zu ihr,
Die Nachtigall hör ich so gerne,
Sie sang vor der Liebsten Tür.

Der Morgen, das ist meine Freude!
Da steig ich in stiller Stund
Auf den höchsten Berg in die Weite,
Grüß dich, Deutschland, aus Herzensgrund!

DAS ZERBROCHENE RINGLEIN

In einem kühlen Grunde,
Da geht ein Mühlenrad,
Mein' Liebste ist verschwunden,
Die dort gewohnet hat.

Sie hat mir Treu versprochen,
Gab mir ein'n Ring dabei,
Sie hat die Treu gebrochen,
Mein Ringlein sprang entzwei.

Ich möcht als Spielmann reisen
Weit in die Welt hinaus
Und singen meine Weisen
Und gehn von Haus zu Haus.

Ich möcht als Reiter fliegen
Wohl in die blut'ge Schlacht,
Um stille Feuer liegen
Im Feld bei dunkler Nacht.

Hör ich das Mühlrad gehen:
Ich weiß nicht, was ich will —
Ich möcht am liebsten sterben,
Da wär's auf einmal still!

MONDNACHT

Es war, als hätt der Himmel
Die Erde still geküßt,
Daß sie im Blütenschimmer
Von ihm nun träumen müßt.

Die Luft ging durch die Felder,
Die Ähren wogten sacht,
Es rauschten leis die Wälder,
So sternklar war die Nacht.

Und meine Seele spannte
Weit ihre Flügel aus,
Flog durch die stillen Lande,
Als flöge sie nach Haus.

DIE HEIMAT

An meinen Bruder

Denkst du des Schlosses noch auf stiller Höh?
Das Horn lockt nächtlich dort, als ob's dich riefe,
Am Abgrund grast das Reh,
Es rauscht der Wald verwirrend aus der Tiefe —
O stille, wecke nicht, es war, als schliefe
Da drunten ein unnennbar Weh.

Kennst du den Garten? —Wenn sich Lenz erneut,
Geht dort ein Mädchen auf den kühlen Gängen
Still durch die Einsamkeit

Und weckt den leisen Strom von Zauberklängen,
Als ob die Blumen und die Bäume sängen
Rings von der alten schönen Zeit.

Ihr Wipfel und ihr Bronnen rauscht nur zu!
Wohin du auch in wilder Lust magst dringen,
Du findest nirgends Ruh,
Erreichen wird dich das geheime Singen —
Ach, dieses Bannes zauberischen Ringen
Entfliehn wir nimmer, ich und du!

DER ABEND

Schweigt der Menschen laute Lust:
Rauscht die Erde wie in Träumen
Wunderbar mit allen Bäumen,
Was dem Herzen kaum bewußt,
Alte Zeiten, linde Trauer,
Und es schweifen leise Schauer
Wetterleuchtend durch die Brust.

ZWIELICHT

Dämmrung will die Flügel spreiten,
Schaurig rühren sich die Bäume,
Wolken ziehn wie schwere Träume —
Was will dieses Graun bedeuten?

Hast ein Reh du, lieb vor andern,
Laß es nicht alleine grasen,
Jäger ziehn im Wald und blasen,
Stimmen hin und wieder wandern.

Hast du einen Freund hienieden,
Trau ihm nicht zu dieser Stunde,
Freundlich wohl mit Aug und Munde,
Sinnt er Krieg im tück'schen Frieden.

Was heut müde gehet unter,
Hebt sich morgen neugeboren.
Manches bleibt in Nacht verloren —
Hüte dich, bleib wach und munter!

DER JÄGER ABSCHIED

Wer hat dich, du schöner Wald,
Aufgebaut so hoch da droben?
Wohl den Meister will ich loben,
Solang noch mein Stimm erschallt.
Lebe wohl,
Lebe wohl, du schöner Wald!

Tief die Welt verworren schallt,
Oben einsam Rehe grasen,
Und wir ziehen fort und blasen,
Daß es tausendfach verhallt:
Lebe wohl,
Lebe wohl, du schöner Wald!

Banner, der so kühle wallt!
Unter deinen grünen Wogen
Hast du treu uns auferzogen,
Frommer Sagen Aufenthalt!
Lebe wohl,
Lebe wohl, du schöner Wald!

Was wir still gelobt im Wald,
Wollen's draußen ehrlich halten,
Ewig bleiben treu die alten:
Deutsch Panier, das rauschend wallt,
Lebe wohl,
Schirm dich Gott, du schöner Wald!

SEHNSUCHT

Es schienen so golden die Sterne,
am Fenster ich einsam stand
und hörte aus weiter Ferne
ein Posthorn im stillen Land.
Das Herz mir im Leibe entbrennte,
da hab' ich mir heimlich gedacht:
Ach, wer da mitreisen könnte
in der prächtigen Sommernacht!

Zwei junge Gesellen gingen
vorüber am Bergeshang.
Ich hörte im Wandern sie singen
die stille Gegend entlang:
Von schwindelnden Felsenschlüften,

wo die Wälder rauschen so sacht,
von Quellen, die von den Klüften
sich stürzen in die Waldesnacht.

Sie sangen von Marmorbildern,
von Gärten, die überm Gestein
in dämmernden Lauben verwildern,
Palästen im Mondenschein,
wo die Mädchen am Fenster lauschen,
wann der Lauten Klang erwacht,
und die Brunnen verschlafen rauschen
in der prächtigen Sommernacht.

FRÜHLINGSNACHT

Übern Garten durch die Lüfte
hört' ich Wandervögel ziehn,
das bedeutet Frühlingsdüfte,
unten fängt's schon an zu blühn.

Jauchzen möcht' ich, möchte weinen,
ist mir's doch, als könnt's nicht sein!
Alte Wunder wieder scheinen
mit dem Mondesglanz herein.

Und der Mond, die Sterne sagen's,
und in Tränen rauscht's der Hain,
und die Nachtigallen schlagen's:
»Sie ist deine, sie ist dein!«

IM ABENDROT

Wir sind durch Not und Freude
gegangen Hand in Hand,
vom Wandern ruhn wir beide
nun überm stillen Land.

Rings sich die Täler neigen,
es dunkelt schon die Luft,
zwei Lerchen nur noch steigen
nachträumend in den Duft.

Tritt her, und laß sie schwirren,
bald ist es Schlafenszeit,
daß wir uns nicht verirren
in dieser Einsamkeit.

O weiter, stiller Friede!
So tief im Abendrot,
wie sind wir wandermüde —
ist das etwa der Tod?

DER EINSIEDLER

Komm, Trost der Welt, du stille Nacht!
Wie steigst du von den Bergen sacht,
Die Lüfte alle schlafen,
Ein Schiffer nur noch, wandermüd,
Singt übers Meer sein Abendlied
Zu Gottes Lob im Hafen.

Die Jahre wie die Wolken gehn
Und lassen mich hier einsam stehn,
Die Welt hat mich vergessen,
Da tratst du wunderbar zu mir,
Wenn ich beim Waldesrauschen hier
Gedankenvoll gesessen.

O Trost der Welt, du stille Nacht!
Der Tag hat mich so müd gemacht,
Das weite Meer schon dunkelt,
Laß ausruhn mich von Lust und Not,
Bis daß das ew'ge Morgenrot
Den stillen Wald durchfunkelt.

Friedrich Rückert
1788–1866

KEHR EIN BEI MIR!

Du bist die Ruh',
der Friede mild,
die Sehnsucht du
und was sie stillt.

Ich weihe dir
voll Lust und Schmerz
zur Wohnung hier
mein Aug' und Herz.

Kehr ein bei mir
und schließe du
still hinter dir
die Pforten zu!

Treib andern Schmerz
aus dieser Brust!
Voll sei dies Herz
von deiner Lust.

Dies Augenzelt,
von deinem Glanz
allein erhellt,
o füll es ganz!

ABENDLIED

Ich stand auf Berges Halde,
Als heim die Sonne ging,
Und sah, wie überm Walde
Des Abends Goldnetz hing.

Des Himmels Wolken tauten
Der Erde Frieden zu,
Bei Abendglockenlauten
Ging die Natur zur Ruh.

Ich sprach: »O Herz, empfinde
Der Schöpfung Stille nun,
Und schick mit jedem Kinde
Der Flur dich auch, zu ruhn.«

Die Blumen alle schließen
Die Augen allgemach,
Und alle Wellen fließen
Besänftiget im Bach.

Nun hat der müde Silfe
Sich unters Blatt gesetzt,
Und die Libell am Schilfe
Entschlummert taubenetzt.

Es ward dem goldnen Käfer
Zur Wieg ein Rosenblatt;
Die Herde mit dem Schäfer
Sucht ihre Lagerstatt.

Die Lerche sucht aus Lüften
Ihr feuchtes Nest im Klee,

Und in des Waldes Schlüften
Ihr Lager Hirsch und Reh.

Wer sein ein Hüttchen nennet,
Ruht nun darin sich aus;
Und wen die Fremde trennet,
Den trägt ein Traum nach Haus.

Mich fasset ein Verlangen,
Daß ich zu dieser Frist
Hinauf nicht kann gelangen,
Wo meine Heimat ist.

AUS DER JUGENDZEIT

Aus der Jugendzeit, aus der Jugendzeit
Klingt ein Lied mir immerdar;
O wie liegt so weit, o wie liegt so weit,
Was mein einst war!

Was die Schwalbe sang, was die Schwalbe sang,
Die den Herbst und Frühling bringt;
Ob das Dorf entlang, ob das Dorf entlang
Das jetzt noch klingt?

»Als ich Abschied nahm, als ich Abschied nahm,
Waren Kisten und Kasten schwer;
Als ich wiederkam, als ich wiederkam,
War alles leer.«

O du Kindermund, o du Kindermund,
Unbewußter Weisheit froh,
Vogelsprachekund, vogelsprachekund,
Wie Salomo!

O du Heimatflur, o du Heimatflur,
Laß zu deinem heil'gen Raum
Mich noch einmal nur, mich noch einmal nur
Entfliehn im Traum!

Als ich Abschied nahm, als ich Abschied nahm,
War die Welt mir voll so sehr;
Als ich wiederkam, als ich wiederkam,
War alles leer.

Wohl die Schwalbe kehrt, wohl die Schwalbe kehrt,
Und der leere Kasten schwoll,
Ist das Herz geleert, ist das Herz geleert,
Wird's nie mehr voll.

Keine Schwalbe bringt, keine Schwalbe bringt
Dir zurück, wonach du weinst;
Doch die Schwalbe singt, doch die Schwalbe singt
Im Dorf wie einst:

»Als ich Abschied nahm, als ich Abschied nahm,
Waren Kisten und Kasten schwer;
Als ich wiederkam, als ich wiederkam,
War alles leer.«

AUS DEN KINDERTOTENLIEDERN

Du bist ein Schatten am Tage
Und in der Nacht ein Licht;
Du lebst in meiner Klage
Und stirbst im Herzen nicht.

Wo ich mein Zelt aufschlage,
Da wohnst du bei mir dicht;
Du bist mein Schatten am Tage
Und in der Nacht mein Licht.

Wo ich auch nach dir frage,
Find' ich von dir Bericht,
Du lebst in meiner Klage
Und stirbst im Herzen nicht.

Du bist ein Schatten am Tage
Und in der Nacht ein Licht;
Du lebst in meiner Klage
Und stirbst im Herzen nicht.

Du meine Seele, du mein Herz,
du meine Wonn', o du mein Schmerz,
du meine Welt, in der ich lebe,
mein Himmel du, darin ich schwebe,
o du mein Grab, in das hinab
ich ewig meinen Kummer gab!
Du bist die Ruh', du bist der Frieden,
du bist der Himmel, mir beschieden.
Daß du mich liebst, macht mich mir wert,
dein Blick hat mich vor mir verklärt,
du hebst mich liebend über mich,
mein guter Geist, mein beßres Ich!

Wilhelm Hey
1789–1854

WEISST DU, WIEVIEL STERNE STEHEN

Weißt du, wieviel Sterne stehen
an dem blauen Himmelszelt?
Weißt du, wieviel Wolken gehen
weithin über alle Welt?
Gott der Herr hat sie gezählet,
daß ihm auch nicht eines fehlet
an der ganzen großen Zahl.

Weißt du, wieviel Mücklein spielen
in der hellen Sonnenglut?
Wieviel Fischlein auch sich kühlen
in der hellen Wasserflut?
Gott der Herr rief sie mit Namen,
daß sie all ins Leben kamen,
daß sie nun so fröhlich sind.

Weißt du, wieviel Kinder frühe
stehn aus ihren Bettlein auf,
daß sie ohne Sorg' und Mühe
fröhlich sind im Tageslauf?
Gott im Himmel hat an allen
seine Lust, sein Wohlgefallen,
kennt auch dich und hat dich lieb.

Alle Jahre wieder
kommt das Christuskind
auf die Erde nieder,
wo wir Menschen sind.

Kehrt mit seinem Segen
ein in jedes Haus,
geht auf allen Wegen
mit uns ein und aus.

Ist auch mir zur Seite
still und unerkannt,
daß es treu mich leite
an der lieben Hand.

Franz Grillparzer
1791–1872

Wie viel weißt du, o Mensch, der Schöpfung König,
Der du, was sehbar, siehst, was meßbar, mißt,
Wie viel weißt du! und wieder, ach, wie wenig,
Weil, was erscheint, doch nur ein Äußres ist,

Und steigst du in die Tiefe der Gedanken,
Wie findest du den Rückweg in die Welt?
Du armer König, dessen Reiche schwanken,
Der eine Krone trägt, allein kein Zepter hält.

Zu dem Gewölb von deinen strengen Schlüssen
Stellt sich der Schlußstein nun und nimmer ein,
Und die Empfindung, Flügel an den Füßen,
Entschwebt der Haft und ruft hinfliegend: Nein!

Denn etwas ist, du magst's wie weit entfernen,
Das dich umspinnt mit unsichtbarem Netz,
Das, wenn du liebst, du aufschaust zu den Sternen,
Dich unterwerfend dasteht: das Gesetz.

Wilhelm Müller
1794–1827

WANDERSCHAFT

Das Wandern ist des Müllers Lust,
Das Wandern!
Das muß ein schlechter Müller sein,
Dem niemals fiel das Wandern ein,
Das Wandern.

Vom Wasser haben wir's gelernt,
Vom Wasser!
Das hat nicht Rast bei Tag und Nacht,
Ist stets auf Wanderschaft bedacht,
Das Wasser.

Das sehn wir auch den Rädern ab,
Den Rädern!
Die gar nicht gerne stille stehn
Und sich mein Tag nicht müde drehn,
Die Räder.

Die Steine selbst, so schwer sie sind,
Die Steine!
Sie tanzen mit den muntern Reihn
Und wollen gar noch schneller sein,
Die Steine!

O Wandern, Wandern, meine Lust,
O Wandern!
Herr Meister und Frau Meisterin,
Laßt mich in Frieden weiterziehn
Und wandern!

DER LINDENBAUM

Am Brunnen vor dem Tore,
Da steht ein Lindenbaum;
Ich träumt in seinem Schatten
So manchen süßen Traum.

Ich schnitt in seine Rinde
So manches liebe Wort;
Es zog in Freud und Leide
Zu ihm mich immer fort.

Ich mußt auch heute wandern
Vorbei in tiefer Nacht,
Da hab ich noch im Dunkel
Die Augen zugemacht.

Und seine Zweige rauschten,
Als riefen sie mir zu:
Komm her zu mir, Geselle,
Hier findst du deine Ruh!

Die kalten Winde bliesen
Mir grad ins Angesicht,
Der Hut flog mir vom Kopfe,
Ich wendete mich nicht.

Nun bin ich manche Stunde
Entfernt von jenem Ort,
Und immer hör ich's rauschen:
Du fändest Ruhe dort!

GUTE NACHT

Fremd bin ich eingezogen,
Fremd zieh' ich wieder aus.
Der Mai war mir gewogen
Mit manchem Blumenstrauß.
Das Mädchen sprach von Liebe,
Die Mutter gar von Eh' —
Nun ist die Welt so trübe,
Der Weg gehüllt in Schnee.

Ich kann zu meiner Reisen
Nicht wählen mit der Zeit,
Muß selbst den Weg mir weisen
In dieser Dunkelheit.
Es zieht ein Mondenschatten
Als mein Gefährte mit,
Und auf den weißen Matten
Such' ich des Wildes Tritt.

Was soll ich länger weilen,
Daß man mich trieb hinaus?
Laß irre Hunde heulen
Vor ihres Herren Haus;
Die Liebe liebt das Wandern —
Gott hat sie so gemacht —
Von einem zu dem andern.
Fein Liebchen, gute Nacht!

Will dich im Traum nicht stören,
Wär schad' um deine Ruh',
Sollst meinen Tritt nicht hören —
Sacht, sacht die Türe zu!

Schreib' im Vorübergehen
Ans Tor dir: Gute Nacht,
Damit du mögest sehen,
An dich hab' ich gedacht.

August von Platen
1796–1835

TRISTAN

Wer die Schönheit angeschaut mit Augen,
Ist dem Tode schon anheimgegeben,
Wird für keinen Dienst auf Erden taugen,
Und doch wird er vor dem Tode beben,
Wer die Schönheit angeschaut mit Augen!

Ewig währt für ihn der Schmerz der Liebe,
Denn ein Tor nur kann auf Erden hoffen,
Zu genügen einem solchen Triebe:
Wen der Pfeil des Schönen je getroffen,
Ewig währt für ihn der Schmerz der Liebe!

Ach, er möchte wie ein Quell versiechen,
Jedem Hauch der Luft ein Gift entsaugen
Und den Tod aus jeder Blume riechen:
Wer die Schönheit angeschaut mit Augen,
Ach, er möchte wie ein Quell versiechen!

SONETT

Wer wußte je das Leben recht zu fassen,
Wer hat die Hälfte nicht davon verloren
Im Traum, im Fieber, im Gespräch mit Toren,
In Liebesqual, im leeren Zeitverprassen?

Ja, der sogar, der ruhig und gelassen,
Mit dem Bewußtsein, was er soll, geboren,
Frühzeitig einen Lebensgang erkoren,
Muß vor des Lebens Widerspruch erblassen.

Denn jeder hofft doch, daß das Glück ihm lache,
Allein das Glück, wenn's wirklich kommt, ertragen,
Ist keines Menschen, wäre Gottes Sache.

Auch kommt es nie, wir wünschen bloß und wagen:
Dem Schläfer fällt es nimmermehr vom Dache,
Und auch der Läufer wird es nicht erjagen.

Wie rafft ich mich auf in der Nacht, in der Nacht,
Und fühlte mich fürder gezogen,
Die Gassen verließ ich, vom Wächter bewacht,
Durchwandelte sacht
In der Nacht, in der Nacht
Das Tor mit dem gotischen Bogen.

Der Mühlbach rauschte durch felsigen Schacht,
Ich lehnte mich über die Brücke,
Tief unter mir nahm ich der Wogen in acht,
Die wallten so sacht
In der Nacht, in der Nacht,
Doch wallte nicht *eine* zurücke.

Es drehte sich oben, unzählig entfacht,
Melodischer Wandel der Sterne,
Mit ihnen der Mond in beruhigter Pracht,
Sie funkelten sacht
In der Nacht, in der Nacht
Durch täuschend entlegene Ferne.

Ich blickte hinauf in der Nacht, in der Nacht,
Ich blickte hinunter aufs neue:
O wehe, wie hast du die Tage verbracht!
Nun stille du sacht
In der Nacht, in der Nacht
Im pochenden Herzen die Reue!

Heinrich Heine
1797–1856

Der Brief, den du geschrieben,
er macht mich gar nicht bang;
du willst mich nicht mehr lieben,
aber dein Brief ist lang.

Zwölf Seiten, eng und zierlich!
Ein kleines Manuskript!
Man schreibt nicht so ausführlich,
wenn man den Abschied gibt.

Es war ein alter König,
sein Herz war schwer, sein Haupt war grau;
der arme alte König,
er nahm eine junge Frau.

Es war ein schöner Page,
blond war sein Haupt, leicht war sein Sinn;
er trug die seidne Schleppe
der jungen Königin.

Kennst du das alte Liedchen?
Es klingt so süß, es klingt so trüb!
Sie mußten beide sterben,
sie hatten sich viel zu lieb.

DIE LORELEI

Ich weiß nicht, was soll es bedeuten,
Daß ich so traurig bin;
Ein Märchen aus alten Zeiten,
Das kommt mir nicht aus dem Sinn.

Die Luft ist kühl und es dunkelt,
Und ruhig fließt der Rhein;
Der Gipfel des Berges funkelt
Im Abendsonnenschein.

Die schönste Jungfrau sitzet
Dort oben wunderbar,
Ihr goldnes Geschmeide blitzet,
Sie kämmt ihr goldenes Haar.

Sie kämmt es mit goldenem Kamme
Und singt ein Lied dabei;
Das hat eine wundersame,
Gewaltige Melodei.

Den Schiffer im kleinen Schiffe
Ergreift es mit wildem Weh;
Er schaut nicht die Felsenriffe,
Er schaut nur hinauf in die Höh.

Ich glaube, die Wellen verschlingen
Am Ende Schiffer und Kahn;
Und das hat mit ihrem Singen
Die Lorelei getan.

Der Tod, das ist die kühle Nacht,
Das Leben ist der schwüle Tag.
Es dunkelt schon, mich schläfert,
Der Tag hat mich müd gemacht.

Über mein Bett erhebt sich ein Baum,
Drin singt die junge Nachtigall;
Sie singt von lauter Liebe,
Ich hör es sogar im Traum.

Sie saßen und tranken am Teetisch
Und sprachen von Liebe viel.
Die Herren, die waren ästhetisch,
Die Damen von zartem Gefühl.

»Die Liebe muß sein platonisch«,
Der dürre Hofrat sprach.
Die Hofrätin lächelt ironisch,
Und dennoch seufzet sie: »Ach!«

Der Domherr öffnet den Mund weit:
»Die Liebe sei nicht zu roh,
Sie schadet sonst der Gesundheit.«
Das Fräulein lispelt: »Wieso?«

Die Gräfin spricht wehmütig:
»Die Liebe ist eine Passion!«

Und präsentieret gütig
Die Tasse dem Herren Baron.

Am Tische war noch ein Plätzchen;
Mein Liebchen, da hast du gefehlt.
Du hättest so hübsch, mein Schätzchen,
Von deiner Liebe erzählt.

Das Fräulein stand am Meere
Und seufzte lang und bang,
Es rührte sie so sehre
Der Sonnenuntergang.

»Mein Fräulein! sein Sie munter,
Das ist ein altes Stück;
Hier vorne geht sie unter
Und kehrt von hinten zurück.«

Ich hatte einst ein schönes Vaterland.
Der Eichenbaum
Wuchs dort so hoch, die Veilchen nickten sanft,
Es war ein Traum.

Das küßte mich auf deutsch und sprach auf deutsch
(Man glaubt es kaum,
Wie gut es klang) das Wort: »Ich liebe dich!«
Es war ein Traum.

NACHTGEDANKEN

Denk ich an Deutschland in der Nacht,
Dann bin ich um den Schlaf gebracht,
Ich kann nicht mehr die Augen schließen,
Und meine heißen Tränen fließen.

Die Jahre kommen und vergehn!
Seit ich die Mutter nicht gesehn,
Zwölf Jahre sind schon hingegangen;
Es wächst mein Sehnen und Verlangen.

Mein Sehnen und Verlangen wächst.
Die alte Frau hat mich behext,
Ich denke immer an die alte,
Die alte Frau, die Gott erhalte!

Die alte Frau hat mich so lieb,
Und in den Briefen, die sie schrieb,
Seh ich, wie ihre Hand gezittert,
Wie tief das Mutterherz erschüttert.

Die Mutter liegt mir stets im Sinn.
Zwölf lange Jahre flossen hin,
Zwölf lange Jahre sind verflossen,
Seit ich sie nicht ans Herz geschlossen.

Deutschland hat ewigen Bestand,
Es ist ein kerngesundes Land,
Mit seinen Eichen, seinen Linden
Werd ich es immer wiederfinden.

Nach Deutschland lechzt' ich nicht so sehr,
Wenn nicht die Mutter dorten wär;

Das Vaterland wird nie verderben,
Jedoch die alte Frau kann sterben.

Seit ich das Land verlassen hab,
So viele sanken dort ins Grab,
Die ich geliebt — wenn ich sie zähle,
So will verbluten meine Seele.

Und zählen muß ich — mit der Zahl
Schwillt immer höher meine Qual,
Mir ist, als wälzten sich die Leichen
Auf meine Brust — Gottlob! sie weichen!

Gottlob! durch meine Fenster bricht
Französisch heitres Tageslicht;
Es kommt mein Weib, schön wie der Morgen,
Und lächelt fort die deutschen Sorgen.

TRAUM UND LEBEN

Es glühte der Tag, es glühte mein Herz,
Still trug ich mit mir herum den Schmerz.
Und als die Nacht kam, schlich ich fort
Zur blühenden Rose am stillen Ort.

Ich nahte mich leise und stumm wie das Grab;
Nur Tränen rollten die Wangen hinab;
Ich schaut' in den Kelch der Rose hinein —
Da glomm's hervor, wie ein glühender Schein. —

Und freudig entschlief ich beim Rosenbaum;
Da trieb sein Spiel ein neckender Traum:
Ich sah ein rosiges Mädchenbild,
Den Busen ein rosiges Mieder umhüllt.

Sie gab mir was Hübsches, recht goldig und weich;
Ich trug's in ein goldenes Häuschen sogleich.
Im Häuschen da geht es gar wunderlich bunt,
Da dreht sich ein Völkchen in zierlicher Rund.

Da tanzen zwölf Tänzer, ohn Ruh und Rast,
Sie haben sich fest bei den Händen gefaßt;
Und wenn ein Tanz zu enden begann,
So fängt ein andrer von vorne an.

Und es summt mir ins Ohr die Tanzmusik:
»Die schönste der Stunden kehrt nimmer zurück,
Dein ganzes Leben war nur ein Traum,
Und diese Stunde ein Traum im Traum.« —

Der Traum war aus, der Morgen graut,
Mein Auge schnell nach der Rose schaut —
O weh! statt des glühenden Fünkleins steckt
Im Kelche der Rose ein kaltes Insekt.

DIE SCHLESISCHEN WEBER

Im düstern Auge keine Träne,
Sie sitzen am Webstuhl und fletschen die Zähne:
Deutschland, wir weben dein Leichentuch,
Wir weben hinein den dreifachen Fluch —
Wir weben, wir weben!

Ein Fluch dem Gotte, zu dem wir gebeten
In Winterskälte und Hungersnöten;
Wir haben vergebens gehofft und geharrt,
Er hat uns geäfft und gefoppt und genarrt —
Wir weben, wir weben!

Ein Fluch dem König, dem König der Reichen,
Den unser Elend nicht konnte erweichen,
Der den letzten Groschen von uns erpreßt
Und uns wie Hunde erschießen läßt —
Wir weben, wir weben!

Ein Fluch dem falschen Vaterlande,
Wo nur gedeihen Schmach und Schande,
Wo jede Blume früh geknickt,
Wo Fäulnis und Moder den Wurm erquickt —
Wir weben, wir weben!

Das Schiffchen fliegt, der Webstuhl kracht,
Wir weben emsig Tag und Nacht —
Altdeutschland, wir weben dein Leichentuch,
Wir weben hinein den dreifachen Fluch,
Wir weben, wir weben!

DIE WANDERRATTEN

Es gibt zwei Sorten Ratten:
Die hungrigen und satten.
Die satten bleiben vergnügt zu Haus,
Die hungrigen aber wandern aus.

Sie wandern viel tausend Meilen,
Ganz ohne Rasten und Weilen,
Gradaus in ihrem grimmigen Lauf,
Nicht Wind noch Wetter hält sie auf.

Sie klimmen wohl über die Höhen,
Sie schwimmen wohl durch die Seen;
Gar manche ersäuft oder bricht das Genick,
Die lebenden lassen die toten zurück.

Es haben diese Käuze
Gar fürchterliche Schnäuze;
Sie tragen die Köpfe geschoren egal,
Ganz radikal, ganz rattenkahl.

Die radikale Rotte
Weiß nichts von einem Gotte.
Sie lassen nicht taufen ihre Brut,
Die Weiber sind Gemeindegut.

Der sinnliche Rattenhaufen,
Er will nur fressen und saufen,
Er denkt nicht, während er säuft und frißt,
Daß unsre Seele unsterblich ist.

So eine wilde Ratze,
Die fürchtet nicht Hölle, nicht Katze;
Sie hat kein Gut, sie hat kein Geld
Und wünscht aufs neue zu teilen die Welt.

Die Wanderratten, o wehe!
Sie sind schon in der Nähe,
Sie rücken heran, ich höre schon
Ihr Pfeifen — die Zahl ist Legion.

O wehe! wir sind verloren,
Sie sind schon vor den Toren!
Der Bürgermeister und Senat,
Sie schütteln die Köpfe, und keiner weiß Rat.

Die Bürgerschaft greift zu den Waffen,
Die Glocken läuten die Pfaffen.
Gefährdet ist das Palladium
Des sittlichen Staats, das Eigentum.

Nicht Glockengeläute, nicht Pfaffengebete,
Nicht hochwohlweise Senatsdekrete,
Auch nicht Kanonen, viel Hundertpfünder,
Sie helfen euch heute, ihr lieben Kinder!

Heut' helfen euch nicht die Wortgespinste
Der abgelebten Redekünste.
Man fängt nicht Ratten mit Syllogismen,
Sie springen über die feinsten Sophismen.

Im hungrigen Magen Eingang finden
Nur Suppenlogik mit Knödelgründen,
Nur Argumente von Rinderbraten,
Begleitet mit Göttinger Wurstzitaten.

Ein schweigender Stockfisch, in Butter gesotten,
Behaget den radikalen Rotten
Viel besser als ein Mirabeau
Und alle Redner seit Cicero.

DOKTRIN

Schlage die Trommel und fürchte dich nicht,
und küsse die Marketenderin!
Das ist die ganze Wissenschaft,
das ist der Bücher tiefster Sinn.

Trommle die Leute aus dem Schlaf,
trommle Reveille mit Jugendkraft,
marschiere trommelnd immer voran,
das ist die ganze Wissenschaft.

Das ist die Hegelsche Philosophie,
das ist der Bücher tiefster Sinn.
Ich hab' sie begriffen, weil ich gescheit
und weil ich ein guter Tambour bin.

Du bist wie eine Blume,
so hold und schön und rein;
ich schau' dich an, und Wehmut
schleicht mir ins Herz hinein.

Mir ist, als ob ich die Hände
aufs Haupt dir legen sollt',
betend, daß Gott dich erhalte
so rein und schön und hold.

Annette von Droste-Hülshoff
1797–1848

IM GRASE

Süße Ruh, süßer Taumel im Gras,
Von des Krautes Arome umhaucht,
Tiefe Flut, tief tief trunkne Flut,
Wenn die Wolk am Azure verraucht,
Wenn aufs müde, schwimmende Haupt
Süßes Lachen gaukelt herab,
Liebe Stimme säuselt und träuft
Wie die Lindenblüt auf ein Grab.

Wenn im Busen die Toten dann,
Jede Leiche sich streckt und regt,
Leise, leise den Odem zieht,
Die geschloßne Wimper bewegt,
Tote Lieb, tote Lust, tote Zeit,
All die Schätze, im Schutt verwühlt,
Sich berühren mit schüchternem Klang
Gleich den Glöckchen, vom Winde umspielt.

Stunden, flücht'ger ihr als der Kuß
Eines Strahls auf den trauernden See,
Als des ziehenden Vogels Lied,
Das mir niederperlt aus der Höh,
Als des schillernden Käfers Blitz,
Wenn den Sonnenpfad er durcheilt,
Als der heiße Druck einer Hand,
Die zum letzten Male verweilt.

Dennoch, Himmel, immer mir nur,
Dieses eine mir: für das Lied

Jedes freien Vogels im Blau
Eine Seele, die mit mir zieht,
Nur für jeden kärglichen Strahl
Meinen farbig schillernden Saum,
Jeder warmen Hand mein Druck
Und für jedes Glück meinen Traum.

DURCHWACHTE NACHT

Wie sank die Sonne glüh und schwer,
Und aus versengter Welle dann
Wie wirbelte der Nebel Heer
Die sternenlose Nacht heran! —
Ich höre ferne Schritte gehn —
Die Uhr schlägt zehn.

Noch ist nicht alles Leben eingenickt,
Der Schlafgemächer letzte Türen knarren;
Vorsichtig in der Rinne Bauch gedrückt,
Schlüpft noch der Iltis an des Giebels Sparren,
Die schlummertrunkne Färse murrend nickt,
Und fern im Stalle dröhnt des Rosses Scharren,
Sein müdes Schnauben, bis, vom Mohn getränkt,
Sich schlaff die regungslose Flanke senkt.

Betäubend gleitet Fliederhauch
Durch meines Fensters offnen Spalt,
Und an der Scheibe grauem Rauch
Der Zweige wimmelnd Neigen wallt.
Matt bin ich, matt wie die Natur! —
Elf schlägt die Uhr.

O wunderliches Schlummerwachen, bist
Der zarten Nerve Fluch du oder Segen? —
's ist eine Nacht, vom Taue wach geküßt,
Das Dunkel fühl ich kühl wie feinen Regen
An meine Wangen gleiten, das Gerüst
Des Vorhangs scheint sich schaukelnd zu bewegen,
Und dort das Wappen an der Decke Gips
Schwimmt sachte mit dem Schlängeln des Polyps.

Wie mir das Blut im Hirne zuckt!
Am Söller geht Geknister um,
Im Pulte raschelt es und ruckt,
Als drehe sich der Schlüssel um.
Und — horch! der Seiger hat gewacht!
's ist Mitternacht.

War das ein Geisterlaut? So schwach und leicht
Wie kaum berührten Glases schwirrend Klingen,
Und wieder wie verhaltnes Weinen steigt
Ein langer Klageton aus den Syringen,
Gedämpfter, süßer nun, wie tränenfeucht
Und selig kämpft verschämter Liebe Ringen —
O Nachtigall, das ist kein wacher Sang,
Ist nur im Traum gelöster Seele Drang.

Da kollert's nieder vom Gestein!
Des Turmes morsche Trümmer fällt,
Das Käuzlein knackt und hustet drein;
Ein jäher Windesodem schwellt
Gezweig und Kronenschmuck des Hains —
Die Uhr schlägt eins.

Und drunten das Gewölke rollt und klimmt;
Gleich einer Lampe aus dem Hünenmale

Hervor des Mondes Silbergondel schwimmt,
Verzitternd auf der Gasse blauem Stahle;
An jedem Fliederblatt ein Fünkchen glimmt,
Und hell gezeichnet von dem blassen Strahle
Legt auf mein Lager sich des Fensters Bild,
Vom schwanken Laubgewimmel überhüllt.

Jetzt möcht ich schlafen, schlafen gleich,
Entschlafen unterm Mondeshauch,
Umspielt vom flüsternden Gezweig,
Im Blute Funken, Funk im Strauch
Und mir im Ohre Melodei —
Die Uhr schlägt zwei.

Und immer heller wird der süße Klang,
Das liebe Lachen; es beginnt zu ziehen
Gleich Bildern von Daguerre die Deck entlang,
Die aufwärts steigen mit des Pfeiles Fliehen;
Mir ist, als seh ich lichter Locken Hang,
Gleich Feuerwürmern seh ich Augen glühen,
Dann werden feucht sie, werden blau und lind,
Und mir zu Füßen sitzt ein schönes Kind.

Es sieht empor, so fromm gespannt,
Die Seele strömend aus dem Blick;
Nun hebt es gaukelnd seine Hand,
Nun zieht es lachend sie zurück;
Und — horch! des Hahnes erster Schrei —
Die Uhr schlägt drei.

Wie bin ich aufgeschreckt — o süßes Bild,
Du bist dahin, zerflossen mit dem Dunkel!
Die unerfreulich graue Dämmrung quillt,

Verloschen ist des Flieders Taugefunkel,
Verrostet steht des Mondes Silberschild,
Im Walde gleitet ängstliches Gemunkel,
Und meine Schwalbe an des Frieses Saum
Zirpt leise, leise auf im schweren Traum.

Der Tauben Schwärme kreisen scheu,
Wie trunken in des Hofes Rund,
Und wieder gellt des Hahnes Schrei,
Auf seiner Streue rückt der Hund,
Und langsam knarrt des Stalles Tür —
Die Uhr schlägt vier.

Da flammt's im Osten auf — o Morgenglut!
Sie steigt, sie steigt, und mit dem ersten Strahle
Strömt Wald und Heide vor Gesangesflut,
Das Leben quillt aus schäumendem Pokale,
Es klirrt die Sense, flattert Falkenbrut,
Im nahen Forste schmettern Jagdsignale,
Und wie ein Gletscher sinkt der Träume Land
Zerrinnend in des Horizontes Brand.

AM TURME

Ich steh auf hohem Balkone am Turm,
Umstrichen vom schreienden Stare,
Und lass' gleich einer Mänade den Sturm
Mir wühlen im flatternden Haare;
O wilder Geselle, o toller Fant,
Ich möchte dich kräftig umschlingen

Und, Sehne an Sehne, zwei Schritte am Rand
Auf Tod und Leben dann ringen!

Und drunten seh ich am Strand, so frisch
Wie spielende Doggen, die Wellen
Sich tummeln rings mit Geklaff und Gezisch
Und glänzende Flocken schnellen.
Oh, springen möcht ich hinein alsbald,
Recht in die tobende Meute,
Und jagen durch den korallenen Wald
Das Walroß, die lustige Beute!

Und drüben seh ich ein Wimpel wehn
So keck wie eine Standarte,
Seh auf und nieder den Kiel sich drehn
Von meiner luftigen Warte;
Oh, sitzen möcht ich im kämpfenden Schiff,
Das Steuerruder ergreifen
Und zischend über das brandende Riff
Wie eine Seemöwe streifen.

Wär ich ein Jäger auf freier Flur,
Ein Stück nur von einem Soldaten,
Wär ich ein Mann doch mindestens nur,
So würde der Himmel mir raten;
Nun muß ich sitzen so fein und klar,
Gleich einem artigen Kinde,
Und darf nur heimlich lösen mein Haar
Und lassen es flattern im Winde!

IM MOOSE

Als jüngst die Nacht dem sonnenmüden Land
Der Dämmrung leise Boten hat gesandt,
Da lag ich einsam noch in Waldes Moose.
Die dunklen Zweige nickten so vertraut,
An meiner Wange flüsterte das Kraut,
Unsichtbar duftete die Heiderose.

Und flimmern sah ich durch der Linde Raum
Ein mattes Licht, das im Gezweig der Baum
Gleich einem mächt'gen Glühwurm schien zu tragen,
Es sah so dämmernd wie ein Traumgesicht,
Doch wußte ich, es war der Heimat Licht,
In meiner eignen Kammer angeschlagen.

Ringsum so still, daß ich vernahm im Laub
Der Raupe Nagen, und wie grüner Staub
Mich leise wirbelnd Blätterflöckchen trafen.
Ich lag und dachte, ach, so manchem nach,
Ich hörte meines eignen Herzens Schlag,
Fast war es mir, als sei ich schon entschlafen.

Gedanken tauchten aus Gedanken auf,
Das Kinderspiel, der frischen Jahre Lauf,
Gesichter, die mir lange fremd geworden;
Vergeßne Töne summten um mein Ohr,
Und endlich trat die Gegenwart hervor,
Da stand die Welle, wie an Ufers Borden.

Dann, gleich dem Bronnen, der verrinnt im Schlund
Und drüben wieder sprudelt aus dem Grund,
So stand ich plötzlich in der Zukunft Lande;

Ich sah mich selber, gar gebückt und klein,
Geschwächten Auges, am ererbten Schrein
Sorgfältig ordnen staub'ge Liebespfande.

Die Bilder meiner Lieben sah ich klar,
In einer Tracht, die jetzt veraltet war,
Mich sorgsam lösen aus verblichnen Hüllen,
Löckchen, vermorscht, zu Staub zerfallen schier,
Sah über die gefurchte Wange mir
Langsam herab die karge Träne quillen.

Und wieder an des Friedhofs Monument,
Dran Namen standen, die mein Lieben kennt,
Da lag ich betend, mit gebrochnen Knien,
Und — horch, die Wachtel schlug! kühl strich der Hauch —
Und noch zuletzt sah ich, gleich einem Rauch,
Mich leise in der Erde Poren ziehen.

Ich fuhr empor und schüttelte mich dann,
Wie einer, der dem Scheintod erst entrann,
Und taumelte entlang die dunklen Hage,
Noch immer zweifelnd, ob der Stern am Rain
Sei wirklich meiner Schlummerlampe Schein
Oder das ew'ge Licht am Sarkophage.

LOCKE UND LIED

Meine Lieder sandte ich dir,
Meines Herzens strömende Quellen,
Deine Locke sandtest du mir,
Deines Hauptes ringelnde Wellen;
Hauptes Welle und Herzens Flut,
Sie zogen einander vorüber:
Haben sie nicht im Kusse geruht?
Schoß nicht ein Leuchten darüber?

Und du klagtest: verblichen sei
Die Farbe der wandernden Zeichen;
Scheiden tut weh, mein Liebchen, ei,
Die Scheidenden dürfen erbleichen;
Warst du blaß nicht, zitternd und kalt,
Als ich von dir mich gerissen?
Blicke sie an, du Milde, und bald,
Bald werden den Herrn sie nicht missen.

Auch deine Locke hat sich gestreckt,
Verdrossen, gleich schlafendem Kinde,
Doch ich hab sie mit Küssen geweckt,
Hab sie gestreichelt so linde,
Ihr geflüstert von unserer Treu,
Sie geschlungen um deine Kränze,
Und nun ringelt sie sich aufs neu
Wie eine Rebe im Lenze.

Wenig Wochen, dann grünet der Stamm,
Hat Sonnenschein sich ergossen,
Und wir sitzen am rieselnden Damm,
Die Händ ineinander geschlossen,

Schaun in die Welle und schaun in das Aug
Uns wieder und wieder und lachen,
Und Bekanntschaft möge dann auch
Die Lock und der Liederstrom machen.

DAS SPIEGELBILD

Schaust du mich an aus dem Kristall
Mit deiner Augen Nebelball,
Kometen gleich, die im Verbleichen;
Mit Zügen, worin wunderlich
Zwei Seelen wie Spione sich
Umschleichen, ja, dann flüstre ich:
Phantom, du bist nicht meinesgleichen!

Bist nur entschlüpft der Träume Hut,
Zu eisen mir das warme Blut,
Die dunkle Locke mir zu blassen;
Und dennoch, dämmerndes Gesicht,
Drin seltsam spielt ein Doppellicht,
Trätest du vor, ich weiß es nicht,
Würd ich dich lieben oder hassen?

Zu deiner Stirne Herrscherthron,
Wo die Gedanken leisten Fron
Wie Knechte, würd ich schüchtern blicken;
Doch vor des Auges kaltem Glast,
Voll toten Lichts, gebrochen fast,
Gespenstig, würd, ein scheuer Gast,
Weit, weit ich meinen Schemel rücken.

Und was den Mund umspielt so lind,
So weich und hülflos wie ein Kind,
Das möcht in treue Hut ich bergen;
Und wieder, wenn er höhnend spielt,
Wie von gespanntem Bogen zielt,
Wenn leis es durch die Züge wühlt,
Dann möcht ich fliehen wie vor Schergen.

Es ist gewiß, du bist nicht ich,
Ein fremdes Dasein, dem ich mich
Wie Moses nahe, unbeschuhet,
Voll Kräfte, die mir nicht bewußt,
Voll fremden Leides, fremder Lust;
Gnade mir Gott, wenn in der Brust
Mir schlummernd deine Seele ruhet!

Und dennoch fühl ich, wie verwandt,
Zu deinen Schauern mich gebannt,
Und Liebe muß der Furcht sich einen.
Ja, trätest aus Kristalles Rund,
Phantom, du lebend auf den Grund,
Nur leise zittern würd ich, und
Mich dünkt — ich würde um dich weinen!

AN LEVIN SCHÜCKING

Kein Wort, und wär es scharf wie Stahles Klinge,
Soll trennen, was in tausend Fäden eins,
So mächtig kein Gedanke, daß er dringe
Vergällend in den Becher reinen Weins;
Das Leben ist so kurz, das Glück so selten,
So großes Kleinod, einmal sein statt gelten!

Hat das Geschick uns, wie in frevlem Witze,
Auf feindlich starre Pole gleich erhöht,
So wisse, dort, dort auf der Scheidung Spitze
Herrscht, König über alle, der Magnet,
Nicht fragt er, ob ihn Fels und Strom gefährde,
Ein Strahl fährt mitten er durchs Herz der Erde.

Blick in mein Auge — ist es nicht das deine,
Ist nicht mein Zürnen selber deinem gleich?
Du lächelst — und dein Lächeln ist das meine,
An gleicher Lust und gleichem Sinnen reich;
Worüber alle Lippen freundlich scherzen,
Wir fühlen heil'ger es im eignen Herzen.

Pollux und Kastor — wechselnd Glühn und Bleichen,
Des einen Licht geraubt dem andern nur,
Und doch der allerfrömmsten Treue Zeichen. —
So reiche mir die Hand, mein Dioskur!
Und mag erneuern sich die holde Mythe,
Wo überm Helm die Zwillingsflamme glühte.

DIE TOTE LERCHE

Ich stand an deines Landes Grenzen,
An deinem grünen Saatenwald,
Und auf des ersten Strahles Glänzen
Ist dein Gesang herabgewallt.
Der Sonne schwirrtest du entgegen,
Wie eine Mücke nach dem Licht;
Dein Lied war wie ein Blütenregen,
Dein Flügelschlag wie ein Gedicht.

Da war es mir, als müsse ringen
Ich selber nach dem jungen Tag,
Als horch ich meinem eignen Singen
Und meinem eignen Flügelschlag;
Die Sonne sprühte glühe Funken,
In Flammen brannte mein Gesicht;
Ich selber taumelte wie trunken,
Wie eine Mücke nach dem Licht.

Da plötzlich sank und sank es nieder,
Gleich toter Kohle in die Saat,
Noch zucken sah ich kleine Glieder
Und bin erschrocken dann genaht;
Dein letztes Lied, es war verklungen;
Du lagst, ein armer kalter Rest,
Am Strahl verflattert und versungen
Bei deinem halbgebauten Nest.

Ich möchte Tränen um dich weinen,
Wie sie das Weh vom Herzen drängt,
Denn auch mein Leben wird verscheinen,
Ich fühl's, versungen und versengt;

Dann du, mein Leib, ihr armen Reste,
Dann nur ein Grab auf grüner Flur
Und nah nur, nah bei meinem Neste,
In meiner stillen Heimat nur!

DIE TAXUSWAND

Ich stehe gern vor dir,
Du Fläche schwarz und rauh,
Du schartiges Visier
Vor meines Liebsten Brau,
Gern mag ich vor dir stehen,
Wie vor grundiertem Tuch,
Und drüber gleiten sehen
Den bleichen Krönungszug;

Als mein die Krone hier,
Von Händen, die nun kalt;
Als man gesungen mir
In Weisen, die nun alt;
Vorhang am Heiligtume,
Mein Paradiesestor,
Dahinter alles Blume,
Und alles Dorn davor.

Denn jenseits weiß ich sie,
Die grüne Gartenbank,
Wo ich das Leben früh
Mit glühen Lippen trank,
Als mich mein Haar umwallte
Noch golden wie ein Strahl,

Als noch mein Ruf erschallte,
Ein Hornstoß, durch das Tal.

Das zarte Efeureis,
So Liebe pflegte dort,
Sechs Schritte — und ich weiß,
Ich weiß dann, daß es fort.
So will ich immer schleichen
Nur an dein dunkles Tuch
Und achtzehn Jahre streichen
Aus meinem Lebensbuch.

Du starrtest damals schon
So düster treu wie heut,
Du, unsrer Liebe Thron
Und Wächter manche Zeit;
Man sagt, daß Schlaf, ein schlimmer,
Dir aus den Nadeln raucht —
Ach, wacher war ich nimmer,
Als rings von dir umhaucht!

Nun aber bin ich matt
Und möcht an deinem Saum
Vergleiten wie ein Blatt,
Geweht vom nächsten Baum;
Du lockst mich wie ein Hafen,
Wo alle Stürme stumm:
O, schlafen möcht ich, schlafen,
Bis meine Zeit herum!

LETZTE WORTE

Geliebte, wenn mein Geist geschieden,
So weint mir keine Träne nach;
Denn, wo ich weile, dort ist Frieden,
Dort leuchtet mir ein ew'ger Tag!

Wo aller Erdengram verschwunden,
Soll euer Bild mir nicht vergehn,
Und Linderung für eure Wunden,
Für euern Schmerz will ich erflehn.

Weht nächtlich seine Seraphsflügel
Der Friede übers Weltenreich,
So denkt nicht mehr an meinen Hügel,
Denn von den Sternen grüß ich euch!

August Heinrich Hoffmann von Fallersleben
1798–1874

DAS LIED DER DEUTSCHEN

Deutschland, Deutschland über alles,
Über alles in der Welt,
Wenn es stets zu Schutz und Trutze
Brüderlich zusammenhält;
Von der Maas bis an die Memel,
Von der Etsch bis an den Belt:
Deutschland, Deutschland über alles,
Über alles in der Welt!

Deutsche Frauen, deutsche Treue,
Deutscher Wein und deutscher Sang
Sollen in der Welt behalten
Ihren alten, schönen Klang,
Uns zu edler Tat begeistern
Unser ganzes Leben lang:
Deutsche Frauen, deutsche Treue,
Deutscher Wein und deutscher Sang!

Einigkeit und Recht und Freiheit
Für das deutsche Vaterland!
Danach laßt uns alle streben
Brüderlich mit Herz und Hand!
Einigkeit und Recht und Freiheit
Sind des Glückes Unterpfand:
Blüh im Glanze dieses Glückes,
Blühe, deutsches Vaterland!

RÄTSEL

Ein Männlein steht im Walde
ganz still und stumm,
es hat von lauter Purpur
ein Mäntlein um.
Sagt, wer mag das Männlein sein,
das da steht im Wald allein
mit dem purpurroten Mäntelein?

Das Männlein steht im Walde
auf einem Bein
und hat auf seinem Haupte
schwarz Käpplein klein.
Sagt, wer mag das Männlein sein,
das da steht im Wald allein
mit dem kleinen, schwarzen Käppelein?

SEHNSUCHT NACH DEM FRÜHLING

O wie ist es kalt geworden
Und so traurig, öd und leer!
Rauhe Winde wehn von Norden,
Und die Sonne scheint nicht mehr.

Auf die Berge möcht ich fliegen,
Möchte sehn ein grünes Tal,
Möcht in Gras und Blumen liegen
Und mich freun am Sonnenstrahl;

Möchte hören die Schalmeien
Und der Herden Glockenklang,
Möchte freuen mich im Freien
An der Vögel süßem Sang.

Schöner Frühling, komm doch wieder,
Lieber Frühling komm doch bald,
Bring uns Blumen, Laub und Lieder,
Schmücke wieder Feld und Wald!

Ja, du bist uns treu geblieben,
Kommst nun bald in Pracht und Glanz,
Bringst nun bald all deinen Lieben
Sang und Freude, Spiel und Tanz.

DAS LIED VOM MONDE

Wer hat die schönsten Schäfchen?
Die hat der goldne Mond,
Der hinter unsern Bäumen
Am Himmel droben wohnt.

Er kommt am späten Abend,
Wenn alles schlafen will,
Hervor aus seinem Hause
Zum Himmel leis und still.

Dann weidet er die Schäfchen
Auf seiner blauen Flur;
Denn all die weißen Sterne
Sind seine Schäfchen nur.

Sie tun sich nichts zuleide,
Hat eins das andre gern,
Und Schwestern sind und Brüder
Da droben Stern an Stern.

Und soll ich dir eins bringen,
So darfst du niemals schrein,
Mußt freundlich wie die Schäfchen
Und wie ihr Schäfer sein!

WETTSTREIT

Der Kuckuck und der Esel,
Die hatten großen Streit,
Wer wohl am besten sänge
Zur schönen Maienzeit.

Der Kuckuck sprach: »Das kann ich!«
Und hub gleich an zu schrein.
»Ich aber kann es besser!«
Fiel gleich der Esel ein.

Das klang so schön und lieblich,
So schön von fern und nah;
Sie sangen alle beide:
Kuku kuku ia!

FRÜHLINGS ANKUNFT

Alle Vögel sind schon da,
Alle Vögel, alle!
Welch ein Singen, Musiziern,
Pfeifen, Zwitschern, Tireliern!
Frühling will nun einmarschiern,
Kommt mit Sang und Schalle.

Wie sie alle lustig sind,
Flink und froh sich regen!
Amsel, Drossel, Fink und Star,
Und die ganze Vogelschar
Wünschet uns ein frohes Jahr,
Lauter Heil und Segen.

Was sie uns verkündet nun,
Nehmen wir zu Herzen:
Wir auch wollen lustig sein,
Lustig wie die Vögelein,
Hier und dort, feldaus, feldein
Singen, springen, scherzen!

FRÜHLINGSBOTSCHAFT

Kuckuck, Kuckuck ruft aus dem Wald:
Lasset uns singen,
Tanzen und springen!
Frühling, Frühling wird es nun bald.

Kuckuck, Kuckuck läßt nicht sein Schrei'n:
Komm in die Felder,

Wiesen und Wälder!
Frühling, Frühling, stelle dich ein.

Kuckuck, Kuckuck, trefflicher Held!
Was du gesungen,
Ist dir gelungen:
Winter, Winter räumet das Feld.

DER WEIHNACHTSMANN

Morgen kommt der Weihnachtsmann,
kommt mit seinen Gaben.
Trommel, Pfeifen und Gewehr,
Fahn' und Säbel und noch mehr,
ja ein ganzes Kriegesheer
möcht' ich gerne haben.

Bring uns, lieber Weihnachtsmann,
bring auch morgen, bringe
Musketier und Grenadier,
Zottelbär und Panthertier,
Roß und Esel, Schaf und Stier,
lauter schöne Dinge!

Doch du weißt ja unsern Wunsch,
kennst ja unsre Herzen.
Kinder, Vater und Mama,
auch sogar der Großpapa,
alle, alle sind wir da,
warten dein mit Schmerzen.

WINTERS ABSCHIED

Winter, ade!
Scheiden tut weh.
Aber dein Scheiden macht,
Daß jetzt mein Herze lacht.
Winter, ade!
Scheiden tut weh.

Winter, ade!
Scheiden tut weh.
Gerne vergeß ich dein,
Kannst immer ferne sein.
Winter, ade!
Scheiden tut weh.

Winter, ade!
Scheiden tut weh.
Gehst du nicht bald nach Haus,
Lacht dich der Kuckuck aus.
Winter, ade!
Scheiden tut weh.

DAS ÄHRENFELD

Ein Leben war's im Ährenfeld
Wie sonst wohl nirgend auf der Welt:
Musik und Kirmes weit und breit
Und lauter Lust und Fröhlichkeit.

Die Grillen zirpten früh am Tag
Und luden ein zum Zechgelag:
Hier ist es gut, herein! herein!
Hier schenkt man Tau und Blütenwein.

Der Käfer kam mit seiner Frau,
Trank hier ein Mäßlein kühlen Tau,
Und wo nur winkt' ein Blümelein,
Da kehrte gleich das Bienchen ein.

Den Fliegen war die Zeit nicht lang,
Sie summten manchen frohen Sang.
Die Mücken tanzten ihren Reihn
Wohl auf und ab im Sonnenschein.

Das war ein Leben rings umher,
Als ob es ewig Kirmes wär.
Die Gäste zogen aus und ein
Und ließen sich's gar wohl dort sein.

Wie aber geht es in der Welt?
Heut ist gemäht das Ährenfeld,
Zerstöret ist das schöne Haus,
Und hin ist Kirmes, Tanz und Schmaus.

Luise Hensel
1798–1876

MÜDE BIN ICH

Müde bin ich, geh' zur Ruh',
schließe beide Äuglein zu;
Vater, laß die Augen dein
Über meinem Bette sein!

Hab ich Unrecht heut getan,
sieh es, lieber Gott, nicht an!
Deine Gnad' und Jesu Blut
macht ja allen Schaden gut.

Alle, die mir sind verwandt,
Gott, laß ruhn in deiner Hand.
Alle Menschen, groß und klein,
sollen dir befohlen sein.

Kranken Herzen sende Ruh,
nasse Augen schließe zu;
laß den Mond am Himmel stehn
und die stille Welt besehn.

Wilhelm Hauff
1802–1827

REITERS MORGENLIED
Nach einem schwäbischen Volkslied

Morgenrot,
Leuchtest mir zum frühen Tod?
Bald wird die Trompete blasen,
Dann muß ich mein Leben lassen,
Ich und mancher Kamerad!

Kaum gedacht,
War der Lust ein End gemacht!
Gestern noch auf stolzen Rossen,
Heute durch die Brust geschossen,
Morgen in das kühle Grab!

Ach, wie bald
Schwindet Schönheit und Gestalt!
Tust du stolz mit deinen Wangen,
Die wie Milch und Purpur prangen?
Ach, die Rosen welken all!

Darum still
Füg ich mich, wie Gott es will.
Nun, so will ich wacker streiten,
Und sollt ich den Tod erleiden,
Stirbt ein braver Reitersmann.

Nikolaus Lenau
1802–1850

LIEBESFEIER

An ihren bunten Liedern klettert
Die Lerche selig in die Luft;
Ein Jubelchor von Sängern schmettert
Im Walde voller Blüt und Duft.

Da sind, so weit die Blicke gleiten,
Altäre festlich aufgebaut,
Und all die tausend Herzen läuten
Zur Liebesfeier dringend laut.

Der Lenz hat Rosen angezündet
An Leuchtern von Smaragd im Dom;
Und jede Seele schwillt und mündet
Hinüber in den Opferstrom.

SCHILFLIEDER

1

Drüben geht die Sonne scheiden,
Und der müde Tag entschlief.
Niederhangen hier die Weiden
In den Teich, so still, so tief.

Und ich muß mein Liebstes meiden:
Quill, o Träne, quill hervor!

Traurig säuseln hier die Weiden,
Und im Winde bebt das Rohr.

In mein stilles, tiefes Leiden
Strahlst du, Ferne! hell und mild,
Wie durch Binsen hier und Weiden
Strahlt des Abendsternes Bild.

2

Trübe wird's, die Wolken jagen,
Und der Regen niederbricht,
Und die lauten Winde klagen:
»Teich, wo ist dein Sternenlicht?«

Suchen den erloschnen Schimmer
Tief im aufgewühlten See.
Deine Liebe lächelt nimmer
Nieder in mein tiefes Weh!

3

Auf geheimem Waldespfade
Schleich' ich gern im Abendschein
An das öde Schilfgestade,
Mädchen, und gedenke dein!

Wenn sich dann der Busch verdüstert,
Rauscht das Rohr geheimnisvoll,
Und es klaget und es flüstert,
Daß ich weinen, weinen soll.

Und ich mein', ich höre wehen
Leise deiner Stimme Klang

Und im Weiher untergehen
Deinen lieblichen Gesang.

4

Sonnenuntergang;
Schwarze Wolken ziehn,
O wie schwül und bang
Alle Winde fliehn!

Durch den Himmel wild
Jagen Blitze, bleich;
Ihr vergänglich Bild
Wandelt durch den Teich.

Wie gewitterklar
Mein' ich dich zu sehn
Und dein langes Haar
Frei im Sturme wehn!

5

Auf dem Teich, dem regungslosen,
Weilt des Mondes holder Glanz,
Flechtend seine bleichen Rosen
In des Schilfes grünen Kranz.

Hirsche wandeln dort am Hügel,
Blicken in die Nacht empor;
Manchmal regt sich das Geflügel
Träumerisch im tiefen Rohr.

Weinend muß mein Blick sich senken;
Durch die tiefste Seele geht
Mir ein süßes Deingedenken
Wie ein stilles Nachtgebet!

DIE DREI ZIGEUNER

Drei Zigeuner fand ich einmal
Liegen an einer Weide,
Als mein Fuhrwerk mit müder Qual
Schlich durch sandige Heide.

Hielt der eine für sich allein
In den Händen die Fiedel,
Spielte, umglüht vom Abendschein,
Sich ein feuriges Liedel.

Hielt der zweite die Pfeif im Mund,
Blickte nach seinem Rauche,
Froh, als ob er vom Erdenrund
Nichts zum Glücke mehr brauche.

Und der dritte behaglich schlief,
Und sein Zimbal am Baum hing,
Über die Saiten der Windhauch lief,
Über sein Herze ein Traum ging.

An den Kleidern trugen die drei
Löcher und bunte Flicken,
Aber sie boten trotzig frei
Spott den Erdengeschicken.

Dreifach haben sie mir gezeigt,
Wenn das Leben uns nachtet,
Wie man's verraucht, verschläft, vergeigt
Und es dreimal verachtet.

Nach den Zigeunern lang noch schaun
Mußt ich im Weiterfahren,
Nach den Gesichtern dunkelbraun,
Den schwarzlockigen Haaren.

BITTE

Weil' auf mir, du dunkles Auge,
Übe deine ganze Macht,
Ernste, milde, träumerische,
Unergründlich süße Nacht!

Nimm mit deinem Zauberdunkel
Diese Welt von hinnen mir,
Daß du über meinem Leben
Einsam schwebest für und für.

BLICK IN DEN STROM

Sahst du ein Glück vorübergehn,
Das nie sich wiederfindet,
Ist's gut, in einen Strom zu sehn,
Wo alles wogt und schwindet.

Oh, starre nur hinein, hinein;
Du wirst es leichter missen,
Was dir, und soll's dein Liebstes sein,
Vom Herzen ward gerissen.

Blick unverwandt hinab zum Fluß,
Bis deine Tränen fallen,
Und sieh durch ihren warmen Guß
Die Flut hinunterwallen.

Hinträumend wird Vergessenheit
Des Herzens Wunde schließen;
Die Seele sieht mit ihrem Leid
Sich selbst vorüberfließen.

AN DIE ENTFERNTE

Diese Rose pflück' ich hier,
in der fremden Ferne;
liebes Mädchen, dir, ach dir
brächt' ich sie so gerne!

Doch bis ich zu dir mag ziehn
viele weite Meilen,
ist die Rose längst dahin,
denn die Rosen eilen.

Nie soll weiter sich ins Land
Lieb' von Liebe wagen,
als sich blühend in der Hand
läßt die Rose tragen;

oder als die Nachtigall
Halme bringt zum Neste,
oder als ihr süßer Schall
wandert mit dem Weste.

DER SCHWERE ABEND

Die dunkeln Wolken hingen
herab so bang und schwer,
wir beide traurig gingen
im Garten hin und her.

So heiß und stumm, so trübe
und sternlos war die Nacht,

so ganz wie unsre Liebe
zu Tränen nur gemacht.

Und als ich mußte scheiden
und gute Nacht dir bot,
wünscht' ich bekümmert beiden
im Herzen uns den Tod.

DER LENZ

Da kommt der Lenz, der schöne Junge,
den alles lieben muß,
herein mit einem Freudensprunge
und lächelt seinen Gruß;

und schickt sich gleich mit frohem Necken
zu all den Streichen an,
die er auch sonst dem alten Recken,
dem Winter, angetan.

Er gibt sie frei, die Bächlein alle,
wie auch der Alte schilt,
die er in seiner Eisesfalle
so streng gefangen hielt.

Schön ziehn die Wellen flink von dannen
mit Tänzen und Geschwätz
und spötteln über des Tyrannen
zerronnenes Gesetz.

Den Jüngling freut es, wie die raschen
hinlärmen durchs Gefild
und wie sie scherzend sich enthaschen
sein aufgeblühtes Bild.

Froh lächelt seine Mutter Erde
nach ihrem langen Harm;
sie schlingt mit jubelnder Gebärde
das Söhnlein in den Arm.

DER POSTILLION

Lieblich war die Maiennacht,
Silberwölklein flogen,
Ob der holden Frühlingspracht
Freudig hingezogen.

Schlummernd lagen Wies und Hain,
Jeder Pfad verlassen;
Niemand als der Mondenschein
Wachte auf der Straßen.

Leise nur das Lüftchen sprach,
Und es zog gelinder
Durch das stille Schlafgemach
All der Frühlingskinder.

Heimlich nur das Bächlein schlich;
Denn der Blüten Träume
Dufteten gar wonniglich
Durch die stillen Räume.

Rauher war mein Postillion,
Ließ die Geißel knallen,
Über Berg und Tal davon
Frisch sein Horn erschallen.

Und von flinken Rossen vier
Scholl der Hufe Schlagen,
Die durchs blühende Revier
Trabten mit Behagen.

Wald und Flur im schnellen Zug
Kaum gegrüßt — gemieden;
Und vorbei wie Traumesflug
Schwand der Dörfer Frieden.

Mitten in dem Maienglück
Lag ein Kirchhof innen,
Der den raschen Wanderblick
Hielt zu ernstem Sinnen.

Hingelehnt an Bergesrand
War die bleiche Mauer,
Und das Kreuzbild Gottes stand
Hoch, in stummer Trauer.

Schwager ritt auf seiner Bahn
Stiller jetzt und trüber;
Und die Rosse hielt er an,
Sah zum Kreuz hinüber:

»Halten muß hier Roß und Rad,
Mag's Euch nicht gefährden:
Drüben liegt mein Kamerad
In der kühlen Erden!

Ein gar herzlieber Gesell!
Herr, 's ist ewig schade!
Keiner blies das Horn so hell
Wie mein Kamerade!

Hier ich immer halten muß,
Dem dort unterm Rasen
Zum getreuen Brudergruß
Sein Leiblied zu blasen!«

Und dem Kirchhof sandt' er zu
Frohe Wandersänge,
Daß es in die Grabesruh
Seinem Bruder dränge.

Und des Hornes heller Ton
Klang vom Berge wider,
Ob der tote Postillion
Stimmt' in seine Lieder. —

Weiter ging's durch Feld und Hag
Mit verhängtem Zügel;
Lang mir noch im Ohre lag
Jener Klang vom Hügel.

Eduard Mörike
1804–1875

FRÜH IM WAGEN

Es graut vom Morgenreif
In Dämmerung das Feld,
Da schon ein blasser Streif
Den fernen Ost erhellt;

Man sieht im Lichte bald
Den Morgenstern vergehn
Und doch am Fichtenwald
Den vollen Mond noch stehn:

So ist mein scheuer Blick,
Den schon die Ferne drängt,
Noch in das Schmerzensglück
Der Abschiedsnacht versenkt.

Dein blaues Auge steht,
Ein dunkler See, vor mir,
Dein Kuß, dein Hauch umweht,
Dein Flüstern mich noch hier.

An deinem Hals begräbt
Sich weinend mein Gesicht,
Und Purpurschwärze webt
Mir vor dem Auge dicht.

Die Sonne kommt – sie scheucht
Den Traum hinweg im Nu,
Und von den Bergen streicht
Ein Schauer auf mich zu.

DAS VERLASSENE MÄGDLEIN

Früh, wann die Hähne krähn,
Eh die Sternlein verschwinden,
Muß ich am Herde stehn,
Muß Feuer zünden.

Schön ist der Flammen Schein,
Es springen die Funken;
Ich schaue so drein,
In Leid versunken.

Plötzlich, da kommt es mir,
Treuloser Knabe,
Daß ich die Nacht von dir
Geträumet habe.

Träne auf Träne dann
Stürzet hernieder;
So kommt der Tag heran —
O ging er wieder!

SEPTEMBERMORGEN

Im Nebel ruhet noch die Welt,
noch träumen Wald und Wiesen:
bald siehst du, wenn der Schleier fällt,
den blauen Himmel unverstellt,
herbstkräftig die gedämpfte Welt
in warmem Golde fließen.

DER JÄGER

Drei Tage Regen fort und fort,
Kein Sonnenschein zur Stunde;
Drei Tage lang kein gutes Wort
Aus meiner Liebsten Munde!

Sie trutzt mit mir und ich mit ihr,
So hat sie's haben wollen;
Mir aber nagt's am Herzen hier,
Das Schmollen und das Grollen.

Willkommen denn, des Jägers Lust,
Gewittersturm und Regen!
Fest zugeknöpft die heiße Brust
Und jauchzend euch entgegen!

Nun sitzt sie wohl daheim und lacht
Und scherzt mit den Geschwistern;
Ich höre in des Waldes Nacht
Die alten Blätter flüstern.

Nun sitzt sie wohl und weinet laut
Im Kämmerlein, in Sorgen;
Mir ist es wie dem Wilde traut,
In Finsternis geborgen.

Kein Hirsch und Rehlein überall!
Ein Schuß zum Zeitvertreibe!
Gesunder Knall und Widerhall
Erfrischt das Mark im Leibe. —

Doch wie der Donner nun verhallt
In Tälern, durch die Runde,

Ein plötzlich Weh mich überwallt,
Mir sinkt das Herz zu Grunde.

Sie trutzt mit mir und ich mit ihr,
So hat sie's haben wollen;
Mir aber frißt's am Herzen hier,
Das Schmollen und das Grollen.

Und auf! und nach der Liebsten Haus!
Und sie gefaßt ums Mieder!
»Drück mir die nassen Locken aus
Und küß und hab mich wieder!«

IM FRÜHLING

Hier lieg' ich auf dem Frühlingshügel:
Die Wolke wird mein Flügel,
ein Vogel fliegt mir voraus.
Ach, sag mir, alleinzige Liebe,
wo du bleibst, daß ich bei dir bliebe!
Doch du und die Lüfte, ihr habt kein Haus.

Der Sonnenblume gleich steht mein Gemüte offen,
sehnend,
sich dehnend
in Lieben und Hoffen.
Frühling, was bist du gewillt?
Wann werd' ich gestillt?

Die Wolke seh' ich wandeln und den Fluß,
es dringt der Sonne goldner Kuß

mir tief bis ins Geblüt hinein;
die Augen, wunderbar berauschet,
tun, als schliefen sie ein,
nur noch das Ohr dem Ton der Biene lauschet.
Ich denke dies und denke das,
ich sehne mich, und weiß nicht recht, nach was:
Halb ist es Lust, halb ist es Klage;
mein Herz, o sage,
was webst du für Erinnerung
in golden grüner Zweige Dämmerung?
— Alte unnennbare Tage!

ER IST'S

Frühling läßt sein blaues Band
Wieder flattern durch die Lüfte;
Süße, wohlbekannte Düfte
Streifen ahnungsvoll das Land.
Veilchen träumen schon,
Wollen balde kommen.
— Horch, von fern ein leiser Harfenton!
Frühling, ja du bist's!
Dich hab ich vernommen!

UM MITTERNACHT

Gelassen stieg die Nacht ans Land,
lehnt träumend an der Berge Wand,
ihr Auge sieht die goldne Waage nun
der Zeit in gleichen Schalen stille ruhn;
    und kecker rauschen die Quellen hervor,
    sie singen der Mutter, der Nacht, ins Ohr
        vom Tage,
    vom heute gewesenen Tage.

Das uralt alte Schlummerlied,
sie achtet's nicht, sie ist es müd;
ihr klingt des Himmels Bläue süßer noch,
der flücht'gen Stunden gleichgeschwungnes Joch.
    Doch immer behalten die Quellen das Wort,
    es singen die Wasser im Schlafe noch fort
        vom Tage,
    vom heute gewesenen Tage.

FRAGE UND ANTWORT

Fragst du mich, woher die bange
Liebe mir zum Herzen kam
und warum ich ihr nicht lange
schon den bittern Stachel nahm?

Sprich, warum mit Geisterschnelle
wohl der Wind die Flügel rührt.

Und woher die süße Quelle
die verborgnen Wasser führt?

Banne du auf seiner Fährte
mir den Wind in vollem Lauf!
Halte mit der Zaubergerte
du die süßen Quellen auf!

VERBORGENHEIT

Laß, o Welt, o laß mich sein!
Locket nicht mit Liebesgaben,
Laßt dies Herz alleine haben
Seine Wonne, seine Pein!

Was ich traure, weiß ich nicht,
Es ist unbekanntes Wehe;
Immerdar durch Tränen sehe
Ich der Sonne liebes Licht.

Oft bin ich mir kaum bewußt,
Und die helle Freude zücket
Durch die Schwere, so mich drücket,
Wonniglich in meiner Brust.

Laß, o Welt, o laß mich sein!
Locket nicht mit Liebesgaben,
Laßt dies Herz alleine haben
Seine Wonne, seine Pein!

AGNES

Rosenzeit! wie schnell vorbei,
schnell vorbei
bist du doch gegangen!
Wär' mein Lieb nur blieben treu,
blieben treu,
sollte mir nicht bangen.

Um die Ernte wohlgemut,
wohlgemut
Schnitterinnen singen.
Aber ach! mir kranken Blut,
mir kranken Blut
will nichts mehr gelingen.

Schleiche so durchs Wiesental,
so durchs Tal,
als im Traum verloren,
nach dem Berg, da tausendmal,
tausendmal
er mir Treu geschworen.

Oben auf des Hügels Rand,
abgewandt,
wein' ich bei der Linde;
an dem Hut mein Rosenband,
von seiner Hand,
spielet in dem Winde.

AUF EINE LAMPE

Noch unverrückt, o schöne Lampe, schmückest du,
An leichten Ketten zierlich aufgehangen hier,
Die Decke des nun fast vergess'nen Lustgemachs.
Auf deiner weißen Marmorschale, deren Rand
Der Efeukranz von goldengrünem Erz umflicht,
Schlingt fröhlich eine Kinderschar den Ringelreihn.
Wie reizend alles! Lachend, und ein sanfter Geist
Des Ernstes doch ergossen um die ganze Form —
Ein Kunstgebild' der echten Art. Wer achtet sein?
Was aber schön ist, selig scheint es in ihm selbst.

NIMMERSATTE LIEBE

So ist die Lieb'! So ist die Lieb'!
Mit Küssen nicht zu stillen:
Wer ist der Tor und will ein Sieb
mit eitel Wasser füllen?
Und schöpfst du an die tausend Jahr
und küssest ewig, ewig gar,
du tust ihr nie zu Willen.

Die Lieb', die Lieb' hat alle Stund
neu wunderlich Gelüsten;
wir bissen uns die Lippen wund,
da wir uns heute küßten.
Das Mädchen hielt in guter Ruh,
wie's Lämmlein unterm Messer;

ihr Auge bat: »Nur immer zu!
Je weher, desto besser!«

So ist die Lieb'! und war auch so,
wie lang es Liebe gibt,
und anders war Herr Salomo,
der Weise, nicht verliebt.

SEHNSUCHT

In dieser Winterfrühe
wie ist mir doch zumut!
O Morgenrot, ich glühe
von deinem Jugendblut.

Es glüht der alte Felsen
und Wald und Burg zumal,
berauschte Nebel wälzen
sich jäh hinab das Tal.

Mit tatenfroher Eile
erhebt sich Geist und Sinn
und flügelt goldne Pfeile
durch alle Ferne hin.

Auf Zinnen möcht' ich springen
in alter Fürsten Schloß,
möcht' hohe Lieder singen,
mich schwingen auf das Roß!

Und stolzen Siegeswagen
stürzt' ich mich brausend nach!
Die Harfe wird zerschlagen,
die nur von Liebe sprach.

— Wie? schwärmst du so vermessen,
Herz, hast du nicht bedacht,
hast du mit eins vergessen,
was dich so trunken macht?

Ach wohl! was aus mir singet,
ist nur der Liebe Glück,
die wirren Töne schlinget
sie sanft in sich zurück.

Was hilft, was hilft mein Sehnen?
Geliebte, wärst du hier!
In tausend Freudetränen
verging' die Erde mir.

ABSCHIED

Unangeklopft ein Herr tritt abends bei mir ein:
»Ich habe die Ehr', Ihr Rezensent zu sein.«
Sofort nimmt er das Licht in die Hand,
besieht lang meinen Schatten an der Wand,
rückt nah und fern: »Nun, lieber junger Mann,
sehn Sie doch gefälligst mal Ihre Nas' so von der Seite an!
Sie geben zu, daß das ein Auswuchs is.«
»Das? Alle Wetter — gewiß!
Ei Hasen! Ich dachte nicht,
all mein Lebtage nicht,
daß ich so eine Weltnase führt' im Gesicht!«
Der Mann sprach noch verschiednes hin und her,
ich weiß, auf meine Ehre, nicht mehr,
meinte vielleicht, ich sollt' ihm beichten.
Zuletzt stand er auf; ich tat ihm leuchten.
Wie wir nun an der Treppe sind,
da geb' ich ihm, ganz froh gesinnt,
einen kleinen Tritt,
nur so von hinten aufs Gesäße, mit —
alle Hagel! War das ein Gerumpel,
ein Gepurzel, ein Gehumpel!
Dergleichen hab' ich nie gesehn,
all mein Lebtage nicht gesehn,
einen Menschen so rasch die Treppe hinabgehn!

GEBET

Herr! Schicke, was du willt,
Ein Liebes oder Leides;
Ich bin vergnügt, daß beides
Aus deinen Händen quillt.

Wollest mit Freuden
Und wollest mit Leiden
Mich nicht überschütten!
Doch in der Mitten
Liegt holdes Bescheiden.

RESTAURATION

nach Durchlesung eines Manuskripts mit Gedichten

Das süße Zeug ohne Saft und Kraft!
Es hat mir all mein Gedärm erschlafft.
Es roch, ich will des Henkers sein,
wie lauter welke Rosen und Kamilleblümlein.
Mir ward ganz übel, mauserig, dumm,
ich sah mich schnell nach was Tüchtigem um,
lief in den Garten hinterm Haus,
zog einen herzhaften Rettich aus,
fraß ihn auch auf bis auf den Schwanz,
da ward ich wieder frisch und genesen ganz.

Friedrich Theodor Vischer
1807–1887

ZU SPÄT

Sie haben dich fortgetragen,
ich kann es dir nicht mehr sagen,
wie oft ich bei Tag und bei Nacht
dein gedacht,
dein und was ich dir angetan
auf dunkler Jugendbahn.
Ich habe gezaudert, versäumet,
hab' immer von Frist geträumet;
über den Hügel der Wind nun weht:
Es ist zu spät.

Carl Spitzweg
1808–1885

WIR BLEIBEN ALLE KINDER

Und wird die Welt auch noch so alt,
der Mensch, er bleibt ein Kind!
Zerschlägt sein Spielzeug mit Gewalt,
wie eben Kinder sind!

Wann alles erst in klein zerstückt
Und nichts mehr zu verderben,
so sucht er wieder — neu beglückt —
und spielt dann mit den Scherben!

Ferdinand Freiligrath
1810–1876

DER LIEBE DAUER

O lieb, solang du lieben kannst,
O lieb, solang du lieben magst!
Die Stunde kommt, die Stunde kommt,
Wo du an Gräbern stehst und klagst.

Und sorge, daß dein Herze glüht
Und Liebe hegt und Liebe trägt,
Solang ihm noch ein ander Herz
In Liebe warm entgegenschlägt!

Und wer dir seine Brust erschließt,
O tu ihm, was du kannst, zulieb!
Und mach ihm jede Stunde froh,
Und mach ihm keine Stunde trüb!

Und hüte deine Zunge wohl!
Bald ist ein böses Wort gesagt;
O Gott, es war nicht bös gemeint —
Der andre aber geht und klagt.

O lieb, solang du lieben kannst,
O lieb, solang du lieben magst!
Die Stunde kommt, die Stunde kommt,
Wo du an Gräbern stehst und klagst.

Dann kniest du nieder an der Gruft
Und birgst die Augen, trüb und naß,
— Sie sehn die andern nimmermehr —
Ins lange, feuchte Kirchhofgras.

Und sprichst: O schau auf mich herab,
Der hier an deinem Grabe weint;
Vergib, daß ich gekränkt dich hab,
O Gott, es war nicht bös gemeint!

Er aber sieht und hört dich nicht,
Kommt nicht, daß du ihn froh umfängst,
Der Mund, der oft dich küßte, spricht
Nie wieder: Ich vergab dir längst.

Er tat's, vergab dir lange schon,
Doch manche heiße Träne fiel
Um dich und um dein herbes Wort —
Doch still! — er ruht, er ist am Ziel.

O lieb, solang du lieben kannst,
O lieb, solang du lieben magst!
Die Stunde kommt, die Stunde kommt,
Wo du an Gräbern stehst und klagst!

Friedrich Hebbel
1813–1863

NACHTLIED

Quellende, schwellende Nacht,
Voll von Lichtern und Sternen:
In den ewigen Fernen,
Sage, was ist da erwacht!

Herz in der Brust wird beengt,
Steigendes, neigendes Leben,
Riesenhaft fühle ich's weben,
Welches das meine verdrängt.

Schlaf, da nahst du dich leis
Wie dem Kinde die Amme,
Und um die dürftige Flamme
Ziehst du den schützenden Kreis.

ABENDGEFÜHL

Friedlich bekämpfen
Nacht sich und Tag.
Wie das zu dämpfen,
Wie das zu lösen vermag!

Der mich bedrückte,
Schläfst du schon, Schmerz?
Was mich beglückte,
Sage, was war's doch, mein Herz?

Freude wie Kummer,
  Fühl ich, zerrann,
Aber den Schlummer
  Führten sie leise heran.

Und im Entschweben,
  Immer empor,
Kommt mir das Leben
  Ganz wie ein Schlummerlied vor.

HERBSTLIED

Dies ist ein Herbsttag, wie ich keinen sah!
  Die Luft ist still, als atmete man kaum,
Und dennoch fallen raschelnd, fern und nah,
  Die schönsten Früchte ab von jedem Baum.

O stört sie nicht, die Feier der Natur!
  Dies ist die Lese, die sie selber hält,
Denn heute löst sich von den Zweigen nur,
  Was vor dem milden Strahl der Sonne fällt.

SOMMERBILD

Ich sah des Sommers letzte Rose stehn,
Sie war, als ob sie bluten könne, rot;
Da sprach ich schauernd im Vorübergehn:
So weit im Leben ist zu nah am Tod!

Es regte sich kein Hauch am heißen Tag,
Nur leise strich ein weißer Schmetterling;
Doch ob auch kaum die Luft sein Flügelschlag
Bewegte, sie empfand es und verging.

ICH UND DU

Wir träumten voneinander
Und sind davon erwacht,
Wir leben, um uns zu lieben,
Und sinken zurück in die Nacht.

Du tratst aus meinem Traume,
Aus deinem trat ich hervor,
Wir sterben, wenn sich eines
Im andern ganz verlor.

Auf einer Lilie zittern
Zwei Tropfen, rein und rund,
Zerfließen in eines und rollen
Hinab in des Kelches Grund.

SCHEIDELIED

Kein Lebewohl, kein banges Scheiden!
Viel lieber ein Geschiedensein!
Ertragen kann ich jedes Leiden,
Doch trinken kann ich's nicht wie Wein.

Wir saßen gestern noch beisammen,
Von Trennung wußt ich selbst noch kaum!
Das Herz trieb seine alten Flammen,
Die Seele spann den alten Traum.

Dann rasch ein Kuß vom lieben Munde,
Nicht schmerzgetränkt, nicht angstverkürzt!
Das nenn ich eine Abschiedsstunde,
Die leere Ewigkeiten würzt.

SCHAU ICH IN DIE TIEFSTE FERNE

Schau ich in die tiefste Ferne
   Meiner Kinderzeit hinab,
Steigt mit Vater und mit Mutter
   Auch ein Hund aus seinem Grab.

Fröhlich kommt er hergesprungen,
   Frischen Muts, den Staub der Brust,
Wie so oft den Staub der Straße,
   Von sich schüttelnd in der Luft.

Mit den treuen, braunen Augen
   Blickt er wieder auf zu mir,

Und er scheint, wie einst, zu mahnen:
  Geh doch nur, ich folge dir!

Denn in unsrem Hause fehlte
  Es an Dienern ganz und gar;
Doch die Mutter ließ mich laufen,
  Wenn er mir zur Seite war.

Besser gab auch keine Amme
  Je auf ihren Schützling acht,
Und er hatte schärfre Waffen
  Und gebrauchte sie mit Macht.

Seine eignen Kameraden
  Hielt er mit den Zähnen fern,
Und des Nachbars Katze ehrte
  Ihn von selbst als ihren Herrn.

Doch, wenn ich dem alten Brunnen
  Spielend nahte hinterm Haus,
Bellte er mit heller Stimme
  Meine Mutter gleich heraus.

Er erhielt von jedem Bissen
  Seinen Teil, den ich bekam,
Und er war mir so ergeben,
  Daß er selbst die Kirschen nahm.

Wie die beiden Dioskuren
  Brachten wir die Tage hin,
Einer durch den andern glücklich,
  Jede Stunde ein Gewinn.

Macht ich nicht auch halb vom Tode
  Meinen treuen Pollux frei,

Ließ ich's nur, weil ich nicht ahnte,
  Daß ich selbst der Kastor sei.

Aber allzubald nur trübte
  Uns der heitre Himmel sich;
Denn er hatte einen Fehler,
  Diesen, daß er wuchs, wie ich.

Und an ihm erschien als Sünde,
  Was an mir als Tugend galt,
Da man mich ums Wachsen lobte,
  Aber ihn ums Wachsen schalt.

Immer größer ward der Hunger,
  Immer kleiner ward das Brot,
Und der eine konnte essen,
  Was die Mutter beiden bot.

Als ich eines Morgens fragte,
  Sagte man, er wäre fort
Und entlaufen wie mein Hase;
  Doch das war ein falsches Wort.

Noch denselben Abend kehrte
  Er zu seinem Freund zurück,
Den zerbißnen Strick am Halse;
  Doch das war ein kurzes Glück.

Denn, obgleich er mit ins Bette
  Durfte, ach, ich bat so sehr,
War er morgens doch verschwunden,
  Und ich sah ihn niemals mehr.

Ward er an die Eisenkette
  Jetzt gelegt von seinem Herrn,
Oder fiel sein Los noch härter,
  Weiß ich nicht, doch blieb er fern.

Schau ich in die tiefste Ferne
  Meiner Kinderzeit hinab,
Steigt mit Vater und mit Mutter
  Auch ein Hund aus seinem Grab.

AN DIE JÜNGLINGE

Trinkt des Weines dunkle Kraft,
die euch durch die Seele fließt
und zu heil'ger Rechenschaft
sie im Innersten erschließt!
Blickt hinab nun in den Grund,
dem das Leben still entsteigt,
forscht mit Ernst, ob es gesund
jedem Höchsten sich verzweigt!

Geht an einen schaur'gen Ort,
denkt an aller Ehren Strauß,
sprecht dann laut das Schöpfungswort,
sprecht das Wort: es werde! aus.
Ja, es werde! spricht auch Gott,
und sein Segen senkt sich still,
denn den macht er nicht zum Spott,
der sich selbst vollenden will.

Betet dann, doch betet nur
zu euch selbst, und ihr beschwört
aus der eigenen Natur
einen Geist, der euch erhört.
Leben heißt tief einsam sein:
In die spröde Knospe drängt
sich kein Tropfen Taus hinein,
eh' sie innre Glut zersprengt.

Gott dem Herrn ist's ein Triumph,
wenn ihr nicht vor ihm vergeht,
wenn ihr, statt im Staube dumpf
hinzuknien, herrlich steht,
wenn ihr stolz, dem Baume gleich,
euch nicht unter Blüten bückt,
wenn die Last des Segens euch
erst hinab zur Erde drückt.

Fort den Wein! Wer noch nicht flammt,
ist nicht seines Kusses wert,
und wer selbst vom Feuer stammt,
steht schon lange glutverklärt.
Euch geziemt nur eine Lust,
nur ein Gang durch Sturm und Nacht,
der aus eurer dunklen Brust
einen Sternenhimmel macht!

OFFENBARUNG

Auf deinem Grabe saß ich stumm
in lauer Sommernacht;
die Blumen blühten rings herum,
die schon dein Grab gebracht.
Und still und märchenhaft umfing
ihr Duft mich, süß und warm,
bis ich in sanftem Weh verging,
wie einst in deinem Arm.

Und meine Augen schlossen sich,
vom Schlummer leicht begrüßt;
mir war, als würden sie durch dich
mir leise zugeküßt.
Still auf den Rasen sank ich hin,
der deinen Staub bedeckt,
doch ward zugleich der innre Sinn
mir wunderbar geweckt.

Was ich geträumt, ich weiß es nicht,
ich ahn' es nur noch kaum,
daß du, ein himmlisches Gesicht,
mir nahe warst im Traum.
Doch was dies flücht'ge Wiedersehn
in meiner Brust geschafft,
das kann die Seele wohl verstehn,
die glüht in neuer Kraft.

Du hast der Dinge Ziel und Grund
an Gottes Thron durchschaut
und tatest kühn mir wieder kund,
was dir der Tod vertraut.

Und wenn das große Lösungswort
auch mit dem Traum entschwand,
so wirkt es doch im Tiefsten fort,
gewaltig, unerkannt!

DIE WEIHE DER NACHT

Nächtliche Stille!
Heilige Fülle,
wie von göttlichem Segen schwer,
säuselt aus ewiger Ferne daher.

Was da lebte,
was aus engem Kreise
auf ins Weitste strebte,
sanft und leise
sank es in sich selbst zurück
und quillt auf in unbewußtem Glück.

Und von allen Sternen nieder
strömt ein wunderbarer Segen,
daß die müden Kräfte wieder
sich in neuer Frische regen,
und aus seinen Finsternissen
tritt der Herr, so weit er kann,
und die Fäden, die zerrissen,
knüpft er alle wieder an.

Friedrich Wilhelm Weber
1813–1894

BEIM TODE MEINES BRUDERS

Nun danke Gott, die Fahrt ist aus!
Du kehrtest heim ins Vaterhaus,
Froh bist du bei den Deinen,
Und ich muß weinen.

Du kehrtest heim, stell hin den Stab,
Die schwere Bürde, leg sie ab,
Zieh aus die Reiseschuhe,
Nun hast du Ruhe.

Dir tat so unsanft diese Welt,
Vergiß sie unterm Palmenzelt,
Vergiß sie in der andern;
Ich muß noch wandern.

Und bring der Mutter Gruß auf Gruß
Von Ihrem, der noch wandern muß,
Und sag ihr, daß sein Lieben
Ihr treu geblieben.

Und sag, sein Kopf ist greis und alt,
Wohl käm er gern, wohl käm er bald:
Zwei Blumen hab er im Garten,
Der müß er warten.

Heinrich von Mühler
1813–1874

GRAD AUS DEM WIRTSHAUS

Grad aus dem Wirtshaus nun komm' ich heraus;
Straße, wie wunderlich siehst du mir aus!
Rechter Hand, linker Hand, beides vertauscht;
Straße, ich merke wohl, du bist berauscht.

Was für ein schief Gesicht, Mond, machst denn du?
Ein Auge hat er auf, eins hat er zu;
du wirst betrunken sein, das seh' ich hell;
schäme dich, schäme dich, alter Gesell!

Und die Laternen erst — was muß ich sehn! —
die können alle nicht grade mehr stehn;
wackeln und fackeln die Kreuz und die Quer,
scheinen betrunken mir allesamt schwer.

Alles im Sturme rings, Großes und klein;
wag' ich darunter mich nüchtern allein?
Das scheint bedenklich mir, ein Wagestück;
da geh' ich lieber ins Wirtshaus zurück.

Emanuel Geibel
1815–1884

DER MAI IST GEKOMMEN

Der Mai ist gekommen, die Bäume schlagen aus,
da bleibe, wer Lust hat, mit Sorgen zu Haus!
Wie die Wolken dort wandern am himmlischen Zelt,
so steht auch mir der Sinn in die weite, weite Welt.

Herr Vater, Frau Mutter, daß Gott euch behüt'!
Wer weiß, wo in der Ferne mein Glück mir noch blüht;
es gibt so manche Straße, da nimmer ich marschiert,
es gibt so manchen Wein, den ich nimmer noch probiert.

Und abends im Städtlein, da kehr' ich durstig ein:
»Herr Wirt, mein Herr Wirt, eine Kanne blanken Wein!
Ergreife die Fiedel, du lust'ger Spielmann du,
von meinem Schatz das Liedel, das sing' ich dazu!«

O Wandern, o Wandern, du freie Burschenlust!
Da wehet Gottes Odem so frisch in die Brust;
da singet und jauchzet das Herz zum Himmelszelt:
Wie bist du doch so schön, o du weite, weite Welt!

MITTAGSZAUBER

Im Garten wandelt hohe Mittagszeit,
der Rasen glänzt, die Wipfel schatten breit;
von oben sieht, getaucht in Sonnenschein
und leuchtend Blau, der alte Dom herein.

Am Birnbaum sitzt mein Töchterchen im Gras;
die Märchen liest sie, die als Kind ich las;
ihr Antlitz glüht, es ziehn durch ihren Sinn
Schneewittchen, Däumling, Schlangenkönigin.

Kein Laut von außen stört; 's ist Feiertag —
nur dann und wann vom Turm ein Glockenschlag!
Nur dann und wann der mattgedämpfte Schall
im hohen Gras von eines Apfels Fall!

Da kommt auf mich ein Dämmern wunderbar,
gleichwie im Traum verschmilzt, was ist und war;
die Seele löst sich und verliert sich weit
ins Märchenreich der eignen Kinderzeit.

HOFFNUNG

Und dräut der Winter noch so sehr
mit trotzigen Gebärden,
und streut er Eis und Schnee umher,
es muß doch Frühling werden.

Blast nur, ihr Stürme, blast mit Macht,
mir soll darob nicht bangen,
auf leisen Sohlen über Nacht
kommt doch der Lenz gegangen.

Drum still! Und wie es frieren mag,
o Herz, gib dich zufrieden,
es ist ein großer Maientag
der ganzen Welt beschieden.

Und wenn dir oft auch bangt und graut,
als sei die Höll' auf Erden,
nur unverzagt auf Gott vertraut!
Es muß doch Frühling werden.

HERBSTLICH SONNIGE TAGE

Herbstlich sonnige Tage
mir beschieden zur Lust,
euch mit leiserem Schlage
grüßt die atmende Brust.

O wie waltet die Stunde
nun in seliger Ruh'!
Jede schmerzende Wunde
schließet leise sich zu.

Nur zu rasten, zu lieben,
still an sich selber zu baun,
fühlt sich die Seele getrieben
und mit Liebe zu schaun.

Jedem leisen Verfärben
lausch' ich mit stillem Bemühn,
jedem Wachsen und Sterben,
jedem Welken und Blühn.

Was da webet im Ringe,
was da blüht auf der Flur,
Sinnbild ewiger Dinge
ist's dem Schauenden nur.

Jede sprossende Pflanze,
die mit Düften sich füllt,
trägt im Kelche das ganze
Weltgeheimnis verhüllt.

Gottfried Kinkel
1815–1882

EIN GEISTLICH ABENDLIED

Es ist so still geworden,
verrauscht des Abends Wehn;
nun hört man allerorten
der Engel Füße gehn;
rings in die Tale senket
sich Finsternis mit Macht —
wirf ab, Herz, was dich kränket
und was dir bange macht!

Es ruht die Welt in Schweigen,
ihr Tosen ist vorbei,
stumm ihrer Freude Reigen
und stumm ihr Schmerzensschrei.
Hat Rosen sie geschenket,
hat Dornen sie gebracht —
wirf ab, Herz, was dich kränket
und was dir bange macht!

Und hast du heut gefehlet,
o schaue nicht zurück;
empfinde dich beseelet
von freier Gnade Glück.
Auch des Verirrten denket
der Hirt auf hoher Wacht —
wirf ab, Herz, was dich kränket
und was dir bange macht!

Nun stehn im Himmelskreise
die Stern' in Majestät;

in gleichem, festem Gleise
der goldne Wagen geht.
Und gleich den Sternen lenket
er deinen Weg durch Nacht —
wirf ab, Herz, was dich kränket
und was dir bange macht!

Theodor Storm
1817–1888

DIE STADT

Am grauen Strand, am grauen Meer
Und seitab liegt die Stadt;
Der Nebel drückt die Dächer schwer,
Und durch die Stille braust das Meer
Eintönig um die Stadt.

Es rauscht kein Wald, es schlägt im Mai
Kein Vogel ohn' Unterlaß;
Die Wandergans mit hartem Schrei
Nur fliegt in Herbstesnacht vorbei,
Am Strande weht das Gras.

Doch hängt mein ganzes Herz an dir,
Du graue Stadt am Meer;
Der Jugend Zauber für und für
Ruht lächelnd doch auf dir, auf dir,
Du graue Stadt am Meer.

ABENDS

Auf meinem Schoße sitzet nun
und ruht der kleine Mann;
mich schauen aus der Dämmerung
die zarten Augen an.

Er spielt nicht mehr, er ist bei mir,
will nirgend anders sein.
Die kleine Seele tritt heraus
und will zu mir herein.

Auf Erden stehet nichts, es muß vorüberfliegen.
Es kommt der Tod daher, du kannst ihn nicht besiegen.
Ein Weilchen weiß vielleicht noch wer, was du gewesen.
Dann wird das weggefegt, und weiter kehrt der Besen.

SCHLAFLOS

Aus Träumen in Ängsten bin ich erwacht;
Was singt doch die Lerche so tief in der Nacht!

Der Tag ist gegangen, der Morgen ist fern,
Aufs Kissen hernieder scheinen die Stern'.

Und immer hör' ich den Lerchengesang;
O Stimme des Tages, mein Herz ist so bang.

IM HERBSTE

Es rauscht, die gelben Blätter fliegen,
am Himmel steht ein falber Schein;
du schauerst leis und drückst dich fester
in deines Mannes Arm hinein.

Was nun von Halm zu Halme wandelt,
was nach den letzten Blumen greift,
hat heimlich im Vorübergehen
auch dein geliebtes Haupt gestreift.

Doch reißen auch die zarten Fäden,
die warme Nacht auf Wiesen spann —
es ist der Sommer nur, der scheidet;
was geht denn uns der Sommer an!

Du legst die Hand an meine Stirne
und schaust mir prüfend ins Gesicht;
aus deinen milden Frauenaugen
bricht gar zu melancholisch Licht.

Erlosch auch hier ein Duft, ein Schimmer,
ein Rätsel, das dich einst bewegt,
daß du in meine Hand gefangen
die freie Mädchenhand gelegt?

O schaudre nicht! Ob auch unmerklich
der hellste Sonnenschein verrann —
es ist der Sommer nur, der scheidet;
was geht denn uns der Sommer an?

ÜBER DIE HEIDE

Über die Heide hallet mein Schritt;
Dumpf aus der Erde wandert es mit.

Herbst ist gekommen, Frühling ist weit —
Gab es denn einmal selige Zeit?

Brauende Nebel geisten umher;
Schwarz ist das Kraut und der Himmel so leer.

Wär ich hier nur nicht gegangen im Mai!
Leben und Liebe — wie flog es vorbei!

Wer je gelebt in Liebesarmen,
der kann im Leben nie verarmen;
und müßt' er sterben fern, allein,
er fühlte noch die sel'ge Stunde,
wo er gelebt an ihrem Munde,
und noch im Tode ist sie sein.

BETTLERLIEBE

O laß mich nur von ferne stehn
und hangen stumm an deinem Blick;
du bist so jung, du bist so schön,
aus deinen Augen lacht das Glück.

Und ich so arm, so müde schon,
ich habe nichts, was dich gewinnt,
o wär' ich doch ein Königssohn,
und du ein arm verlornes Kind!

NOCH EINMAL

Noch einmal fällt in meinen Schoß
die rote Rose Leidenschaft;
noch einmal hab' ich schwärmerisch
in Mädchenaugen mich vergafft.

Noch einmal legt ein junges Herz
an meines seinen starken Schlag;
noch einmal weht an meine Stirn
ein juniheißer Sommertag.

DIE NACHTIGALL

Das macht, es hat die Nachtigall
Die ganze Nacht gesungen;
Da sind von ihrem süßen Schall,
Da sind in Hall und Widerhall
Die Rosen aufgesprungen.

Sie war doch sonst ein wildes Kind;
Nun geht sie tief in Sinnen,
Trägt in der Hand den Sommerhut
Und duldet still der Sonne Glut
Und weiß nicht, was beginnen.

Das macht, es hat die Nachtigall
Die ganze Nacht gesungen;
Da sind von ihrem süßen Schall,
Da sind in Hall und Widerhall
Die Rosen aufgesprungen.

LIED DES HARFENMÄDCHENS

Heute, nur heute
bin ich so schön;
morgen, ach morgen
muß alles vergehn!

Nur diese Stunde
bist du noch mein;
sterben, ach sterben
soll ich allein.

TROST

So komme, was da kommen mag!
Solang du lebest, ist es Tag.

Und geht es in die Welt hinaus,
wo du mir bist, bin ich zu Haus.

Ich seh' dein liebes Angesicht,
ich sehe die Schatten der Zukunft nicht.

Schließe mir die Augen beide
mit den lieben Händen zu!
Geht doch alles, was ich leide,
unter deiner Hand zur Ruh.

Und wie leise sich der Schmerz
Well' um Welle schlafen leget,
wie der letzte Schlag sich reget,
füllest du mein ganzes Herz.

EINER TOTEN

Das aber kann ich nicht ertragen,
Daß so wie sonst die Sonne lacht;
Daß wie in deinen Lebenstagen
Die Uhren gehn, die Glocken schlagen,
Einförmig wechseln Tag und Nacht;

Daß, wenn des Tages Lichter schwanden,
Wie sonst der Abend uns vereint;
Und daß, wo sonst dein Stuhl gestanden,
Schon andre ihre Plätze fanden,
Und nichts dich zu vermissen scheint;

Indessen von den Gitterstäben
Die Mondesstreifen schmal und karg
In deine Gruft hinunterweben
Und mit gespenstig trübem Leben
Hinwandeln über deinen Sarg.

EIN GRÜNES BLATT

Ein Blatt aus sommerlichen Tagen,
Ich nahm es so im Wandern mit,
Auf daß es einst mir möge sagen,
Wie laut die Nachtigall geschlagen,
Wie grün der Wald, den ich durchschritt.

IM VOLKSTON

Als ich dich kaum gesehn,
mußt' es mein Herz gestehn,
ich könnt' dir nimmermehr
vorübergehn.

Fällt nun der Sternenschein
nachts in mein Kämmerlein,
lieg' ich und schlafe nicht
und denke dein.

Ist doch die Seele mein
so ganz geworden dein,
zittert in deiner Hand,
tu ihr kein Leid!

ELISABETH

Meine Mutter hat's gewollt,
Den andern ich nehmen sollt;
Was ich zuvor besessen,
Mein Herz sollt es vergessen;
Das hat es nicht gewollt.

Meine Mutter klag ich an,
Sie hat nicht wohlgetan;
Was sonst in Ehren stünde,
Nun ist es worden Sünde.
Was fang ich an?

Für all mein Stolz und Freud
Gewonnen hab ich Leid.
Ach, wär das nicht geschehen,
Ach, könnt ich betteln gehen
Über die braune Heid!

ABSEITS

Es ist so still, die Heide liegt
im warmen Mittagssonnenstrahle,
ein rosenroter Schimmer fliegt
um ihre alten Gräbermale;
die Kräuter blühn; der Heideduft
steigt in die blaue Sommerluft.

Laufkäfer hasten durchs Gesträuch
in ihren goldnen Panzerröckchen,
die Bienen hängen Zweig um Zweig
sich an der Edelheide Glöckchen,
die Vögel schwirren aus dem Kraut —
die Luft ist voller Lerchenlaut.

Ein halbverfallen niedrig Haus
steht einsam hier und sonnbeschienen;
der Kätner lehnt zur Tür hinaus,
behaglich blinzelnd nach den Bienen;
ein Junge auf dem Stein davor
schnitzt Pfeifen sich aus Kälberrohr.

Kaum zittert durch die Mittagsruh
ein Schlag der Dorfuhr, der entfernten;
dem Alten fällt die Wimper zu,
er träumt von seinen Honigernten.
— Kein Klang der aufgeregten Zeit
drang noch in diese Einsamkeit.

DIE ZEIT IST HIN

Die Zeit ist hin, du löst dich unbewußt
und leise mehr und mehr von meiner Brust;
ich suche dich mit sanftem Druck zu fassen,
doch fühl' ich wohl, ich muß dich gehen lassen.

So laß mich denn, bevor du weit von mir
im Leben gehst, noch einmal danken dir;
und magst du nie, was rettungslos vergangen,
in schlummerlosen Nächten heimverlangen.

Hier steh' ich nun und schaue bang zurück;
vorüber rinnt auch dieser Augenblick,
und wieviel Stunden dir und mir gegeben,
wir werden keine mehr zusammen leben.

OKTOBERLIED

Der Nebel steigt, es fällt das Laub;
Schenk ein den Wein, den holden!
Wir wollen uns den grauen Tag
Vergolden, ja vergolden!

Und geht es draußen noch so toll,
Unchristlich oder christlich,
Ist doch die Welt, die schöne Welt,
So gänzlich unverwüstlich!

Und wimmert auch einmal das Herz —
Stoß an, und laß es klingen!
Wir wissen's doch, ein rechtes Herz
Ist gar nicht umzubringen.

Der Nebel steigt, es fällt das Laub;
Schenk ein den Wein, den holden!
Wir wollen uns den grauen Tag
Vergolden, ja vergolden!

Wohl ist es Herbst; doch warte nur,
Doch warte nur ein Weilchen!
Der Frühling kommt, der Himmel lacht,
Es steht die Welt in Veilchen.

Die blauen Tage brechen an,
Und ehe sie verfließen,
Wir wollen sie, mein wackrer Freund,
Genießen, ja genießen!

FÜR MEINE SÖHNE

Hehle nimmer mit der Wahrheit!
Bringt sie Leid, nicht bringt sie Reue;
doch, weil Wahrheit eine Perle,
wirf sie auch nicht vor die Säue.

Blüte edelsten Gemütes
ist die Rücksicht; doch zu Zeiten
sind erfrischend wie Gewitter
goldne Rücksichtslosigkeiten.

Wackrer heimatlicher Grobheit
setze deine Stirn entgegen;
artigen Leutseligkeiten
gehe schweigend aus den Wegen.

Wo zum Weib du nicht die Tochter
wagen würdest zu begehren,
halte dich zu wert, um gastlich
in dem Hause zu verkehren.

Was du immer kannst, zu werden,
Arbeit scheue nicht und Wachen;
aber hüte deine Seele
vor dem Karrieremachen.

Wenn der Pöbel aller Sorte
tanzet um die goldnen Kälber,
halte fest: Du hast vom Leben
doch am Ende nur dich selber.

Theodor Fontane
1819–1898

IM GARTEN

Die hohen Himbeerwände
trennten dich und mich,
doch im Laubwerk unsre Hände
fanden von selber sich.

Die Hecke konnt' es nicht wehren,
wie hoch sie immer stund:
Ich reichte dir die Beeren,
und du reichtest mir deinen Mund.

Ach, schrittest du durch den Garten
noch einmal im raschen Gang,
wie gerne wollt' ich warten,
warten stundenlang.

ÜBERLASS ES DER ZEIT

Erscheint dir etwas unerhört,
bist du tiefsten Herzens empört,
bäume nicht auf, versuch's nicht mit Streit,
berühr es nicht, überlaß es der Zeit.
Am ersten Tag wirst du feige dich schelten,
am zweiten läßt du dein Schweigen schon gelten,
am dritten hast du's überwunden;
alles ist wichtig nur auf Stunden,
Ärger ist Zehrer und Lebensvergifter,
Zeit ist Balsam und Friedensstifter.

SO UND NICHT ANDERS

Die Menschen kümmerten mich nicht viel,
eigen war mein Weg und Ziel.

Ich mied den Markt, ich mied den Schwarm,
andre sind reich, ich bin arm.

Andre regierten (regieren noch),
ich stand unten und ging durchs Joch.

Entsagen und lächeln bei Demütigungen,
das ist die Kunst, die mir gelungen.

Und doch, wär's in die Wahl mir gegeben,
ich führte noch einmal dasselbe Leben.

Und sollt' ich noch einmal die Tage beginnen,
ich würde denselben Faden spinnen.

MITTAG

Am Waldessaume träumt die Föhre.
Am Himmel weiße Wölkchen nur.
Es ist so still, daß ich sie höre,
die tiefe Stille der Natur.

Rings Sonnenschein auf Wies' und Wegen,
die Wipfel stumm, kein Lüftchen wach.
Und doch, es klingt, als ström' ein Regen
leis tönend auf das Blätterdach.

FRÜHLING

Nun ist er endlich kommen doch
in grünem Knospenschuh;
»Er kam, er kam ja immer noch«,
die Bäume nicken sich's zu.

Sie konnten ihn all erwarten kaum,
nun treiben sie Schuß auf Schuß;
im Garten der alte Apfelbaum,
er sträubt sich, aber er muß.

Wohl zögert auch das alte Herz
und atmet noch nicht frei,
es bangt und sorgt: »Es ist erst März,
und März ist noch nicht Mai.«

O schüttle ab den schweren Traum
und die lange Winterruh;
es wagt es der alte Apfelbaum,
Herz, wag's auch du.

AN GEORGE FONTANE

Mein lieber George! und kann ich dir auch
am heutigen Tage nichts schenken,
so will ich doch nach altem Brauch
in Versen deiner gedenken;

in Versen, worin dein Dichter-Papa
sich immerdar ergossen,

wenn ihm, was just nicht selten geschah,
die Pfennige spärlich flossen.

Ich wünsche dir tüchtig Fleisch und Speck
und immer dickere Waden,
und wächst dein Herz am rechten Fleck,
so kann das auch nicht schaden.

Dein Vater ist nicht schlecht, nicht gut,
nur grade kein Menschenfresser;
drum sage nicht: »Es liegt im Blut« —
sondern werde ein bissel besser.

Die Schulen leisten jetzt so viel,
so klug wird unsre Jugend,
so komm denn auch, du höchstes Ziel
der eingetrichterten Tugend.

Ach, wenn du dann in Prima sitzt
und unter den Sextaknaben
gewahrest, wie dein Vater schwitzt —
so wolle Mitleid haben.

Blick auf den Ulx — der dein Papa —
mit nachsichtsvollen Augen,
denn »ehren sollst du die Eltern ja«,
auch wenn sie gar nichts taugen . . .

AN MEINEM FÜNFUNDSIEBZIGSTEN

Hundert Briefe sind angekommen,
ich war vor Freude wie benommen,
nur etwas verwundert über die Namen
und über die Plätze, woher sie kamen.
Ich dachte, von Eitelkeit eingesungen:
Du bist der Mann der »Wanderungen«,
du bist der Mann der märk'schen Geschichte,
du bist der Mann der märk'schen Gedichte,
du bist der Mann des Alten Fritzen
und derer, die mit ihm bei der Tafel sitzen,
einige plaudernd, andere stumm,
erst in Sanssouci, dann in Elysium;
du bist der Mann der Jagow und Lochow,
der Stechow und Bredow, der Quitzow und Rochow,
du kanntest keine größeren Meriten
als die von Schwerin und vom alten Zieten,
du fandst in der Welt nichts so zu rühmen
als Oppen und Groeben und Kracht und Thümen,
an der Schlachten und meiner Begeisterung Spitze
marschierten die Pfuels und Itzenplitze,
marschierten aus Uckermark, Havelland, Barnim
die Ribbecks und Kattes, die Bülow und Arnim,
marschierten die Treskows und Schlieffen und Schlieben,
und über alle hab' ich geschrieben.

Aber die zum Jubeltag da kamen,
das waren doch sehr andre Namen.
Auch »sans peur et reproche«, ohne Furcht und Tadel,
aber fast schon von prähistorischem Adel:
Die auf »berg« und auf »heim« sind gar nicht zu fassen,
sie stürmen ein in ganzen Massen,

Meyers kommen in Bataillonen,
auch Pollacks, und die noch östlicher wohnen,
Abram, Isak, Israel,
alle Patriarchen sind zur Stell',
stellen mich freundlich an ihre Spitze,
was sollen mir da noch die Itzenplitze!
Jedem bin ich was gewesen,
alle haben sie mich gelesen,
alle kannten mich lange schon,
und das ist die Hauptsache — »Kommen Sie, Cohn!«

GUTER RAT

An einem Sommermorgen
da nimm den Wanderstab,
es fallen deine Sorgen
wie Nebel von dir ab.

Des Himmels heitere Bläue
lacht dir ins Herz hinein
und schließt, wie Gottes Treue,
mit seinem Dach dich ein.

Rings Blüten nur und Triebe
und Halme von Segen schwer,
dir ist, als zöge die Liebe
des Weges nebenher.

So heimisch alles klingt
als wie im Vaterhaus,
und über die Lerchen schwingt
die Seele sich hinaus.

SCHLAF

Nun trifft es mich, wie's jeden traf,
ich liege wach, es meidet mich der Schlaf,
nur im Vorbeigehn flüstert er mir zu:
»Sei nicht in Sorg', ich sammle deine Ruh',
und tret' ich ehstens wieder in dein Haus,
so zahl' ich alles dir auf einmal aus.«

JA, DAS MÖCHT' ICH NOCH ERLEBEN

Eigentlich ist mir alles gleich,
Der eine wird arm, der andre wird reich,
Aber mit Bismarck — was wird das noch geben?
Das mit Bismarck, das möcht' ich noch erleben.

Eigentlich ist alles soso,
Heute traurig, morgen froh,
Frühling, Sommer, Herbst und Winter,
Ach, es ist nicht viel dahinter.

Aber mein Enkel, so viel ist richtig,
Wird mit nächstem vorschulpflichtig,
Und in etwa vierzehn Tagen
Wird er eine Mappe tragen,
Löschblätter will ich ins Heft ihm kleben —
Ja, das möcht' ich noch erleben.

Eigentlich ist alles nichts,
Heute hält's, und morgen bricht's,

Hin stirbt alles, ganz geringe
Wird der Wert der ird'schen Dinge;
Doch wie tief herabgestimmt
Auch das Wünschen Abschied nimmt,
Immer klingt es noch daneben:
Ja, das möcht' ich noch erleben.

AUSGANG

Immer enger, leise, leise
Ziehen sich die Lebenskreise,
Schwindet hin, was prahlt und prunkt,
Schwindet Hoffen, Hassen, Lieben,
Und ist nichts in Sicht geblieben
Als der letzte dunkle Punkt.

Mein Leben, ein Leben ist es kaum,
Ich gehe dahin, als wie im Traum.

Wie Schatten huschen die Menschen hin.
Ein Schatten dazwischen ich selber bin.

Und im Herzen tiefste Müdigkeit —
Alles sagt mir: Es ist Zeit.

Gottfried Keller
1819–1890

FRÜHLINGSGLAUBE

Es wandert eine schöne Sage
Wie Veilchenduft auf Erden um,
Wie sehnend eine Liebesklage
Geht sie bei Tag und Nacht herum.

Das ist das Lied vom Völkerfrieden
Und von der Menschheit letztem Glück,
Von goldner Zeit, die einst hienieden,
Der Traum als Wahrheit, kehrt zurück,

Wo einig alle Völker beten
Zum einen König, Gott und Hirt;
Von jenem Tag, wo den Propheten
Ihr leuchtend Recht gesprochen wird.

Dann wird's nur eine Schmach noch geben,
Nur eine Sünde in der Welt:
Des Eigen-Neides Widerstreben,
Der es für Traum und Wahnsinn hält.

Wer jene Hoffnung gab verloren
Und böslich sie verloren gab,
Der wäre besser ungeboren:
Denn lebend wohnt er schon im Grab.

STILLE DER NACHT

Willkommen, klare Sommernacht,
Die auf betauten Fluren liegt!
Gegrüßt mir, goldne Sternenpracht,
Die spielend sich im Weltraum wiegt!

Das Urgebirge um mich her
Ist schweigend, wie mein Nachtgebet;
Weit hinter ihm hör ich das Meer
Im Geist und wie die Brandung geht.

Ich höre einen Flötenton,
Den mir die Luft von Westen bringt,
Indes herauf im Osten schon
Des Tages leise Ahnung dringt.

Ich sinne, wo in weiter Welt
Jetzt sterben mag ein Menschenkind —
Und ob vielleicht den Einzug hält
Das viel ersehnte Heldenkind.

Doch wie im dunklen Erdental
Ein unergründlich Schweigen ruht,
Ich fühle mich so leicht zumal
Und wie die Welt so still und gut.

Der letzte leise Schmerz und Spott
Verschwindet aus des Herzens Grund;
Es ist, als tät der alte Gott
Mir endlich seinen Namen kund.

ABENDLIED

Augen, meine lieben Fensterlein,
Gebt mir schon so lange holden Schein,
Lasset freundlich Bild um Bild herein:
Einmal werdet ihr verdunkelt sein!

Fallen einst die müden Lider zu,
Löscht ihr aus, dann hat die Seele Ruh;
Tastend streift sie ab die Wanderschuh,
Legt sich auch in ihre finstre Truh.

Noch zwei Fünklein sieht sie glimmend stehn
Wie zwei Sternlein, innerlich zu sehn,
Bis sie schwanken und dann auch vergehn,
Wie von eines Falters Flügelwehn.

Doch noch wandl' ich auf dem Abendfeld,
Nur dem sinkenden Gestirn gesellt;
Trinkt, o Augen, was die Wimper hält,
Von dem goldnen Überfluß der Welt!

SOMMERNACHT

Es wallt das Korn weit in die Runde,
Und wie ein Meer dehnt es sich aus;
Doch liegt auf seinem stillen Grunde
Nicht Seegewürm noch andrer Graus;
Da träumen Blumen nur von Kränzen
Und trinken der Gestirne Schein,
O goldnes Meer, dein friedlich Glänzen
Saugt meine Seele gierig ein!

In meiner Heimat grünen Talen,
Da herrscht ein alter schöner Brauch:
Wann hell die Sommersterne strahlen,
Der Glühwurm schimmert durch den Strauch,
Dann geht ein Flüstern und ein Winken,
Das sich dem Ährenfelde naht,
Da geht ein nächtlich Silberblinken
Von Sicheln durch die goldne Saat.

Das sind die Bursche jung und wacker,
Die sammeln sich im Feld zuhauf
Und suchen den gereiften Acker
Der Witwe oder Waise auf,
Die keines Vaters, keiner Brüder
Und keines Knechtes Hilfe weiß —
Ihr schneiden sie den Segen nieder,
Die reinste Lust ziert ihren Fleiß.

Schon sind die Garben festgebunden
Und rasch in einen Ring gebracht;
Wie lieblich flohn die kurzen Stunden,
Es war ein Spiel in kühler Nacht!
Nun wird geschwärmt und hell gesungen
Im Garbenkreis, bis Morgenluft
Die nimmermüden braunen Jungen
Zur eignen schweren Arbeit ruft.

Ich hab in kalten Wintertagen,
In dunkler, hoffnungsarmer Zeit
Ganz aus dem Sinne dich geschlagen,
O Trugbild der Unsterblichkeit.

Nun, da der Sommer glüht und glänzet,
Nun seh ich, daß ich wohl getan;
Ich habe neu das Herz umkränzet,
Im Grabe aber ruht der Wahn.

Ich fahre auf dem klaren Strome,
Er rinnt mir kühlend durch die Hand;
Ich schau hinauf zum blauen Dome —
Und such kein beßres Vaterland.

Nun erst versteh ich, die da blühet,
O Lilie, deinen stillen Gruß,
Ich weiß, wie hell die Flamme glühet,
Daß ich gleich dir vergehen muß!

Die Zeit geht nicht, sie stehet still,
Wir ziehen durch sie hin;
Sie ist ein Karawanserei,
Wir sind die Pilger drin.

Ein Etwas, form- und farbenlos,
Das nur Gestalt gewinnt,
Wo ihr drin auf und nieder taucht,
Bis wieder ihr zerrinnt.

Es blitzt ein Tropfen Morgentau
Im Strahl des Sonnenlichts;
Ein Tag kann eine Perle sein
Und ein Jahrhundert nichts.

Es ist ein weißes Pergament
Die Zeit, und jeder schreibt
Mit seinem roten Blut darauf,
Bis ihn der Strom vertreibt.

An dich, du wunderbare Welt,
Du Schönheit ohne End,
Auch ich schreib meinen Lebensbrief
Auf dieses Pergament.

Froh bin ich, daß ich aufgeblüht
In deinem runden Kranz;
Zum Dank trüb ich die Quelle nicht
Und lobe deinen Glanz.

TRAUERWEIDE

Es schneit und eist den ganzen Tag,
der Frost erklirret scharf und blank,
und wie ich mich gebärden mag —
es liegt ein Mägdlein ernstlich krank.

Das Rosengärtlein ist verschneit,
das blühte als ihr Angesicht,
noch glimmt, wie aus der Ferne weit,
der Augen mildes Sternenlicht.

Noch ziert den Mund ein blasses Rot
und immer eines Kusses wert;
sie läßt's geschehen, weil die Not
die Menschenkinder beten lehrt.

Ich lieb' auch deinen lieben Mund,
lieb' deine Seele nicht allein —
im Frühling wollen wir gesund
und beide wieder fröhlich sein!

Ich lieb' auch deiner Füße Paar,
wenn sie in Gras und Blumen gehn;
in einem Bächlein sommerklar
will ich sie wieder baden sehn!

Auf dem besonnten Kieselgrund
stehn sie wahrhaftig wie ein Turm,
obgleich der Knöchel zartes Rund
bedroht ein kleiner Wellensturm!

Da scheint die Wintersonne bleich
durchs Fenster in den stillen Raum,
und auf dem Glase, Zweig an Zweig,
erglänzt ein Trauerweidenbaum!

WINTERNACHT

Nicht ein Flügelschlag ging durch die Welt,
still und blendend lag der weiße Schnee.
Nicht ein Wölklein hing am Sternenzelt,
keine Welle schlug im starren See.

Aus der Tiefe stieg der Seebaum auf,
bis sein Wipfel in dem Eis gefror;
an den Ästen klomm die Nix herauf,
schaute durch das grüne Eis empor.

Auf dem dünnen Glase stand ich da,
das die schwarze Tiefe von mir schied;
dicht ich unter meinen Füßen sah
ihre weiße Schönheit Glied um Glied.

Mit ersticktem Jammer tastet' sie
an der harten Decke her und hin,
ich vergess' das dunkle Antlitz nie,
immer, immer liegt es mir im Sinn!

TRÜBES WETTER

Es ist ein stiller Regentag,
so weich, so ernst und doch so klar,
wo durch den Dämmer brechen mag
die Sonne weiß und sonderbar.

Ein wunderliches Zwielicht spielt
beschaulich über Berg und Tal;
Natur, halb warm und halb verkühlt,
sie lächelt noch und weint zumal.

Die Hoffnung, das Verlorensein
sind gleicher Stärke in mir wach;
die Lebenslust, die Todespein,
sie ziehn auf meinem Herzen Schach.

Ich aber, mein bewußtes Ich,
beschau' das Spiel in stiller Ruh',
und meine Seele rüstet sich
zum Kampfe mit dem Schicksal zu.

AN DAS HERZ

Willst du nicht dich schließen,
Herz, du offnes Haus!
Worin Freund' und Feinde
Gehen ein und aus?

Schau, wie sie verletzen
Dir das Hausrecht stets!
Fühllos auf und nieder,
Polternd, lärmend geht's.

Keiner putzt die Schuhe,
Keiner zieht sich um,
Staubig brechen alle
Dir ins Heiligtum;

Trinken aus den goldnen
Kelchen des Altars,
Schänden Müh und Segen
Dir des ganzen Jahrs;

Werfen die Penaten
Wild vom Herde dir,
Pflanzen drauf mit Prahlen
Ihr entfärbt Panier.

Und wenn zu verwüsten
Nichts sie finden mehr,
Lassen sie im Scheiden
Dich, mein Herz, so leer!

Nein! Und wenn nun alles
Still und tot in dir,

O, noch halt dich offen,
Offen für und für!

Laß die Sonne scheinen
Heiß in dich herein,
Stürme dich durchfahren
Und den Wetterschein!

Wenn durch deine Kammern
So die Windsbraut zieht,
Laß dein Glöcklein stürmen,
Schallen Lied um Lied!

Denn noch kann's geschehen,
Daß auf irrer Flucht
Eine treue Seele
Bei dir Obdach sucht!

Max Schneckenburger
1819–1849

DIE WACHT AM RHEIN

Es braust ein Ruf wie Donnerhall,
wie Schwertgeklirr und Wogenprall:
Zum Rhein, zum Rhein, zum deutschen Rhein!
Wer will des Stromes Hüter sein?
Lieb Vaterland, magst ruhig sein;
fest steht und treu die Wacht am Rhein!

Solang ein Tropfen Blut noch glüht,
noch eine Faust den Degen zieht
und noch ein Arm die Büchse spannt,
betritt kein Feind hier deinen Strand!
Lieb Vaterland, magst ruhig sein;
fest steht und treu die Wacht am Rhein!

Der Schwur erschallt, die Woge rinnt,
die Fahnen flattern hoch im Wind:
Zum Rhein, zum Rhein, zum deutschen Rhein!
Wir alle wollen Hüter sein!
Lieb Vaterland, magst ruhig sein;
fest steht und treu die Wacht am Rhein!

Klaus Groth
1819–1899

O wüßt' ich doch den Weg zurück,
den lieben Weg zum Kinderland!
O warum sucht' ich nach dem Glück
und ließ der Mutter Hand?

O wie mich sehnet auszuruhn,
von keinem Streben aufgeweckt,
die müden Augen zuzutun,
von Liebe sanft bedeckt!

Und nichts zu forschen, nichts zu spähn
und nur noch träumen leicht und lind;
der Zeiten Wandel nicht zu sehn,
zum zweitenmal ein Kind!

O zeigt mir doch den Weg zurück,
den lieben Weg zum Kinderland!
Vergebens such' ich nach dem Glück,
ringsum ist öder Strand.

MATTEN HAS'

Lütt Matten de Has',
De mak sik en Spaß,
Her weer bi't Studeern,
Dat Danzen to lehrn,
Un danz ganz alleen
Op de achtersten Been.

Keem Reinke de Voß
Un dach: das en Kost!
Un seggt: Lüttje Matten,
So flink oppe Padden?
Un danzst hier alleen
Oppe achtersten Been?

Kumm, lat uns tosam!
Ik kann as de Dam!
De Krei, de spelt Fitel,
Denn geit dat canditel,
Denn geit dat mal schön;
Op de achtersten Been!

Lütt Matten gev Pot.
De Voß beet em dot
Un sett sik in Schatten,
Verspis' de lütt Matten:
De Krei, de kreeg een
Vun de achtersten Been.

REGENLIED

Walle, Regen, walle nieder,
wecke mir die Träume wieder,
die ich in der Kindheit träumte,
wenn das Naß im Sande schäumte!

Wenn die matte Sommerschwüle
lässig stritt mit frischer Kühle

und die blanken Blätter tauten
und die Saaten dunkler blauten.

Welche Wonne, in dem Fließen
dann zu stehn mit nackten Füßen!
An dem Grase hinzustreifen
und den Schaum mit Händen greifen.

Oder mit den heißen Wangen
kalte Tropfen aufzufangen
und den neuerwachten Düften
seine Kinderbrust zu lüften!

Wie die Kelche, die da troffen,
stand die Seele atmend offen,
wie die Blumen düftetrunken
in den Himmelstau versunken.

Schauernd kühlte jeder Tropfen
tief bis an des Herzens Klopfen,
und der Schöpfung heilig Weben
drang bis ins verborgne Leben.

Walle, Regen, walle nieder,
wecke meine alten Lieder,
die wir in der Türe sangen,
wenn die Tropfen draußen klangen!

Möchte ihnen wieder lauschen,
ihrem süßen, feuchten Rauschen,
meine Seele sanft betauen
mit dem frommen Kindergrauen.

Hermann Lingg
1820–1905

HEIMKEHR

In meine Heimat kam ich wieder;
Es war die alte Heimat noch.
Dieselbe Luft, dieselben Lieder,
Und alles war ein andres doch.

Die Welle rauschte wie vorzeiten,
Am Waldweg sprang wie sonst das Reh,
Von fern erklang ein Abendläuten,
Die Berge glänzten aus dem See.

Doch vor dem Haus, wo uns vor Jahren
Die Mutter stets empfing, dort sah
Ich fremde Menschen fremd gebaren;
Wie weh, wie weh mir da geschah!

Mir war, als rief es aus den Wogen:
»Flieh, flieh und ohne Wiederkehr!
Die du geliebt, sind fortgezogen
Und kehren nimmer, nimmermehr!«

LETZTE BITTE

Immer leiser wird mein Schlummer,
Nur wie Schleier liegt mein Kummer
Zitternd über mir.
Oft im Traume hör ich dich
Rufen drauß vor meiner Tür,
Niemand wacht und öffnet dir,
Ich erwach und weine bitterlich.

Ja, ich werde sterben müssen,
Eine andre wirst du küssen,
Wenn ich bleich und kalt,
Eh die Maienlüfte wehen,
Eh die Drossel singt im Wald;
Willst du mich noch einmal sehen,
Komm, o komme bald!

Georg Weerth
1822–1856

DAS HUNGERLIED

Verehrter Herr und König,
Weißt du die schlimme Geschicht?
Am Montag aßen wir wenig,
Und am Dienstag aßen wir nicht.

Und am Mittwoch mußten wir darben,
Und am Donnerstag litten wir Not;
Und ach, am Freitag starben
Wir fast den Hungertod!

Drum laß am Samstag backen
Das Brot, fein säuberlich —
Sonst werden wir sonntags packen
Und fressen, o König, dich!

GEBET EINES IRLÄNDERS

Sankt Patrick, großer Schutzpatron,
Du sitzt auf dem warmen Himmelsthron;
O sieh mich an mit freundlichem Sinn,
Dieweil ich ein armer Paddy bin!

Sankt Patrick, sieh, die Nacht kommt bald,
Von England weht es herüber so kalt;
O blicke auf meinen schäbigen Frack
Und auf meinen löchrigen Bettelsack!

Sankt Patrick, tu, was dir gefällt!
So groß und so schön ist ja alle Welt.
O laß mich werden, was du willt,
Nur bleiben nicht solch ein Menschenbild!

O laß mich werden ein Blümlein blau,
Dann mag ich trinken den kühlen Tau!
O laß mich werden ein braunes Reh,
Dann kann ich fressen den grünen Klee!

O laß mich werden ein stolzer Bär,
Dann geh ich im warmen Rock daher!
O laß mich werden ein schöner Schwan,
Dann wohn ich auf Strom und Ozean!

O mach aus mir einen Panther wild,
Einen Leu, daß hoch meine Mähne schwillt,
Einen Tiger, auf daß ich manch reichen Tyrann
Mit rasselnden Tatzen zerreißen kann! —

Doch, Patrick, ach, taub bleibt dein Ohr;
Der Paddy bleib ich wohl nach wie vor.
's bleibt alles wie sonst, und die Nacht ist kalt,
Und der Dan O'Connell wird dick und alt.

Conrad Ferdinand Meyer
1825–1898

EINGELEGTE RUDER

Meine eingelegten Ruder triefen,
Tropfen fallen langsam in die Tiefen.

Nichts, das mich verdroß! Nichts, das mich freute!
Niederrinnt ein schmerzenloses Heute!

Unter mir — ach, aus dem Licht verschwunden —
Träumen schon die schönern meiner Stunden.

Aus der blauen Tiefe ruft das Gestern:
Sind im Licht noch manche meiner Schwestern?

AM HIMMELSTOR

Mir träumt', ich komm ans Himmelstor
Und finde dich, die Süße!
Du saßest bei dem Quell davor
Und wuschest dir die Füße.

Du wuschest, wuschest ohne Rast
Den blendend weißen Schimmer,
Begannst mit wunderlicher Hast
Dein Werk von neuem immer.

Ich frug: »Was badest du dich hier
Mit tränennassen Wangen?«
Du sprachst: »Weil ich im Staub mit dir,
So tief im Staub gegangen.«

FÜLLE

Genug ist nicht genug! Gepriesen werde
Der Herbst! Kein Ast, der seiner Frucht entbehrte!
Tief beugt sich mancher allzu reich beschwerte,
Der Apfel fällt mit dumpfem Laut zur Erde.

Genug ist nicht genug! Es lacht im Laube!
Die saft'ge Pfirsche winkt dem durst'gen Munde!
Die trunknen Wespen summen in die Runde:
»Genug ist nicht genug!« um eine Traube.

Genug ist nicht genug! Mit vollen Zügen
Schlürft Dichtergeist am Borne des Genusses,
Das Herz, auch es bedarf des Überflusses,
Genug kann nie und nimmermehr genügen!

IM SPÄTBOOT

Aus der Schiffsbank mach ich meinen Pfühl.
Endlich wird die heiße Stirne kühl!
O wie süß erkaltet mir das Herz!
O wie weich verstummen Lust und Schmerz!
Über mir des Rohres schwarzer Rauch
Wiegt und biegt sich in des Windes Hauch.
Hüben hier und wieder drüben dort
Hält das Boot an manchem kleinen Port:
Bei der Schiffslaterne kargem Schein
Steigt ein Schatten aus und niemand ein.

Nur der Steurer noch, der wacht und steht!
Nur der Wind, der mir im Haare weht!
Schmerz und Lust erleiden sanften Tod.
Einen Schlummrer trägt das dunkle Boot.

MÖWENFLUG

Möwen sah um einen Felsen kreisen
Ich in unermüdlich gleichen Gleisen,
Auf gespannter Schwinge schweben bleibend,
Eine schimmernd weiße Bahn beschreibend,
Und zugleich in grünem Meeresspiegel
Sah ich um dieselben Felsenspitzen
Eine helle Jagd gestreckter Flügel
Unermüdlich durch die Tiefe blitzen.
Und der Spiegel hatte solche Klarheit,
Daß sich anders nicht die Flügel hoben
Tief im Meer als hoch in Lüften oben,
Daß sich völlig glichen Trug und Wahrheit.

Allgemach beschlich es mich wie Grauen,
Schein und Wesen so verwandt zu schauen,
Und ich fragte mich, am Strand verharrend,
Ins gespenstische Geflatter starrend:
Und du selber? Bist du echt beflügelt?
Oder nur gemalt und abgespiegelt?
Gaukelst du im Kreis mit Fabeldingen?
Oder hast du Blut in deinen Schwingen?

LETHE

Jüngst im Traume sah ich auf den Fluten
Einen Nachen ohne Ruder ziehn,
Strom und Himmel stand in matten Gluten
Wie bei Tages Nahen oder Fliehn.

Saßen Knaben drin mit Lotoskränzen,
Mädchen beugten über Bord sich schlank,
Kreisend durch die Reihe sah ich glänzen
Eine Schale, draus ein jedes trank.

Jetzt erscholl ein Lied voll süßer Wehmut,
Das die Schar der Kranzgenossen sang —
Ich erkannte deines Nackens Demut,
Deine Stimme, die den Chor durchdrang.

In die Welle taucht' ich. Bis zum Marke
Schaudert' ich, wie seltsam kühl sie war.
Ich erreicht' die leise zieh'nde Barke,
Drängte mich in die geweihte Schar.

Und die Reihe war an dir zu trinken,
Und die volle Schale hobest du,
Sprachst zu mir mit trautem Augenwinken:
»Herz, ich trinke dir Vergessen zu!«

Dir entriß in trotz'gem Liebesdrange
Ich die Schale, warf sie in die Flut,
Sie versank, und siehe, deine Wange
Färbte sich mit einem Schein von Blut.

Flehend küßt' ich dich in wildem Harme,
Die den bleichen Mund mir willig bot,
Da zerrannst du lächelnd mir im Arme,
Und ich wußt' es wieder — du bist tot.

STAPFEN

In jungen Jahren war's. Ich brachte dich
Zurück ins Nachbarhaus, wo du zu Gast,
Durch das Gehölz. Der Nebel rieselte,
Du zogst des Reisekleids Kapuze vor
Und blicktest traulich mit verhüllter Stirn.
Naß ward der Pfad. Die Sohlen prägten sich
Dem feuchten Waldesboden deutlich ein,
Die wandernden. Du schrittest auf dem Bord,
Von deiner Reise sprechend. Eine noch,
Die längre, folge drauf, so sagtest du.
Dann scherzten wir, der nahen Trennung klug
Das Angesicht verhüllend, und du schiedst,
Dort wo der First sich über Ulmen hebt.
Ich ging denselben Pfad gemach zurück,
Leis schwelgend noch in deiner Lieblichkeit,
In deiner wilden Scheu, und wohlgemut
Vertrauend auf ein baldig Wiedersehn.
Vergnüglich schlendernd, sah ich auf dem Rain
Den Umriß deiner Sohlen deutlich noch
Dem feuchten Waldesboden eingeprägt,
Die kleinste Spur von dir, die flüchtigste,
Und doch dein Wesen: wandernd, reisehaft,
Schlank, rein, walddunkel, aber o wie süß!

Die Stapfen schritten jetzt entgegen dem
Zurück dieselbe Strecke Wandernden:
Aus deinen Stapfen hobst du dich empor
Vor meinem innern Auge. Deinen Wuchs
Erblickt ich mit des Busens zartem Bug.
Vorüber gingst du, eine Traumgestalt.
Die Stapfen wurden jetzt undeutlicher,
Vom Regen halb gelöscht, der stärker fiel.
Da überschlich mich eine Traurigkeit:
Fast unter meinem Blick verwischten sich
Die Spuren deines letzten Gangs mit mir.

ÜBER EINEM GRABE

Blüten schweben über deinem Grabe.
Schnell umarmte dich der Tod, o Knabe,
den wir alle liebten, die dich kannten,
dessen Augen wie zwei Sonnen brannten,
dessen Blicke Seele unterjochten,
dessen Pulse stark und feurig pochten,
dessen Worte schon die Herzen lenkten,
den wir weinend gestern hier versenkten.

Maiennacht. Der Sterne mildes Schweigen . . .
Dort! Ich seh' es aus der Erde steigen!
Unterm Rasen quillt hervor es leise,
Flatterflammen drehen sich im Kreise,
ungelebtes Leben zuckt und lodert
aus der Körperkraft, die hier vermodert,
abgemähter Jugend letztes Walten,
letzte Glut verrauscht in Wunschgestalten.

Eine blasse Jagd: Voran ein Zecher,
in der Faust den überfüllten Becher!
Weh'nde Locken will der Buhle fassen,
die entflatternd nicht sich haschen lassen,
lustgestachelt rast er hinter jenen,
ein verhülltes Mädchen folgt in Tränen.
Durch die Brandung mit verstürmten Haaren
seh' ich einen kühnen Schiffer fahren.
Einen jungen Krieger seh' ich toben,
helmbedeckt, das lichte Schwert erhoben.
Einer stürzt sich auf die Rednerbühne,
weites Volksgetos' beherrscht der Kühne.
Ein Gedräng, ein Kämpfen, Ringen, Streben!
Arme strecken sich, und Kränze schweben —

Kränze, wenn du lebtest, dir beschieden,
nicht erreichte! Knabe, schlaf in Frieden!

SCHWÜLE

Trüb verglomm der schwüle Sommertag,
Dumpf und traurig tönt mein Ruderschlag —
Sterne, Sterne — Abend ist es ja —
Sterne, warum seid ihr noch nicht da?

Bleich das Leben! Bleich der Felsenhang!
Schilf, was flüsterst du so frech und bang?
Fern der Himmel und die Tiefe nah —
Sterne, warum seid ihr noch nicht da?

Eine liebe, liebe Stimme ruft
Mich beständig aus der Wassergruft —
Weg, Gespenst, das oft ich winken sah!
Sterne, Sterne, seid ihr nicht mehr da?

Endlich, endlich durch das Dunkel bricht —
Es war Zeit! — ein schwaches Flimmerlicht —
Denn ich wußte nicht, wie mir geschah.
Sterne, Sterne, bleibt mir immer nah!

SÄERSPRUCH

Bemeßt den Schritt! Bemeßt den Schwung!
Die Erde bleibt noch lange jung!
Dort fällt ein Korn, das stirbt und ruht.
Die Ruh ist süß. Es hat es gut.
Hier eins, das durch die Scholle bricht.
Es hat es gut, süß ist das Licht.
Und keines fällt aus dieser Welt,
Und jedes fällt, wie's Gott gefällt.

Joseph Victor von Scheffel
1826–1886

WANDERLIED

Wohlauf, die Luft geht frisch und rein,
wer lange sitzt, muß rosten;
den allersonnigsten Sonnenschein
läßt uns der Himmel kosten.
Jetzt reicht mir Stab und Ordenskleid
der fahrenden Scholaren,
ich will zu guter Sommerzeit
ins Land der Franken fahren!

Der Wald steht grün, die Jagd geht gut,
schwer ist das Korn geraten;
sie können auf des Maines Flut
die Schiffe kaum verladen.
Bald hebt sich auch das Herbsten an,
die Kelter harrt des Weines;
der Winzer Schutzherr Kilian
beschert uns etwas Feines.

Wallfahrer ziehen durch das Tal
mit fliegenden Standarten,
hell grüßt ihr doppelter Choral
den weiten Gottesgarten.
Wie gerne wär' ich mitgewallt,
ihr Pfarr' wollt' mich nicht haben!
So muß ich seitwärts durch den Wald
als räudig Schäflein traben.

Zum heil'gen Veit von Staffelstein
komm' ich emporgestiegen

und seh' die Lande um den Main
zu meinen Füßen liegen:
Von Bamberg bis zum Grabfeldgau
umrahmen Berg und Hügel
die breite, stromdurchglänzte Au —
ich wollt', mir wüchsen Flügel!

Einsiedelmann ist nicht zu Haus,
dieweil es Zeit zu mähen;
ich seh' ihn an der Halde drauß
bei einer Schnittrin stehen.
Verfahrner Schüler Stoßgebet
heißt: Herr, gib uns zu trinken!
Doch wer bei schöner Schnittrin steht,
dem mag man lange winken.

Einsiedel, das war mißgetan,
daß du dich hubst von hinnen!
Es liegt, ich seh's dem Keller an,
ein guter Jahrgang drinnen.
Hoiho! Die Pforten brech' ich ein
und trinke, was ich finde.
Du heil'ger Veit von Staffelstein,
verzeih mir Durst und Sünde!

Marie von Ebner-Eschenbach
1830–1916

EIN KLEINES LIED

Ein kleines Lied! Wie geht's nur an,
Daß man so lieb es haben kann,
Was liegt darin? Erzähle!

Es liegt darin ein wenig Klang,
Ein wenig Wohllaut und Gesang
Und eine ganze Seele.

Wilhelm Raabe
1831–1910

Wenn über stiller Heide
Des Mondes Sichel schwebt,
Mag lösen sich vom Leide
Herz, das im Leiden bebt.

Das Ewige ist stille,
Laut die Vergänglichkeit;
Schweigend geht Gottes Wille
Über den Erdenstreit.

In deinen Schmerzen schweige,
Tritt in die stille Nacht;
Das Haupt in Demut neige,
Bald ist der Kampf vollbracht.

Wenn hinter dir versunken,
Was Ohr und Auge bannt,
Dann hält die Seele trunken
Das Firmament umspannt.

O Heide, stille Heide,
Wie sehnet sich hinaus
Zu dir das Herz im Leide,
Gefangen Herz im Haus!

Wilhelm Busch
1832–1908

Es sitzt ein Vogel auf dem Leim,
Er flattert sehr und kann nicht heim.
Ein schwarzer Kater schleicht herzu,
Die Krallen scharf, die Augen gluh.
Am Baum hinauf und immer höher
Kommt er dem armen Vogel näher.
Der Vogel denkt: Weil das so ist
Und weil mich doch der Kater frißt,
So will ich keine Zeit verlieren,
Will noch ein wenig quinquilieren
Und lustig pfeifen wie zuvor.
Der Vogel, scheint mir, hat Humor.

Sie war ein Blümlein hübsch und fein,
Hell aufgeblüht im Sonnenschein.
Er war ein junger Schmetterling,
Der selig an der Blume hing.
Oft kam ein Bienlein mit Gebrumm
Und nascht und säuselt da herum.
Oft kroch ein Käfer kribbelkrab
Am hübschen Blümlein auf und ab.

Ach Gott, wie das dem Schmetterling
So schmerzlich durch die Seele ging.
Doch was am meisten ihn entsetzt,
Das Allerschlimmste kam zuletzt.
Ein alter Esel fraß die ganze
Von ihm so heiß geliebte Pflanze.

Wer einsam ist, der hat es gut,
weil keiner da, der ihm was tut.
Ihn stört in seinem Lustrevier
kein Tier, kein Mensch und kein Klavier,
und niemand gibt ihm weise Lehren,
die gut gemeint und bös zu hören.
Der Welt entronnen, geht er still
in Filzpantoffeln, wann er will.
Sogar im Schlafrock wandelt er
bequem den ganzen Tag umher.
Er kennt kein weibliches Verbot,
drum raucht und dampft er wie ein Schlot.
Geschützt vor fremden Späherblicken,
kann er sich selbst die Hose flicken.
Liebt er Musik, so darf er flöten,
um angenehm die Zeit zu töten,
und laut und kräftig darf er prusten,
und ohne Rücksicht darf er husten,
und allgemach vergißt man seiner.
Nur allerhöchstens fragt mal einer:
Was, lebt er noch? Ei Schwerenot,
ich dachte längst, er wäre tot.
Kurz, abgesehn vom Steuerzahlen,
läßt sich das Glück nicht schöner malen.
Worauf denn auch der Satz beruht:
Wer einsam ist, der hat es gut.

Man ist ja von Natur kein Engel,
vielmehr ein Welt- und Menschenkind,
und rings umher ist ein Gedrängel
von solchen, die dasselbe sind.

In diesem Reich geborner Flegel,
wer könnte sich des Lebens freun,
würd' es versäumt, schon früh die Regel
der Rücksicht kräftig einzubleun.

Es saust der Stock, es schwirrt die Rute.
Du darfst nicht zeigen, was du bist.
Wie schad, o Mensch, daß dir das Gute
im Grunde so zuwider ist!

DIE BEIDEN SCHWESTERN

Es waren mal zwei Schwestern,
ich weiß es noch wie gestern.
Die eine namens Adelheid
war faul und voller Eitelkeit.
Die andre, die hieß Käthchen
und war ein gutes Mädchen.
Sie quält sich ab von früh bis spät,
wenn Adelheid spazierengeht.
Die Adelheid trank roten Wein,
dem Käthchen schenkt' sie Wasser ein.

Einst war dem Käthchen anbefohlen,
im Walde dürres Holz zu holen.
Da saß an einem Wasser
ein Frosch, ein grüner, nasser;
der quakte ganz unsäglich,
gottsjämmerlich und kläglich:
»Erbarme dich, erbarme dich,
ach, küsse und umarme mich!«

Das Käthchen denkt: »Ich will's nur tun,
sonst kann der arme Frosch nicht ruhn!«
Der erste Kuß schmeckt recht abscheulich.
Der gräsig grüne Frosch wird bläulich.
Der zweite schmeckt schon etwas besser;
der Frosch wird bunt und immer größer.
Beim dritten gibt es ein Getöse,
als ob man die Kanonen löse.
Ein hohes Schloß steigt aus dem Moor,
ein schöner Prinz steht vor dem Tor.

Er spricht: »Lieb Käthchen, du allein
sollst meine Herzprinzessin sein!«
Nun ist das Käthchen hochbeglückt,
kriegt Kleider schön mit Gold bestickt
und trinkt mit ihrem Prinzgemahl
aus einem goldenen Pokal.

Indessen ist die Adelheid
in ihrem neusten Sonntagskleid
herumspaziert an einem Weiher,
da saß ein Knabe mit der Leier.
Die Leier klang, der Knabe sang:
»Ich liebe dich, bin treu gesinnt.
Komm, küsse mich, du hübsches Kind!«

Kaum küßt sie ihn, so wird er grün,
so wird er struppig, eiskalt und schuppig.
Und ist, o Schreck!
Der alte, kalte Wasserneck.
»Ha!« — lacht er — »diese hätten wir!«
Und fährt bis auf den Grund mit ihr.

Da sitzt sie nun bei Wasserratzen,
muß Wassernickels Glatze kratzen,
trägt einen Rock von rauhen Binsen,
kriegt jeden Mittag Wasserlinsen;
und wenn sie etwas trinken muß,
ist Wasser da im Überfluß.

SELBSTKRITIK

Die Selbstkritik hat viel für sich.
Gesetzt den Fall, ich tadle mich;
so hab' ich erstens den Gewinn,
daß ich so hübsch bescheiden bin;
zum zweiten denken sich die Leut,
der Mann ist lauter Redlichkeit;
auch schnapp' ich drittens diesen Bissen
vorweg den andern Kritiküssen;
und viertens hoff' ich außerdem
auf Widerspruch, der mir genehm.
So kommt es dann zuletzt heraus,
daß ich ein ganz famoses Haus.

Gehorchen wird jeder mit Genuß
den Frauen, den hochgeschätzten,
hingegen machen uns meist Verdruß
die sonstigen Vorgesetzten.

Nur wenn ein kleines Mißgeschick
betrifft den Treiber und Leiter,
dann fühlt man für den Augenblick
sich sehr befriedigt und heiter.

Als neulich am Sonntag der Herr Pastor
eine peinliche Pause machte,
weil er den Faden der Rede verlor,
da duckt' sich der Küster und lachte.

SCHEIN UND SEIN

Mein Kind, es sind allhier die Dinge,
gleichviel, ob große, ob geringe,
im wesentlichen so verpackt,
daß man sie nicht wie Nüsse knackt.

Wie wolltest du dich unterwinden,
kurzweg die Menschen zu ergründen.
Du kennst sie nur von außenwärts.
Du siehst die Weste, nicht das Herz.

Friedrich Nietzsche
1844–1900

ECCE HOMO

Ja, ich weiß, woher ich stamme!
Ungesättigt gleich der Flamme
Glühe und verzehr ich mich.
Licht wird alles, was ich fasse,
Kohle alles, was ich lasse:
Flamme bin ich sicherlich!

»MEIN GLÜCK!«

Die Tauben von San Marco seh ich wieder:
Still ist der Platz, Vormittag ruht darauf.
In sanfter Kühle schick ich müßig Lieder
Gleich Taubenschwärmen in das Blau hinauf —
Und locke sie zurück,
Noch einen Reim zu hängen ins Gefieder
— mein Glück! Mein Glück!

Du stilles Himmels-Dach, blau-licht, von Seide,
Wie schwebst du schirmend ob des bunten Baus,
Den ich — was sag ich? — liebe, fürchte, *neide* . . .
Die Seele wahrlich tränk ich gern ihm aus!
Gäb ich sie je zurück? —
Nein, still davon, du Augen-Wunderweide!
— mein Glück! Mein Glück!

Du strenger Turm, mit welchem Löwendrange
Stiegst du empor hier, siegreich, sonder Müh!
Du überklingst den Platz mit tiefem Klange —:
Französisch, wärst du sein Accent aigu?
Blieb ich gleich dir zurück,
Ich wüßte, aus welch seidenweichem Zwange . . .
— mein Glück! Mein Glück!

Fort, fort, Musik! Laß erst die Schatten dunkeln
Und wachsen bis zur braunen lauen Nacht!
Zum Tone ist's zu früh am Tag, noch funkeln
Die Gold-Zieraten nicht in Rosen-Pracht,
Noch blieb viel Tag zurück,
Viel Tag für Dichten, Schleichen, Einsam-Munkeln
— mein Glück! Mein Glück!

VEREINSAMT

Die Krähen schrein
Und ziehen schwirren Flugs zur Stadt:
Bald wird es schnein. —
Wohl dem, der jetzt noch — Heimat hat!

Nun stehst du starr,
Schaust rückwärts, ach! wie lange schon!
Was bist du Narr
Vor Winters in die Welt entflohn?

Die Welt — ein Tor
Zu tausend Wüsten stumm und kalt!

Wer das verlor,
Was du verlorst, macht nirgends halt.

Nun stehst du bleich,
Zur Winter-Wanderschaft verflucht,
Dem Rauche gleich,
Der stets nach kältern Himmeln sucht.

Flieg, Vogel, schnarr
Dein Lied im Wüstenvogel-Ton! —
Versteck, du Narr,
Dein blutend Herz in Eis und Hohn!

Die Krähen schrein
Und ziehen schwirren Flugs zur Stadt:
Bald wird es schnein. —
Weh dem, der keine Heimat hat!

DAS TRUNKNE LIED

O Mensch! Gib acht!
Was spricht die tiefe Mitternacht?
»Ich schlief, ich schlief —
Aus tiefem Traum bin ich erwacht: —
Die Welt ist tief,
Und tiefer als der Tag gedacht.
Tief ist ihr Weh —,
Lust — tiefer noch als Herzeleid:
Weh spricht: Vergeh!
Doch alle Lust will Ewigkeit —
Will tiefe, tiefe Ewigkeit!«

VENEDIG

An der Brücke stand
Jüngst ich in brauner Nacht.
Fernher kam Gesang:
Goldener Tropfen quoll's
Über die zitternde Fläche weg.
Gondeln, Lichter, Musik —
Trunken schwamm's in die Dämmrung hinaus...

Meine Seele, ein Saitenspiel,
Sang sich, unsichtbar berührt,
Heimlich ein Gondellied dazu,
Zitternd vor bunter Seligkeit.
— Hörte jemand ihr zu? . . .

Detlev von Liliencron
1844–1909

HEIDEBILDER

Tiefeinsamkeit spannt weit die schönen Flügel,
Weit über stille Felder aus.
Wie ferne Küsten grenzen graue Hügel,
Sie schützen vor dem Menschengraus.

Im Frühling fliegt in mitternächtiger Stunde
Die Wildgans hoch in raschem Flug.
Das alte Gaukelspiel: in weiter Runde
Hör ich Gesang im Wolkenzug.

Verschlafen sinkt der Mond in schwarze Gründe,
Beglänzt noch einmal Schilf und Rohr.
Gelangweilt ob so mancher holden Sünde,
Verläßt er Garten, Wald und Moor.

Die Mittagssonne brütet auf der Heide,
Im Süden droht ein schwarzer Ring.
Verdurstet hängt das magere Getreide,
Behaglich treibt ein Schmetterling.

Ermattet ruhn der Hirt und seine Schafe,
Die Ente träumt im Binsenkraut.
Die Ringelnatter sonnt in trägem Schlafe
Unregbar ihre Tigerhaut.

Im Zickzack zuckt ein Blitz, und Wasserfluten
Entstürzen gierig dunklem Zelt.

Es jauchzt der Sturm und peitscht mit seinen Ruten
Erlösend meine Heidewelt.

In Herbstestagen bricht mit starkem Flügel
Der Reiher durch den Nebelduft.
Wie still es ist; kaum hör ich um den Hügel
Noch einen Laut in weiter Luft.

Auf eines Birkenstämmchens schwanker Krone
Ruht sich ein Wanderfalke aus.
Doch schläft er nicht, von seinem leichten Throne
Äugt er durchdringend scharf hinaus.

Der alte Bauer mit verhaltnem Schritte
Schleicht neben seinem Wagen Torf.
Und holpernd, stolpernd schleppt mit lahmem Tritte
Der alte Schimmel ihn ins Dorf.

Die Sonne leiht dem Schnee das Prachtgeschmeide,
Doch ach! Wie kurz ist Schein und Licht.
Ein Nebel tropft, und traurig zieht im Leide
Die Landschaft ihren Schleier dicht.

Ein Häslein nur fühlt noch des Lebens Wärme,
Am Weidenstumpfe hockt es bang.
Doch kreischen hungrig schon die Rabenschwärme
Und hacken auf den sichern Fang.

Bis auf den schwarzen Schlammgrund sind gefroren
Die Wasserlöcher und der See.
Zuweilen geht ein Wimmern, wie verloren,
Dann stirbt im toten Wald ein Reh.

Tiefeinsamkeit, es schlingt um deine Pforte
Die Erika das rote Band.
Von Menschen leer, was braucht es noch der Worte,
Sei mir gegrüßt, du stilles Land.

ZWEI MEILEN TRAB

Es sät der Huf, der Sattel knarrt,
Der Bügel jankt, es wippt mein Bart
In immer gleichem Trabe.

Auf stillen Wegen wiegt mich längst
Mein alter Mecklenburger Hengst
Im Trab, im Trab, im Trabe.

Der sammetweichen Sommernacht
Violenduft und Blütenpracht
Begleiten mich im Trabe.

Ein grünes Blatt, ich nahm es mit,
Das meiner Stirn vorüberglitt
Im Trabe, Trabe, Trabe.

Hut ab, ich nestle wohlgemut,
Hut auf, schon sitzt das Zweiglein gut,
Ich blieb im gleichen Trabe.

Ich pfeif aus Flick und Flock ihm vor,
Er prustet, er bewegt das Ohr,
Und sing ihm eins im Trabe.

Ein Nixchen, das im nahen Bach
Sich badet, planscht und spritzt mir nach
Im Trabe, Trabe, Trabe.

Und wohlig weg im gleichen Maß,
Daß ich die ganze Welt vergaß
Im Trabe, Trabe, Trabe.

Und immer fort, der Fackel zu,
Dem Torfahrlicht der ewigen Ruh,
Im Trabe, Trabe, Trabe.

VIERERZUG

Vorne vier nickende Pferdeköpfe,
Neben mir zwei blonde Mädchenzöpfe,
Hinten den Groom mit wichtigen Mienen,
An den Rädern Gebell.

In den Dörfern windstillen Lebens Genüge,
Auf den Feldern fleißige Spaten und Pflüge,
Alles das von der Sonne beschienen
So hell, so hell.

EINER TOTEN

Ach, daß du lebtest!
Tausend schwarze Krähen,
Die mich umflatterten auf allen Wegen,
Entflohen, wenn sich deine Tauben zeigten,
Die weißen Tauben deiner Fröhlichkeit.
Daß du noch lebtest!
Schwer und kalt bedrängt
Die Erde deinen Sarg und hält dich fest.
Ich geh nicht hin, ich finde dich nicht mehr.
Und Wiedersehn?
Was soll ein Wiedersehn,
Wenn wir zusammen Hosianna singen
Und ich dein Lachen nicht mehr hören kann?
Dein Lachen, deine Sprache, deinen Trost:

Der Tag ist heut so schön. Wo ist Chasseur?
Hol aus dem Schranke deinen Lefaucheux,
Und geh ins Feld, die Hühner halten noch.
Doch bieg nicht in das Buchenwäldchen ab,
Und leg dich nicht ins Moos und träume nicht.
Paß auf die Hühner und sei nicht zerstreut,
Blamier dich nicht vor deinem Hund, ich bitte.
Und alle Orgeldreher heut verwünsch ich,
Die mit verlornem Ton aus fernen Dörfern
Dir Träume senden — dann gibt's keine Hühner.
Und doch, die braune Heide liegt so still,
Dich rührt ihr Zauber, laß dich nur bestricken.

Wir essen heute abend Erbsensuppe,
Und der Margaux hat schon die Zimmerwärme;
Bring also Hunger mit und gute Laune.
Dann liest du mir aus deinen Lieblingsdichtern.

Und willst du mehr, wir gehen an den Flügel
Und singen Schumann, Robert Franz und Brahms.
Die Geldgeschichten lassen wir heut ruhn.
Du lieber Himmel, deine Gläubiger
Sind keine Teufel, die dich braten können,
Und alles wird sich machen.
Hier noch eins:
Ich tat dir guten Kognak in die Flasche.
Grüß Heide mir und Wald und all die Felder,
Die abseits liegen und vergiß die Schulden,
Ich seh inzwischen in der Küche nach,
Daß uns die Erbsensuppe nicht verbrennt.

Daß du noch lebtest!
Tausend schwarze Krähen,
Die mich umflatterten auf allen Wegen,
Entflohen, wenn sich deine Tauben zeigten,
Die weißen Tauben deiner Fröhlichkeit,
Ach, daß du lebtest!

DER MAIBAUM

Wir liebten uns. Ich saß an deinem Bette
und sah auf deinen todesmatten Mund.
Dein Auge suchte mich an irrer Stätte;
hörst du den Sensenschnitt im Wiesengrund?

Und Pfingsten rings. Die Stadt war ausgeflogen
in hellen Kleidern und im Frühlingshut.
Wir waren um den schönsten Tag betrogen;
o Tag, sei gnädig ihrer Fieberglut.

Zu deinem Haupte bog, zu deinen Füßen
bog sich ein grünes Birkenbäumchen vor;
sie sollten dich vom heiligen Leben grüßen,
ein letzter Gruß dir sein am schwarzen Tor.

Ich hatte gestern sie für dich geschnitten,
an einer Stelle, die dir wohlbekannt,
zu der wir ausgelassen oft geschritten,
an der wir oft gesessen Hand in Hand.

An jenem Ort steht eine alte Weide,
vor Neid und Sonne unsre Schützerin;
da ist es still, und überall die Heide,
am Ginster zittert die Libelle hin.

Ein Wasser schwatzt sich selig durchs Gelände,
ein reifer Roggenstrich schließt ab nach Süd;
da stützt Natur die Stirne in die Hände
und ruht sich aus von ihrer Arbeit müd.

Weißt du den Abend noch, wir saßen lange,
ein nahendes Gewitter hielt uns fest
an unserm Weidenbusch, du fragtest bange,
es klang so zag: Und wenn du mich verläßt?

Sieh zu mir auf, beschirmt von Birkenzweigen;
ich war dir treu, wir haben uns geglaubt.
Aus Wüsten zieht, aus Wolken her das Schweigen,
die Sense sirrt, und sterbend sinkt dein Haupt.

AUF DEM KIRCHHOF

Der Tag ging regenschwer und sturmbewegt,
ich war an manch vergessenem Grab gewesen.
Verwittert Stein und Kreuz, die Kränze alt,
die Namen überwachsen, kaum zu lesen.

Der Tag ging sturmbewegt und regenschwer,
auf allen Gräbern fror das Wort: Gewesen.
Wir sturmestot die Särge schlummerten,
auf allen Gräbern taute still: Genesen.

MÄRZTAG

Wolkenschatten fliehen über Felder,
blau umdunstet stehen ferne Wälder.

Kraniche, die hoch die Luft durchpflügen,
kommend schreiend an in Wanderzügen.

Lerchen steigen schon in lauten Schwärmen,
überall ein erstes Frühlingslärmen.

Lustig flattern, Mädchen, deine Bänder,
kurzes Glück träumt durch die weiten Länder.

Kurzes Glück schwamm mit den Wolkenmassen,
wollt' es halten, mußt' es schwimmen lassen.

DER HANDKUSS

Viere lang,
Zum Empfang,
Vorne Jean,
Elegant,
  Fährt meine süße Lady.

Schilderhaus,
Wache raus.
Schloßportal,
Und im Saal
  Steht meine süße Lady.

Hofmarschall,
Pagenwall.
Sehr graziös,
Merveillös
  Knixt meine süße Lady.

Königin,
Hoher Sinn.
Ihre Hand,
Interessant,
  Küßt meine süße Lady.

Viere lang,
Vom Empfang,
Vorne Jean,
Elegant,
  Kommt meine süße Lady.

Nun wie war's
Heut bei Czars?

Ach, ich bin
Noch ganz hin,
Haucht meine süße Lady.

Nach und nach,
Allgemach,
Ihren Mann
Wieder dann
Kennt meine süße Lady.

EINEN SOMMER LANG

Zwischen Roggenfeld und Hecken
Führt ein schmaler Gang;
Süßes, seliges Verstecken
Einen Sommer lang.

Wenn wir uns von ferne sehen,
Zögert sie den Schritt,
Rupft ein Hälmchen sich im Gehen,
Nimmt ein Blättchen mit.

Hat mit Ähren sich das Mieder
Unschuldig geschmückt,
Sich den Hut verlegen nieder
In die Stirn gerückt.

Finster kommt sie langsam näher,
Färbt sich rot wie Mohn;
Doch ich bin ein feiner Späher,
Kenn die Schelmin schon.

Noch ein Blick in Weg und Weite,
Ruhig liegt die Welt,
Und es hat an ihre Seite
Mich der Sturm gesellt.

Zwischen Roggenfeld und Hecken
Führt ein schmaler Gang;
Süßes, seliges Verstecken
Einen Sommer lang.

GLÜCKES GENUG

Wenn sanft du mir im Arme schliefst,
ich deinen Atem hören konnte,
im Traum du meinen Namen riefst,
um deinen Mund ein Lächeln sonnte —
Glückes genug.

Und wenn nach heißem, ernstem Tag
du mir verscheuchtest schwere Sorgen,
wenn ich an deinem Herzen lag
und nicht mehr dachte an ein Morgen —
Glückes genug.

MEINER MUTTER

Wie oft sah ich die blassen Hände nähen,
ein Stück für mich — wie liebevoll du sorgtest!
Ich sah zum Himmel deine Augen flehen,
ein Wunsch für mich — wie liebevoll du sorgtest!
Und an mein Bett kamst du mit leisen Zehen,
ein Schutz für mich — wie sorgenvoll du horchtest!
Längst schon dein Grab die Winde überwehen,
ein Gruß für mich — wie liebevoll du sorgtest!

Emil Prinz zu Schönaich-Carolath
1852–1908

VOM SCHEIDEN

Wenn dir ein Mägdlein recht gefällt
und sie nimmt einen andern,
dann heißt es in die weite Welt
zu wandern.

Da draußen viele Mädchen sind,
so viele blond' und braune,
als Rosen blühn im Maienwind
am Zaune.

Mit neuem Glück an neuem Ort
zufrieden sind die mehrsten,
oft treibt ein zweiter Nagel fort
den ersten.

Doch wenn die Kur dir schlecht gelingt,
so werde Kapuziner,
und wenn kein Ablaß Frieden bringt,
trink Valtelliner.

Trink aus und würfle bei Morgenrot
um Dirnen mit blankem Messer —
stäch' dich vorher ein Lanzknecht tot,
wär's besser.

Und tut er's nicht, so zeche fort,
doch wirf hinaus auf die Gasse

die Menschen mit ihrem Krämerwort,
daß Liebe sich heilen lasse . . .

Wenn dir ein Mägdlein recht gefällt
und sie nimmt einen andern,
dann ist's am besten, aus der Welt
zu wandern.

Gustav Falke
1853–1916

DIE SORGLICHEN

Im Frühling, als der Märzwind ging,
als jeder Zweig voll Knospen hing,
da fragten sie mit Zagen:
Was wird der Sommer sagen?

Und als das Korn in Fülle stand,
in lauter Sonne briet das Land,
da seufzten sie und schwiegen:
Bald wird der Herbstwind fliegen.

Der Herbstwind blies die Bäume an
und ließ auch nicht ein Blatt daran.
Sie sahn sich an: Dahinter
kommt nun der böse Winter.

Das war nicht eben falsch gedacht,
der Winter kam auch über Nacht.
Die armen, armen Leute,
was sorgen sie nur heute?

Sie sitzen hinterm Ofen still
und warten, ob's nicht tauen will,
und bangen sich und sorgen
um morgen.

Arno Holz
1863–1929

ER STAMMT AUSS FLANDERN
Ode Trochaica

Dorilis räucht aller Orten
nach Confäkkt und Mandel-Dorten.
Doch manch hübsches Stellgen
hat auch Florabellgen.

Gantz mit Rohsen übergossen
glentzt auch Candie mir zum Bossen.
Sylviens Kuß-Korallen
gleich-falls mir gefallen.

Auch Marindgen ist mein Schmäkkgen.
Duppel-ründlig qwillt ihr Jäkkgen.
Und waß for ein Fellgen
hat erst Katrinellgen!

Cleliens halb verstekkte Dinger
lokken gleich-falls mir die Finger.
Auß Rubin die Spizzen
gäntzlich mich erhizzen!

Doch ich gläube / doch ich däncke /
wenn ich gantz mich dreyn versäncke /
sälbst bei Klariminden
würde man waß finden.

Blandula und Rosadore /
Purpuris und Zeliflore /

Sußgen und Moralle /
gölden sind sie alle!

Soll ich drümb mich nun erhäncken
und mich an den Galgen schäncken?
Oder mich beweiben?
Nein. Dihß laß ich bleiben.

Mit so angenehmen Dirnen
darff kein Schäffer sich verzwirnen.
Eine nach der andern!
Dafnis stammt auß Flandern.

Die Nacht liegt in den letzten Zügen,
der Regen tropft, der Nebel spinnt . . .
Oh, daß die Märchen immer lügen,
die Märchen, die die Jugend sinnt!
Wie lieblich hat sich einst getrunken
der Hoffnung goldner Feuerwein!
Und jetzt? Erbarmungslos versunken
in dieses Elend der Spelunken —
O Sonnenschein! o Sonnenschein!

Nur einmal, einmal noch im Traume
laß mich hinaus, o Gott, hinaus!
Denn süß rauscht's nachts im Lindenbaume
vor meines Vaters Försterhaus.
Der Mond lugt golden um den Giebel,
der Vater träumt von Mars-la-Tour,
lieb Mütterchen studiert die Bibel,

ihr Nestling koloriert die Fibel,
und leise, leise tickt die Uhr!

O goldene Lenznacht der Jasminen,
O wär' ich niemals dir entrückt!
Das ewige Rädern der Maschinen
hat mir das Hirn zerpflückt, zerstückt!
Einst schlich ich aus dem Haus der Väter
nachts in die Welt mich wie ein Dieb,
und heut — drei kurze Jährchen später? —
Wie ein geschlagner Missetäter
schluchz' ich: Vergib, o Gott, vergib!

Wozu dein armes Hirn zerwühlen?
Du grübelst, und die Weltlust lacht!
Denn von Gedanken, von Gefühlen,
hat noch kein Mensch sich satt gemacht!
Ja, recht hat, o du süße Mutter,
dein Spruch, vor dem's mir stets gegraust.
Was soll uns Shakespeare, Kant und Luther?
Dem Elend dünkt ein Stückchen Butter
erhabner als der ganze Faust!

Richard Dehmel
1863–1920

LIED AN MEINEN SOHN

Der Sturm behorcht mein Vaterhaus,
mein Herz klopft in die Nacht hinaus,
laut; so erwacht' ich vom Gebraus
des Forstes schon als Kind.
Mein junger Sohn, hör zu, hör zu:
In deine ferne Wiegenruh'
stöhnt meine Worte dir im Traum der Wind.

Einst hab' ich auch im Schlaf gelacht,
mein Sohn, und bin nicht aufgewacht
vom Sturm: bis eine graue Nacht
wie heute kam.
Dumpf brandet heut im Forst der Föhn
wie damals, als ich sein Getön
vor Furcht wie meines Vaters Wort vernahm.

Horch, wie der knospige Wipfelsaum
sich sträubt, sich beugt, von Baum zu Baum;
mein Sohn, in deinen Wiegentraum
zornlacht der Sturm — hör zu, hör zu!
Er hat sich nie vor Furcht gebeugt!
Horch, wie er durch die Kronen keucht:
sei *Du!* sei *Du!* —

Und wenn dir einst von Sohnespflicht,
mein Sohn, dein alter Vater spricht,
gehorch ihm nicht, gehorch ihm nicht:

horch, wie der Föhn im Forst den Frühling braut!
Horch, er bestürmt mein Vaterhaus;
mein Herz tönt in die Nacht hinaus,
laut — —

HERR UND HERRIN

Ein Mann:
Da du schön bist, darf ich dich beschwören,
errege nicht mein leicht erregtes Blut.
Da du so schön bist, kann ich dir nicht wehren,
daß deine Hand zu sehr in meiner ruht.
Da du so schön bist, muß ich dich begehren,
denn alle Schönheit ist mir freies Gut.
Da du so schön bist, will ich dich zerstören,
damit es nicht ein andrer tut . . .

Das Weib:
Da du so stark bist, darfst du mich begehren,
doch meine Schönheit bleibt mein freies Gut.
Da du so stark bist, kannst du mich zerstören,
wenn dir die Tat nicht selbst zu wehe tut.
Da du so stark bist, mußt du mir beschwören,
daß du beschützen wirst mein schutzlos Blut.
Da du so stark bist, will ich dir nicht wehren,
daß deine Hand in meiner ruht . . .

MANCHE NACHT

Wenn die Felder sich verdunkeln,
fühl ich, wird mein Auge heller;
schon versucht ein Stern zu funkeln,
und die Grillen wispern schneller.

Jeder Laut wird bilderreicher,
das Gewohnte sonderbarer,
hinterm Wald der Himmel bleicher,
jeder Wipfel hebt sich klarer.

Und du merkst es nicht im Schreiten,
wie das Licht verhundertfältigt
sich entringt den Dunkelheiten.
Plötzlich stehst du überwältigt.

DER STIEGLITZ

Die Sonne blitzt, ein Distelfeld
Belebt die stille Mittagswelt.
Im starrgezackten Blättermeer
Glühn purpurlockig kreuz und quer
Die Blütenköpfe.

Und durch den eisengrauen Busch
Ein bunter Vogel, hupp, hupp, husch,
Hüpft durch das wilde Staudenheer,
Als ob es ohne Stacheln wär:
Ein junger Stieglitz.

Wie wirr! wie wunderlich geschweift!
Ein leichtes Lüftchen kommt und greift
Von Blütenspeer zu Blütenspeer
Und wirft die Schatten hin und her;
Weg ist der Stieglitz.

Nun will ich stille weitergehn
Und mir die sonnige Welt besehn
Und durch das Leben kreuz und quer,
Als ob es ohne Stacheln wär,
Das liebe Leben!

NACH EINEM REGEN

Sieh, der Himmel wird blau;
Die Schwalben jagen sich
Wie Fische über den nassen Birken.
Und du willst weinen?

In deiner Seele werden bald
Die blanken Bäume und blauen Vögel
Ein goldnes Bild sein.
Und du weinst?

Mit meinen Augen
Seh ich in deinen
Zwei kleine Sonnen.
Und du lächelst.

Ricarda Huch
1864–1947

EIN GEDICHT

Tief in den Himmel verklingt
Traurig der letzte Stern,
Noch eine Nachtigall singt
Fern — fern.
Geh schlafen, mein Herz, es ist Zeit;
Kühl weht die Ewigkeit.

Matt im Schoß liegt die Hand,
Einst so tapfer am Schwert.
War, wofür du entbrannt,
Kampfes wert?
Geh schlafen, mein Herz, es ist Zeit;
Kühl weht die Ewigkeit.

ERINNERUNG

Einmal vor manchem Jahre
War ich ein Baum am Bergesrand,
Und meine Birkenhaare
Kämmte der Mond mit weißer Hand.

Hoch überm Abgrund hing ich
Windbewegt auf schroffem Stein,
Tanzende Wolken fing ich
Mir als vergänglich Spielzeug ein.

Fühlte nichts im Gemüte,
Weder von Wonne, noch von Leid,
Rauschte, verwelkte, blühte,
In meinem Schatten schlief die Zeit.

HEIMWEH

Daß ich einmal doch zu Haus
Läg im Grase wieder!
Bienenschwarm beim Honigschmaus
Summt am blauen Flieder,
Zwitscherton vorüber mir
Aus der Amsel Kehle,
Leichte Wölkchen über mir,
Hoffnung in der Seele!

AUF BERGESHÖHE

Überm Staub und Lärm der Gassen,
Wind und Wolken zugesellt,
Fühl ich tröstend mich umfassen
Eine makellose Welt.

Seine Flügel senkt mein Sehnen,
Alle Wünsche gehen zur Ruh,
Und die Quelle meiner Tränen
Schließt sich sacht von selber zu.

Hermann Löns
1866–1914

AN DIE SPRÖDE

Gertrude, weiße Blume,
was bist du so stolz;
es wächst kein grünes Blättlein
am trockenen Holz.

Die Nachtigall singt nicht
in Schnee und in Eis;
die Liebe schmeckt am schönsten,
wenn niemand es weiß.

Gertrude, weiße Blume,
der Flieder, der blüht;
die Nachtigall im Walde,
die singet ihr Lied.

Sie singet von Liebe,
sie singet von Glück;
die Zeit, die verpaßt ist,
die kommt nicht zurück.

Gertrude, weiße Blume,
und kurz ist der Mai;
was willst du noch warten,
bald ist es vorbei.

DER SPÄTE MAI

Die roten Blätter rauschen,
der Sommer ist lange vorbei,
es leuchten unsere Augen,
es blüht in uns der Mai.

Wir können die Liebe nicht bergen,
wir sind uns viel zu gut,
es brennen unsere Lippen,
in den Schläfen klopft unser Blut.

Wir reden schüchterne Worte,
wir sehn aneinander vorbei,
scheu wie die erste Liebe
macht uns der späte Mai.

Was zögerst du, was zagst du,
wer weiß, bald fällt der Schnee,
die ungeküßten Küsse,
das ist das bitterste Weh.

AM HEIDEHÜGEL

Am Heidehügel geht ein Singen,
Ein leises Singen her und hin,
Da wiegt in einer goldnen Wiege
Ihr Kind die Zwergenkönigin.

Ich denke an das alte Märchen,
Es liegt mein Kopf in deinem Schoß,

Dein Mund singt mir ein Wiegenliedchen,
Und meine Augen werden groß.

Mein Herz, das ist so still und selig,
Ein goldner Traum darüber fliegt,
Es liegt in einer goldnen Wiege,
Die langsam hin und her sich wiegt.

WEGEWARTE

Es steht eine Blume,
Wo der Wind weht den Staub,
Blau ist ihre Blüte,
Aber grau ist ihr Laub.

Ich stand an dem Wege,
Hielt auf meine Hand,
Du hast deine Augen
Von mir abgewandt.

Jetzt stehst du am Wege,
Da wehet der Wind,
Deine Augen, die blauen,
Vom Staub sind sie blind.

Da stehst du und wartest,
Daß ich komme daher,
Wegewarte, Wegewarte,
Du blühst ja nicht mehr.

Rudolf G. Binding
1867–1938

Stunden voll von süßen Traurigkeiten
rinnen nun in meine hellen Tage,
seit ich es in meinem Herzen trage,
daß du mein bist, und ich muß dich meiden.

Sinnend lass' ich durch die Finger gleiten
der Erinnerung goldne Kettenglieder;
aber leise rinnen mir hernieder
Stunden voll von süßen Traurigkeiten.

GLEICHUNG

Soll ich dann nicht mehr sein,
wenn ich dir fern bin?
Wirst du dann Erde sein,
wenn ich ein Stern bin?

Folgest du mir nicht mehr,
wenn ich entschwunden?
Wenn ich entfesselt schon,
bist du gebunden? —

Leben und Tod ist nur
gleiches Berauschen.
Sterne und Erde sind
nicht mehr zu tauschen.

Sterb' ich dir heute nicht,
sterb' ich dir morgen:
Schwebend im Gleich des All
sind wir geborgen.

Stefan George
1868–1933

Fenster wo ich einst mit dir
Abends in die landschaft sah
Sind nun hell mit fremdem licht.

Pfad noch läuft vom tor wo du
Standest ohne umzuschaun
Dann ins tal hinunterbogst.

Bei der kehr warf nochmals auf
Mond dein bleiches angesicht ...
Doch es war zu spät zum ruf.

Dunkel — schweigen — starre luft
Sinkt wie damals um das haus.
Alle freude nahmst du mit.

Die blume die ich mir am fenster hege
Verwahrt vorm froste in der grauen scherbe
Betrübt mich nur trotz meiner guten pflege
Und hängt das Haupt als ob sie langsam sterbe.

Um ihrer frühern blühenden geschicke
Erinnerung aus meinem sinn zu merzen
Erwähl ich scharfe waffen und ich knicke
Die blasse blume mit dem kranken herzen.

Was soll sie nur zur bitternis mir taugen?
Ich wünschte dass vom fenster sie verschwände ...
Nun heb ich wieder meine leeren augen
Und in die leere nacht die leeren hände.

Es lacht in dem steigenden jahr dir
Der duft aus dem garten noch leis.
Flicht in dem flatternden haar dir
Eppich und ehrenpreis.

Die wehende saat ist wie gold noch ·
Vielleicht nicht so hoch mehr und reich ·
Rosen begrüßen dich hold noch ·
Ward auch ihr glanz etwas bleich.

Verschweigen wir was uns verwehrt ist ·
Geloben wir glücklich zu sein ·
Wenn auch nicht mehr uns beschert ist
Als noch ein Rundgang zu zwein.

Komm in den totgesagten park und schau:
Der schimmer ferner lächelnder gestade ·
Der reinen wolken unverhofftes blau
Erhellt die weiher und die bunten pfade.

Dort nimm das tiefe gelb · das weiche grau
Von birken und von buchs · der wind ist lau ·
Die späten rosen welkten noch nicht ganz ·
Erlese küsse sie und flicht den kranz ·

Vergiss auch diese letzten astern nicht ·
Den purpur um die ranken wilder reben ·
Und auch was übrig blieb von grünem leben
Verwinde leicht im herbstlichen gesicht.

Ihr tratet zu dem herde
Wo alle glut verstarb ·
Licht war nur an der erde
Vom monde leichenfarb.

Ihr tauchtet in die aschen
Die bleichen finger ein
Mit suchen tasten haschen —
Wird es noch einmal schein!

Seht was mit trostgebärde
Der mond euch rät:
Tretet weg vom herde ·
Es ist worden spät.

Du schlank und rein wie eine flamme
Du wie der morgen zart und licht
Du blühend reis vom edlen stamme
Du wie ein quell geheim und schlicht

Begleitest mich auf sonnigen matten
Umschauerst mich im abendrauch
Erleuchtest meinen weg im schatten
Du kühler wind du heisser hauch

Du bist mein wunsch und mein gedanke
Ich atme dich mit jeder luft
Ich schlürfe dich mit jedem tranke
Ich küsse dich mit jedem duft

Du blühend reis vom edlen stamme
Du wie ein quell geheim und schlicht
Du schlank und rein wie eine flamme
Du wie der morgen zart und licht.

Else Lasker-Schüler
1869–1945

MEINE MUTTER

War sie der große Engel,
Der neben mir ging?

Oder liegt meine Mutter begraben
Unter dem Himmel von Rauch —
Nie blüht es blau über ihrem Tode.

Wenn meine Augen doch hell schienen
Und ihr Licht brächten!

Wäre mein Lächeln nicht versunken im Antlitz,
Ich würde es über ihr Grab hängen.

Aber ich weiß einen Stern,
Auf dem immer Tag ist;
Den will ich über die Erde tragen.

Ich werde jetzt immer ganz allein sein
Wie der große Engel,
Der neben mir ging.

WELTENDE

Es ist ein Weinen in der Welt,
Als ob der liebe Gott gestorben wär,
Und der bleierne Schatten, der niederfällt,
Lastet grabesschwer.

Komm, wir wollen uns näher verbergen . . .
Das Leben liegt in aller Herzen
Wie in Särgen.

Du! wir wollen uns tief küssen —
Es pocht eine Sehnsucht an die Welt,
An der wir sterben müssen.

FRÜHLING

Wir wollen wie der Mondenschein
Die stille Frühlingsnacht durchwachen,
Wir wollen wie zwei Kinder sein.
Du hüllst mich in dein Leben ein
Und lehrst mich so wie du zu lachen.

Ich sehnte mich nach Mutterlieb
Und Vaterwort und Frühlingsspielen,
Den Fluch, der mich durchs Leben trieb,
Begann ich, da er bei mir blieb,
Wie einen treuen Feind zu lieben.

Nun blühn die Bäume seidenfein,
Und Liebe duftet von den Zweigen.
Du mußt mir Mutter und Vater sein
Und Frühlingsspiel und Schätzelein
Und ganz mein eigen.

MEIN BLAUES KLAVIER

Ich habe zu Hause ein blaues Klavier
Und kenne doch keine Note.

Es steht im Dunkel der Kellertür,
Seitdem die Welt verrohte.

Es spielen Sternenhände vier
— Die Mondfrau sang im Boote —
Nun tanzen die Ratten im Geklirr.

Zerbrochen ist die Klaviatür . . .
Ich beweine die blaue Tote.

Ach liebe Engel öffnet mir
— Ich aß vom bitteren Brote —
Mir lebend schon die Himmelstür —
Auch wider dem Verbote.

KÜHLE

In den weißen Bluten
Der hellen Rosen
Möchte ich verfluten.

Doch auf den Teichen
Warten die starren, seelenlosen Wasserrosen,
Meiner Sehnsucht Kühle zu reichen.

GISELHEER DEM HEIDEN

Ich weine —
Meine Träume fallen in die Welt.

In meine Dunkelheit
Wagt sich kein Hirte.

Meine Augen zeigen nicht den Weg
Wie die Sterne.

Immer bettle ich vor deiner Seele;
Weißt du das?

Wär ich doch blind —
Dächte dann, ich läg in deinem Leib.

Alle Blüten täte ich
Zu deinem Blut.

Ich bin vielreich,
Niemandwer kann mich pflücken;

Oder meine Gaben tragen
Heim.

Ich will dich ganz zart mich lehren;
Schon weißt du mich zu nennen.

Sieh meine Farben.
Schwarz und stern

Und mag den kühlen Tag nicht,
Der hat ein Glasauge.

Alles ist tot,
Nur du und ich nicht.

ABSCHIED

Aber du kamst nie mit dem Abend —
Ich saß im Sternenmantel.

. . . Wenn es an mein Haus pochte,
War es mein eigenes Herz.

Das hängt nun an jedem Türpfosten,
Auch an deiner Tür;

Zwischen Farren verlöschende Feuerrose
Im Braun der Guirlande.

Christian Morgenstern
1871–1914

ES IST NACHT

Es ist Nacht,
und mein Herz kommt zu dir,
hält's nicht aus,
hält's nicht aus mehr bei mir.

Legt sich dir auf die Brust,
wie ein Stein, sinkt hinein,
zu dem deinen hinein.

Dort erst,
dort erst kommt es zur Ruh,
liegt am Grund
seines ewigen Du.

PALMSTRÖM

Palmström steht an einem Teiche
Und entfaltet groß ein rotes Taschentuch:
Auf dem Tuch ist eine Eiche
Dargestellt, sowie ein Mensch mit einem Buch.

Palmström wagt nicht, sich hineinzuschneuzen.
Er gehört zu jenen Käuzen,
Die oft unvermittelt-nackt
Ehrfurcht vor dem Schönen packt.

Zärtlich faltet er zusammen,
Was er eben erst entbreitet.
Und kein Fühlender wird ihn verdammen,
Weil er ungeschneuzt entschreitet.

EIN LÄCHELN IRRT VERFLOGEN

Ein Lächeln irrt verflogen
durch einen lauten Saal,
bis es auf einem Bogen
von schillerndem Opal
sein kleines Leben endet,
den letzten Blick noch matt
zu der herabgewendet,
die es verloren hat.

DAS ÄSTHETISCHE WIESEL

Ein Wiesel
saß auf einem Kiesel
inmitten Bachgeriesel.

Wißt ihr,
weshalb?

Das Mondkalb
verriet es mir
im stillen:

Das raffinier-
te Tier
tats um des Reimes willen.

Hugo von Hofmannsthal
1874–1929

DEIN ANTLITZ

Dein Antlitz war mit Träumen ganz beladen.
Ich schwieg und sah dich an mit stummem Beben.
Wie stieg das auf! daß ich mich einmal schon
In frühern Nächten völlig hingegeben

Dem Mond und dem zuviel geliebten Tal,
Wo auf den leeren Hängen auseinander
Die magern Bäume standen und dazwischen
Die niedern kleinen Nebelwolken gingen

Und durch die Stille hin die immer frischen
Und immer fremden silberweißen Wasser
Den Fluß hinrauschen ließ — wie stieg das auf!

Wie stieg das auf! denn allen diesen Dingen
Und ihrer Schönheit — die unfruchtbar war —
Hingab ich mich in großer Sehnsucht ganz,
Wie jetzt für das Anschaun von deinem Haar
Und zwischen diesen Lidern diesem Glanz!

VORFRÜHLING

Es läuft der Frühlingswind
Durch kahle Alleen,
Seltsame Dinge sind
In seinem Wehn.

Er hat sich gewiegt,
Wo Weinen war,
Und hat sich geschmiegt
In zerrüttetes Haar.

Er schüttelte nieder
Akazienblüten
Und kühlte die Glieder,
Die atmend glühten.

Lippen im Lachen
Hat er berührt,
Die weichen und wachen
Fluten durchspürt.

Er glitt durch die Flöte
Als schluchzender Schrei,
An dämmernder Röte
Flog er vorbei.

Er flog mit Schweigen
Durch flüsternde Zimmer
Und löschte im Neigen
Der Ampel Schimmer.

Es läuft der Frühlingswind
Durch kahle Alleen,

Seltsame Dinge sind
In seinem Wehn.

Durch die glatten
Kahlen Alleen
Treibt sein Wehn
Blasse Schatten

Und den Duft,
Den er gebracht,
Von wo er gekommen
Seit gestern nacht.

MEIN GARTEN

Schön ist mein Garten mit den gold'nen Bäumen,
Den Blättern, die mit Silbersäuseln zittern,
Dem Diamantentau, den Wappengittern,
Dem Klang des Gong, bei dem die Löwen träumen,
Die ehernen, und den Topasmäandern
Und der Voliere, wo die Reiher blinken,
Die niemals aus den Silberbrunnen trinken . . .
So schön, ich sehn' mich kaum nach jenem andern,
Dem andern Garten, wo ich früher war.
Ich weiß nicht wo . . . Ich rieche nur den Tau,
Den Tau, der früh an meinen Haaren hing,
Den Duft der Erde weiß ich, feucht und lau,
Wenn ich die weichen Beeren suchen ging . . .
In jenem Garten, wo ich früher war . . .

MÄDCHENLIED

Was rinnen dir die Tränen,
die Tränen stumm und heiß
durch deine feinen Finger,
die Finger fein und weiß?

Mein Schleier ist zerrissen
und wehet doch kein Wind
und bin doch nirgends gangen
niemals, wo Dornen sind . . .

Die Glocken haben heute
so sonderbaren Klang,
Gott weiß, warum ich weine,
mir ist zum Sterben bang.

Rainer Maria Rilke
1875–1926

HERBSTTAG

Herr: es ist Zeit. Der Sommer war sehr groß.
Leg deinen Schatten auf die Sonnenuhren,
und auf den Fluren laß die Winde los.

Befiehl den letzten Früchten voll zu sein;
gib ihnen noch zwei südlichere Tage,
dränge sie zur Vollendung hin und jage
die letzte Süße in den schweren Wein.

Wer jetzt kein Haus hat, baut sich keines mehr.
Wer jetzt allein ist, wird es lange bleiben,
wird wachen, lesen, lange Briefe schreiben
und wird in den Alleen hin und her
unruhig wandern, wenn die Blätter treiben.

BLAUE HORTENSIE

So wie das letzte Grün in Farbentiegeln
sind diese Blätter, trocken, stumpf und rauh,
hinter den Blütendolden, die ein Blau
nicht auf sich tragen, nur von ferne spiegeln.

Sie spiegeln es verweint und ungenau,
als wollten sie es wiederum verlieren,
und wie in alten blauen Briefpapieren
ist Gelb in ihnen, Violett und Grau;

Verwaschnes wie an einer Kinderschürze,
Nichtmehrgetragnes, dem nichts mehr geschieht:
wie fühlt man eines kleinen Lebens Kürze.

Doch plötzlich scheint das Blau sich zu verneuen
in einer von den Dolden, und man sieht
ein rührend Blaues sich vor Grünem freuen.

ABEND

Der Abend wechselt langsam die Gewänder,
die ihm ein Rand von alten Bäumen hält;
du schaust: und von dir scheiden sich die Länder,
ein himmelfahrendes und eins, das fällt;

und lassen dich, zu keinem ganz gehörend,
nicht ganz so dunkel wie das Haus, das schweigt,
nicht ganz so sicher Ewiges beschwörend
wie das, was Stern wird jede Nacht und steigt;

und lassen dir (unsäglich zu entwirrn)
dein Leben, bang und riesenhaft und reifend,
so daß es, bald begrenzt und bald begreifend,
abwechselnd Stein in dir wird und Gestirn.

LIEBESLIED

Wie soll ich meine Seele halten, daß
sie nicht an deine rührt? Wie soll ich sie
hinheben über dich zu andern Dingen?
Ach gerne möcht ich sie bei irgendwas
Verlorenem im Dunkel unterbringen
an einer fremden, stillen Stelle, die
nicht weiterschwingt, wenn deine Tiefen schwingen.
Doch alles, was uns anrührt, dich und mich,
nimmt uns zusammen wie ein Bogenstrich,
der aus zwei Saiten *eine* Stimme zieht.
Auf welches Instrument sind wir gespannt?
Und welcher Geiger hat uns in der Hand?
O süßes Lied.

ABSCHIED

Wie hab ich das gefühlt, was Abschied heißt.
Wie weiß ichs noch: ein dunkles unverwundnes
grausames Etwas, das ein Schönverbundnes
noch einmal zeigt und hinhält und zerreißt.

Wie war ich ohne Wehr, dem zuzuschauen,
das, da es mich, mich rufend, gehen ließ,
zurückblieb, so als wärens alle Frauen
und dennoch klein und weiß und nichts als dies:

Ein Winken, schon nicht mehr auf mich bezogen,
ein leise Weiterwinkendes — schon kaum
erklärbar mehr: vielleicht ein Pflaumenbaum,
von dem ein Kuckuck hastig abgeflogen.

Theodor Däubler
1876–1934

HERKUNFT

In einem Land, wo alle Wesen traumhaft schauen,
An einem blauen Wundermeer kam ich zur Welt.
In einer Au, die ihren Tag verborgen hält,
Begann mein Schauen seinen Rätselturm zu bauen.

Aus jedem Antlitz glühte hilfloses Vertrauen.
Hat sich ein Träumen sanft zu meinem Traum gesellt,
So blieb es lauschend wie von Seelenlicht umhellt,
Und unser Staunen wich vor einem Weltergrauen.

Ich glaube noch an jene blassen Morgenmeere!
Auf einmal blickt mich, was ich nie bemerkte, an.
Mein Sang, der unter Psalmen laut begann,
Entflügelt mir zu Träumen ohne Ort und Schwere.

FLÜGELLAHMER VERSUCH

Es schweift der Mond durch ausgestorbne Gassen,
Es fällt sein Schein bestimmt durch bleiche Scheiben.
Ich möchte nicht in dieser Gasse bleiben,
Ich leid es nicht, daß Häuser stumm erblassen.

Doch was bewegt sich steil auf den Terrassen?
Ich wähne dort das eigenste Betreiben,
Als wollten Kreise leiblich sich beschreiben,
Ich ahne Laute, ohne sie zu fassen.

Es mag sich wohl ein weißer Vogel zeigen,
Fast wie ein Drache trachten aufzusteigen,
Dabei sich aber langsam niederneigen.

Wie scheint mir dieses Mondtier blind und eigen,
Es klopft an Scheiben, unterbricht das Schweigen
Und liegt dann tot in Hainen unter Feigen.

Rudolf Borchardt
1877–1945

SIE SAGT IM GEHEN

Nur dort die Wiese noch,
    Dahinter den Steg!
Lieber Himmel, daure doch
    Nur aus für einen Weg!

Sagen, was mich drängt, zu gehen,
    Noch zu gehn, ist bald geschehen:
Wir gehen Hand in Händen,
    Und grade soll sichs enden.

Andre Tage werden sein —
    Lieber Mond, du wirst sie bringen;
Lieber Wind, nur diesen rein
    Laß zu Ende mir gelingen.

Schütte deine Wolke fern,
    Lieber Wind, verzieh!
Für Lupin und für Luzern
    Brauchts Regen dort wie hie,

Aber dort dauerts,
    — Scheints oder schauerts —
Weil alles hier zu Ende ist.
    — Lieber Himmel, gönn die Frist!

Liebe Wolke, regne nicht,
. . . Laß scheinen, laß scheinen

Laß dem Abende sein Licht,
. . . Wir haben nur den einen,

Einen einzigen ganz und gar —
Verhalte den Flug! —
Atemzug, Atemzug,
Daure mir ein Jahr!

Rudolf Alexander Schröder
1878–1962

MÜHLENTHAL

Oh, nur noch ein Novembertag
Mit dir im alten Garten,
Der schräg vor blinder Sonne lag,
Des ersten Frosts zu warten.

Von rotem Baum zu goldenem Baum
Gab ich dir das Geleite;
Als Dritter ging ein Kindertraum
Dir heimlich an der Seite.

Der malte dir das Falbe grün
Und ließ — dich nahm's nicht wunder —
Am Teich die Juni-Rosen blühn
Und hinterm Wald Holunder.

Und während langsam, langsam wir
Durchs ranke Dickicht schreiten,
Sprachst du mit ihm und nicht mit mir
Von längst vergangnen Zeiten.

Zuletzt, als ich den Arm dir bot
— Stumm deutend auf das Steigen
Des Wiesenrauchs im Abendrot —,
Begannst auch du zu schweigen.

So standen wir im Niederschlag
Des Blätterfalls, des zarten;
November war's und Nachmittag
Mit dir im alten Garten.

Wilhelm Lehmann
1882–1968

AN MEINEN ÄLTESTEN SOHN

Die Winterlinde, die Sommerlinde
Blühen getrennt —
In der Zwischenzeit, mein lieber Sohn,
Geht der Gesang zu End.

Die Schwalbenwurz zieht den Kalk aus dem Hügel
Mit weißen Zehn,
Ich kann es unter der Erde
Im Dunkeln sehn.

Ein Regen fleckt die grauen Steine —
Der letzte Ton
Fehlt dem Goldammermännchen zum Liede,
Sing du ihn, Sohn.

DIE KRÄHENNESTER

Sie dunkeln oben in kahlen Wipfeln,
An steilen Masten, mit hölzernem Bug.
Sind es erloschene Schiffslaternen?
Sie schaukeln, vom Winde geschwenkt, genug.

Kümmern sich sonst die weisen Krähen,
Ob Menschensinn, wo sie hausen, entdeckt,
Beruft nun ein ewiges Schnarren die Nester,
Damit nichts den magnetischen Brüteschlaf weckt.

Die helle Beschwörung hütet die Dumpfheit
Des doppelten Bechers, den Dotter im Ei.
Daß selig der Anfang sei, bitter das Ende,
Fallen Himmel und Erde begeistert bei:

Die Wiese steigt mit brackiger Sode,
Die Schnecke schultert ihr altes Haus,
Das Labkraut baut seine grüne Pagode,
Die Weide hißt Wolken pelzigen Graus —

Wecke uns nicht! Sonst sind wir verloren,
Weinend zerbricht das magische Rund.
Ihr ermüdet nicht, Krähen. Auch ich bin beschworen,
Auch mich besorgt euer schnarrender Mund.

KLAGE OHNE TRAUER

Die Spinne wirft ihr Silberseil.
Der Wind schläft ein. So bleibt es heil.

Wie schnell flog meine Zeit vorbei,
aus jeder Hecke Vogelschrei.

Die Erde spricht, Heuschreck ihr Mund,
blaugrüne Diemen, wigwamrund.

Die Pappel samt. Die Wolle schneit,
als Polster meinem Kopf bereit.

Ein Seufzer seufzt: »Vergeh, vergeh.«
Die Pappel rauscht: »Es tut nicht weh«.

LEISER HERBSTWIND

Der Wegstaub pudert die Malven,
Es kraust sich die Wolle am Lamm,
Der Wind ist die Puderquaste,
Der Wind der zärtliche Kamm.

Es summt in den leeren Linden
Wie Bienengeisterschar,
Die Stirn streift Spinnenfaden,
Oder ist es mein eigenes Haar?

Ich bin schon halb vergangen,
Das Auge wird mir dumm,
Auf den wespengelben Stoppeln
Geht ein Gestorbener um.

Der Wind nimmt mich auf den Rücken,
Ich bin ihm nicht zu schwer;
Hase und Maus und Amsel
Fliehen vor mir nicht mehr.

Mit dem Winde staub ich die Malven
Und krause die Wolle dem Lamm,
Ich bin die Puderquaste,
Ich bin der flüchtige Kamm.

DAPHNE

Die Quitte schwillt. Wie heiß die Lüfte!
Sie kühlt die Hand, die sie umspannt.
So tasteten Apollons Finger,
Von Daphnes junger Brust entbrannt.

Wir sind schon über Jahresmitte,
Doch steigt rhapsodisch noch und fällt
Ein menschenscheuer Elf, Grasmücke,
Aus grünem Zelt in grünes Zelt.

Indes die gleiche Strophe schallte,
Froh der gewissen Wiederkehr,
Wie viele Leben, die sich wagten,
Wie viele Schöße wurden schwer!

Kein Ekel scheucht die Schmetterlinge
Vom Liebesspiel, kein Todgestank,
Und immer wieder greift Isolde,
Greift Tristan nach dem Zaubertrank.

Zu Früchten bändigt sich das Feuer,
Zu Abendkühle Mittagbrand.
Apollon schreckt nicht mehr, und heiter
Birgt Daphne sich in meiner Hand.

Joachim Ringelnatz
1883–1934

IM PARK

Ein ganz kleines Reh stand am ganz kleinen Baum
Still und verklärt wie im Traum.
Das war des Nachts elf Uhr zwei.
Und dann kam ich um vier
Morgens wieder vorbei,
Und da träumte noch immer das Tier.
Nun schlich ich mich leise — ich atmete kaum —
Gegen den Wind an den Baum
Und gab dem Reh einen ganz kleinen Stips.
Und da war es aus Gips.

Oskar Loerke
1884–1941

ZWIEGESPRÄCH IM DUNKEL

Ich will allein sein, geh! — »Du bist beherzt.«
Wir fallen. Sage mir, wohin wir fallen?
»Aus den Verzweiflungen.« — Aus allen?
»Aus allen. — Schmerzt es dich so sehr?« — Es schmerzt.

»Willst du allein sein?« — Gib mir das Geleit!
»Wie weit noch?« — Mich benäßt ein Strom —
»Gewiß. Hier führt kein Weg nach Rom.
Vorüber ist die gütige Zeit.

Sie brach wie ein verfolgtes Reh
Ins Knie und ist zu Gott zurückgeschwommen.
Und schmerzt es dich?« — Es tut nicht weh.
»Es schmerzt nicht mehr: dann bist du angekommen.«

Ina Seidel
1885–1974

VORFRÜHLING

Durch die frühe Dämmerung
Geh ich ganz in Träumen hin,
Und ich weiß es nicht, warum
Ich so still und selig bin,
Daß mein Herz ganz hold und leicht
Wie ein Veilchenstrauß sich trägt —
Plötzlich überkommt es mich:
Horch, die erste Amsel schlägt . . .

Gottfried Benn
1886–1956

WIE LANGE NOCH

»Wie lange noch, dann fassen
wir weder Gram noch Joch,
du kannst mich doch nicht lassen,
du weißt es doch,
die Tage, die uns einten,
ihr Immer und ihr Nie,
die Nächte, die wir weinten,
vergißt du die?

Wenn du bei Sommerende
durch diese Landschaft gehst,
die Felder, das Gelände
und schon im Dämmer stehst,
ist es nicht doch die Leere,
das Dunkel, das du fliehst,
ist es nicht doch das Schwere,
wenn du mich garnicht siehst?

Die Falten und der Kummer
auf meinen Zügen tief,
das ist doch auch der Schlummer,
den hier das Leben schlief,
die eingeglühten Zeichen,
die Male dort und hier
sind doch aus *unseren* Reichen,
die litten *wir*.

Ja, gehst du denn zu Grabe,
daß es nun garnichts gibt,

so gehe — ach, ich habe
dich so geliebt,
doch ist es eine Wende,
vergiß auch nie,
es gibt ein Sommerende
und Nächte, die

das Herz umfassen
mit Gram und Joch
— die du verlassen,
sie atmen noch —,
mit Schmerzen, hämmernden
Verlusten, wo
du suchst die dämmernden
Entfernten so!«

AUS FERNEN, AUS REICHEN

Was dann nach jener Stunde
sein wird, wenn dies geschah,
weiß niemand, keine Kunde
kam je von da,
von den erstickten Schlünden,
von dem gebrochnen Licht,
wird es sich neu entzünden,
ich meine nicht.

Doch sehe ich ein Zeichen:
Über das Schattenland
aus Fernen, aus Reichen

eine große, schöne Hand,
die wird mich nicht berühren,
das läßt der Raum nicht zu:
doch werde ich sie spüren,
und das bist du.

Und du wirst niedergleiten
am Strand, am Meer,
aus Fernen, aus Weiten:
» — erlöst auch er;«
ich kannte deine Blicke,
und in des tiefsten Schoß
sammelst du unsere Glücke,
den Traum, das Los.

Ein Tag ist zu Ende,
die Reifen fortgebracht,
dann spielen noch zwei Hände
das Lied der Nacht,
vom Zimmer, wo die Tasten
den dunklen Laut verwehn,
sieht man das Meer und die Masten
hoch nach Norden gehn.

Wenn die Nacht wird weichen,
wenn der Tag begann,
trägst du Zeichen,
die niemand deuten kann,
geheime Male
von fernen Stunden krank
und leerst die Schale,
aus der ich vor dir trank.

DUNKLER –

Dunkler kann es nicht werden
als diese Stunde, die sinkt,
mit allen Lasten der Erden
in fremder Nacht ertrinkt,
enteignen sich die Figuren
zu einer großen Gestalt,
drohen die Lemuren
aus dem Schattenwald.

Löst du dich von den Dingen,
trägst du fahles Los:
Trauermäntel schwingen
dir um Mund und Schoß –
faltest du die Blätter
jedes Einzelbaums,
bist du kein Verketter
deines Trance-Traums.

In Bewußtseinsbresche
über Ahnung still
steht die Weltenesche
Yggdrasil,
steht auch Aarons Rute
trocken eingestückt,
dann mit Wunderblute
Israel beglückt –

Dir nur sich enthüllte
bis zum Schlunde leer
ewig unerfüllte
promesse du bonheur,

dir nur kann es nicht werden,
jede Stunde, die sinkt,
mit allen Lasten der Erden
in fremder Nacht ertrinkt.

AUF DEINE LIDER SENK ICH SCHLUMMER

Auf deine Lider senk ich Schlummer,
auf deine Lippen send ich Kuß,
indessen ich die Nacht, den Kummer,
den Traum alleine tragen muß.

Um deine Züge leg ich Trauer,
um deine Züge leg ich Lust,
indes die Nacht, die Todesschauer
weben allein durch meine Brust.

Du, die zu schwach, um tief zu geben,
du, die nicht trüge, wie ich bin —
drum muß ich abends mich erheben
und sende Kuß und Schlummer hin.

EINSAMER NIE —

Einsamer nie als im August:
Erfüllungsstunde — im Gelände
die roten und die goldenen Brände,
doch wo ist deiner Gärten Lust?

Die Seen hell, die Himmel weich,
die Äcker rein und glänzen leise,
doch wo sind Sieg und Siegsbeweise
aus dem von dir vertretenen Reich?

Wo alles sich durch Glück beweist
und tauscht den Blick und tauscht die Ringe
im Weingeruch, im Rausch der Dinge —:
dienst du dem Gegenglück, dem Geist.

DIE SCHALE

Kommst du zum letzten Male,
wir waren doch so allein
und rannen in eine Schale
mit Bildern und Träumen ein.

Es war doch eben noch heute
und unser Meer war die Nacht,
wir waren einander die Beute,
die weiße Fracht.

Wir streiften uns wie zwei Rassen,
zwei Völker von Anbeginn,
die Stämme, die dunklen, die blassen
gaben sich hin.

Kommst du zum letzten Male,
es war doch alles nur Spiel,
oder sahst du wie in die Schale
Tränen und Schatten fiel —

sahst du, sahst du ihr Neigen
in Strömen dieses Weins
und dann ihr Fallen und Schweigen:
die Verwandlung des Seins —?

NOCH EINMAL

Noch einmal weinen — und sterben
mit dir: den dunklen Sinn
von Liebe und Verderben
den fremden Göttern hin.

Du kannst es doch nicht hüten,
es bleibt doch immer nah:
was nicht aus Meer und Blüten,
ist nur in Qualen da.

Versinken und erheben,
vergessen und erspähn,

die letzten Fluten geben,
die letzten Gluten mähn.

Das Weben ohne Masche,
das Säumen ohne Sinn —
die Tränen und die Asche
den fremden Göttern hin.

ASTERN

Astern — schwälende Tage,
alte Beschwörung, Bann,
die Götter halten die Waage
eine zögernde Stunde an.

Noch einmal die goldenen Herden
der Himmel, das Licht, der Flor,
was brütet das alte Werden
unter den sterbenden Flügeln vor?

Noch einmal das Ersehnte,
den Rausch, der Rosen Du —
der Sommer stand und lehnte
und sah den Schwalben zu,

noch einmal ein Vermuten,
wo längst Gewißheit wacht:
Die Schwalben streifen die Fluten
und trinken Fahrt und Nacht.

ORPHEUS' TOD

Wie du mich zurückläßt, Liebste —,
von Erebos gestoßen,
dem unwirtlichen Rhodope
Wald herziehend,
zweifarbige Beeren,
rotglühendes Obst —
Belaubung schaffend,
die Leier schlagend
den Daumen an der Saite!

Drei Jahre schon im Nordsturm!
An Totes zu denken, ist süß,
so Entfernte,
man hört die Stimme reiner,
fühlt die Küsse,
die flüchtigen und die tiefen —,
doch du irrend bei den Schatten!

Wie du mich zurückläßt —,
anstürmen die Flußnymphen,
anwinken die Felsenschönen,
gurren: »im öden Wald
nur Faune und Schratte, doch du,
Sänger, Aufwölber
von Bronzelicht, Schwalbenhimmeln —,
fort die Töne —
Vergessen —!«

— drohen —!

Und eine starrt so seltsam.
Und eine Große, Gefleckte,

bunthäutig (»gelber Mohn«)
lockt unter Demut, Keuschheitsandeutungen
bei hemmungsloser Lust — (Purpur
im Kelch der Liebe —!) vergeblich!

drohen —!

Nein, du sollst nicht verrinnen,
du sollst nicht übergehn in
Iole, Dryope, Prokne,
die Züge nicht vermischen mit Atalanta,
daß ich womöglich Eurydike
stammle bei Lais —

doch: drohen —!

und nun die Steine
nicht mehr der Stimme folgend,
dem Sänger,
mit Moos sich hüllend,
die Äste laubbeschwichtigt,
die Hacken ährenbesänftigt —:
nackte Haune —!

nun wehrlos dem Wurf der Hündinnen,
der wüsten —
nun schon die Wimper naß,
der Gaumen blutet —,
und nun die Leier —
hinab den Fluß —

die Ufer tönen —.

WAS SCHLIMM IST

Wenn man kein Englisch kann,
von einem guten englischen Kriminalroman zu hören,
der nicht ins Deutsche übersetzt ist.

Bei Hitze ein Bier sehn,
das man nicht bezahlen kann.

Einen neuen Gedanken haben,
den man nicht in einen Hölderlinvers einwickeln kann,
wie es die Professoren tun.

Nachts auf Reisen Wellen schlagen hören
Und sich sagen, daß sie das immer tun.

Sehr schlimm: eingeladen sein,
wenn zu Hause die Räume stiller,
der Café besser
und keine Unterhaltung nötig ist.

Am schlimmsten:
nicht im Sommer sterben,
wenn alles hell ist
und die Erde für Spaten leicht.

GEDICHT

Und was bedeuten diese Zwänge,
halb Bild, halb Wort und halb Kalkül,
was ist in dir, woher die Dränge
aus stillem trauernden Gefühl?

Es strömt dir aus dem Nichts zusammen,
aus Einzelnem, aus Potpourri,
dort nimmst du Asche, dort die Flammen,
du streust und löschst und hütest sie.

Du weißt, du kannst nicht alles fassen,
umgrenze es, den grünen Zaun
um dies und das, du bleibst gelassen,
doch auch gebannt in Mißvertraun.

So Tag und Nacht bist du am Zuge,
auch sonntags meißelst du dich ein
und klopfst das Silber in die Fuge,
dann läßt du es — es ist: das Sein.

TAG, DER DEN SOMMER ENDET

Tag, der den Sommer endet,
Herz, dem das Zeichen fiel:
die Flammen sind versendet,
die Fluten und das Spiel.

Die Bilder werden blasser,
entrücken sich der Zeit,

wohl spiegelt sie noch ein Wasser,
doch auch dies Wasser ist weit.

Du hast eine Schlacht erfahren,
trägst noch ihr Stürmen, ihr Fliehn,
indessen die Schwärme, die Scharen,
die Heere weiterziehn.

Rosen und Waffenspanner,
Pfeile und Flammen weit —:
die Zeichen sinken, die Banner —:
Unwiederbringlichkeit.

BITTE WO —

Wenn du noch Sehnsucht hättest
(bitte wann, bitte wo),
dich noch mit Küssen kettest
(amour — bel oiseau),

wenn du noch flügelrauschend
über den Anden schwebst
dich in zwei Meere tauschend
ahnungslos, wen du lebst,

wenn noch die Qualen sprechen,
Tränen durch bel oiseau
dich stürzen und zerbrechen —
bitte wann — bitte wo? —

NUR ZWEI DINGE

Durch so viel Formen geschritten,
durch Ich und Wir und Du,
doch alles blieb erlitten
durch die ewige Frage: wozu?

Das ist eine Kinderfrage.
Dir wurde erst spät bewußt,
es gibt nur eines: ertrage
— ob Sinn, ob Sucht, ob Sage —
dein fernbestimmtes: Du mußt.

Ob Rosen, ob Schnee, ob Meere,
was alles erblühte, verblich,
es gibt nur zwei Dinge: die Leere
und das gezeichnete Ich.

TEILS — TEILS

In meinem Elternhaus hingen keine Gainsboroughs
wurde auch kein Chopin gespielt
ganz amusisches Gedankenleben
mein Vater war einmal im Theater gewesen
Anfang des Jahrhunderts
Wildenbruchs »Haubenlerche«
davon zehrten wir
das war alles.

Nun längst zu Ende
graue Herzen, graue Haare

der Garten in polnischem Besitz
die Gräber teils-teils
aber alle slawisch,
Oder-Neiße-Linie
für Sarginhalte ohne Belang
die Kinder denken an sie
die Gatten auch noch eine Weile
teils-teils
bis sie weitermüssen
Sela, Psalmenende.

Heute noch in einer Großstadtnacht
Caféterrasse
Sommersterne,
vom Nebentisch
Hotelqualitäten in Frankfurt
Vergleiche,
die Damen unbefriedigt
wenn ihre Sehnsucht Gewicht hätte
wöge jede drei Zentner.

Aber ein Fluidum! Heiße Nacht
à la Reiseprospekt und
die Ladies treten aus ihren Bildern:
unwahrscheinliche Beauties
langbeinig, hoher Wasserfall
über ihre Hingabe kann man sich gar nicht erlauben
nachzudenken.

Ehepaare fallen demgegenüber ab,
kommen nicht an, Bälle gehn ins Netz,
er raucht, sie dreht ihre Ringe,
überhaupt nachdenkenswert

Verhältnis von Ehe und Mannesschaffen
Lähmung oder Hochbetrieb.

Fragen, Fragen! Erinnerungen in einer Sommernacht
hingeblinzelt, hingestrichen,
in meinem Elternhaus hingen keine Gainsboroughs
nun alles abgesunken
teils-teils das Ganze
Sela, Psalmenende

Jakob van Hoddis
1887–1942

WELTENDE

Dem Bürger fliegt vom spitzen Kopf der Hut,
In allen Lüften hallt es wie Geschrei.
Dachdecker stürzen ab und gehn entzwei,
Und an den Küsten — liest man — steigt die Flut.

Der Sturm ist da, die wilden Meere hupfen
An Land, um dicke Dämme zu zerdrücken.
Die meisten Menschen haben einen Schnupfen.
Die Eisenbahnen fallen von den Brücken.

Georg Heym
1887–1912

DER GOTT DER STADT

Auf einem Häuserblocke sitzt er breit.
Die Winde lagern schwarz um seine Stirn.
Er schaut voll Wut, wo fern in Einsamkeit
Die letzten Häuser in das Land verirrn.

Vom Abend glänzt der rote Bauch dem Baal,
Die großen Städte knieen um ihn her.
Der Kirchenglocken ungeheure Zahl
Wogt auf zu ihm aus schwarzer Türme Meer.

Wie Korybanten-Tanz dröhnt die Musik
Der Millionen durch die Straßen laut.
Der Schlote Rauch, die Wolken der Fabrik
Ziehn auf zu ihm, wie Duft von Weihrauch blaut.

Das Wetter schwält in seinen Augenbrauen.
Der dunkle Abend wird in Nacht betäubt.
Die Stürme flattern, die wie Geier schauen
Von seinem Haupthaar, das im Zorne sträubt.

Er streckt ins Dunkel seine Fleischerfaust.
Er schüttelt sie. Ein Meer von Feuer jagt
Durch eine Straße. Und der Glutqualm braust
Und frißt sie auf, bis spät der Morgen tagt.

LICHTER GEHEN JETZT DIE TAGE

Lichter gehen jetzt die Tage
In der sanften Abendröte,
Und die Hecken sind gelichtet,
Drin der Städte Türme stecken
Und die buntbedachten Häuser.

Und der Mond ist eingeschlafen
Mit dem großen weißen Kopfe
Hinter einer großen Wolke.
Und die Straßen gehen bleicher
Durch die Häuser und die Gärten.

Die Gehängten aber schwanken
Freundlich oben auf den Bergen
In der schwarzen Silhouette.
Drum die Henker liegen schlafend,
Unterm Arm die feuchten Beile.

LETZTE WACHE

Wie dunkel sind deine Schläfen
und deine Hände so schwer,
bist du schon weit von dannen
und hörst mich nicht mehr?

Unter dem flackernden Lichte
bist du so traurig und alt,
und deine Lippen sind grausam
in ewiger Starre gekrallt.

Morgen schon ist hier das Schweigen
und vielleicht in der Luft
noch das Rascheln der Kränze
und ein verwesender Duft.

Aber die Nächte werden
leerer nun, Jahr um Jahr,
hier, wo dein Haupt lag und leise
immer dein Atem war.

Georg Trakl
1887–1914

EIN WINTERABEND

Wenn der Schnee ans Fenster fällt,
Lang die Abendglocke läutet,
Vielen ist der Tisch bereitet,
Und das Haus ist wohlbestellt.

Mancher auf der Wanderschaft
Kommt ans Tor auf dunklen Pfaden.
Golden blüht der Baum der Gnaden
Aus der Erde kühlem Saft.

Wanderer tritt still herein;
Schmerz versteinerte die Schwelle.
Da erglänzt in reiner Helle
Auf dem Tische Brot und Wein.

VERFALL

Am Abend, wenn die Glocken Frieden läuten,
Folg ich der Vögel wundervollen Flügen,
Die lang geschart, gleich frommen Pilgerzügen,
Entschwinden in den herbstlich klaren Weiten.

Hinwandelnd durch den dämmervollen Garten
Träum ich nach ihren helleren Geschicken
Und fühl der Stunden Weiser kaum mehr rücken.
So folg ich über Wolken ihren Fahrten.

Da macht ein Hauch mich von Verfall erzittern.
Die Amsel klagt in den entlaubten Zweigen.
Es schwankt der rote Wein an rostigen Gittern.

Indes wie blasser Kinder Todesreigen
Um dunkle Brunnenränder, die verwittern,
Im Wind sich fröstelnd blaue Astern neigen.

VERKLÄRTER HERBST

Gewaltig endet so das Jahr
Mit goldnem Wein und Frucht der Gärten.
Rund schweigen Wälder wunderbar
Und sind des Einsamen Gefährten.

Da sagt der Landmann: Es ist gut.
Ihr Abendglocken lang und leise
Gebt noch zum Ende frohen Mut.
Ein Vogelzug grüßt auf der Reise.

Es ist der Liebe milde Zeit.
Im Kahn den blauen Fluß hinunter
Wie schön sich Bild an Bildchen reiht —
Das geht in Ruh und Schweigen unter.

IN DEN NACHMITTAG GEFLÜSTERT

Sonne, herbstlich dünn und zag,
Und das Obst fällt von den Bäumen.
Stille wohnt in blauen Räumen
Einen langen Nachmittag.

Sterbeklänge von Metall;
Und ein weißes Tier bricht nieder.
Brauner Mädchen rauhe Lieder
Sind verweht im Blätterfall.

Stirne Gottes Farben träumt,
Spürt des Wahnsinns sanfte Flügel.
Schatten drehen sich am Hügel
Von Verwesung schwarz umsäumt.

Dämmerung voll Ruh und Wein;
Traurige Guitarren rinnen.
Und zur milden Lampe drinnen
Kehrst du wie im Traume ein.

SOMMER

Am Abend schweigt die Klage
des Kuckucks im Wald.
Tiefer neigt sich das Korn,
der rote Mohn.

Schwarzes Gewitter droht
über dem Hügel.
Das alte Lied der Grille
erstirbt im Feld.

Nimmer regt sich das Laub
der Kastanie.
Auf der Wendeltreppe
rauscht dein Kleid.

Stille leuchtet die Kerze
im dunklen Zimmer;
eine silberne Hand
löscht sie aus;
windstille, sternlose Nacht.

IN EIN ALTES STAMMBUCH

Immer wieder kehrst du, Melancholie,
o Sanftmut der einsamen Seele.
Zu Ende glüht ein goldener Tag.

Demutsvoll beugt sich dem Schmerz der Geduldige
Tönend von Wohllaut und weichem Wahnsinn.
Siehe! Es dämmert schon.

Wieder kehrt die Nacht und klagt ein Sterbliches,
Und es leidet ein anderes mit.

Schaudernd unter herbstlichen Sternen
Neigt sich jährlich tiefer das Haupt.

INHALTSVERZEICHNIS

ALPHABETISCHES VERZEICHNIS DER GEDICHTÜBERSCHRIFTEN UND GEDICHTANFÄNGE

ALPHABETISCHES VERZEICHNIS DER AUTOREN

ZU DIESER AUSGABE

Vom Minnesang bis zur klassischen Moderne bildet die deutschsprachige Lyrik einen schier unerschöpflichen Fundus. Von Zeit zu Zeit muß er befragt werden, was daraus für eine bestimmte Epoche den »Kanon« bildet — natürlich kann die Antwort nur subjektiv sein. Wir wollten neben Bekanntem auch Unbekanntes, aber Merkens- und Bedenkenswertes vorstellen — insgesamt: Gedichte, die mit ihren Fragen und Antworten in ihrer jeweiligen historischen Bedingtheit Allgemeinmenschliches — Leben und Tod, Liebe und Leid, Werden und Vergehen, Mensch und Natur, Endlichkeit und Ewigkeit — erfassen und damit tief zu bewegen und zu berühren vermögen.

Wir haben während unserer Arbeit oft erfahren, daß es das jeweilige Gedicht nur in seltenen Fällen in *einer* Gestalt gibt, vielmehr existiert es in verschiedenen Erscheinungsformen, bedingt durch unterschiedliche Fassungen des Autors, durch Lesarten und Schreibweisen zu verschiedenen Zeiten und in verschiedenen Ausgaben. Vorliegende bekannte Anthologien bestätigen nicht nur diesen Sachverhalt, sondern tragen auch manchen Fehler von Auflage zu Auflage weiter. Auch unsere Edition mußte Kompromisse finden und ist gewiß nicht unfehlbar.

Neben dem eigentlichen inhaltlichen Anliegen, der Auswahl eines Grundbestandes an deutschsprachiger Lyrik, ließen wir uns auch von folgender, ganz praktischer Erwägung leiten: Es wird immer dringlicher, vieles, was durch die Fülle neuer — notwendiger, aber auch unnötiger — Informationen aus dem individuellen Gedächtnis verdrängt wird, als gleichsam gegenständliches Gedächtnis in einer gut handhabbaren — das heißt auch handlichen — Form verfügbar zu haben. Deshalb hat unsere Ausgabe eine äußere Gestalt, die sich von anderen Anthologien deutlich abhebt.

Es wäre sehr erfreulich, wenn unsere Auswahl nicht nur in diesem Sinne genutzt würde, sondern manches aus ihr auch (wieder) ins individuelle Gedächtnis gehoben und zum ganz persönlichen gedanklichen Besitz würde.

Dieses Buch
wurde in der Buchdruckerei Greno GmbH
in Nördlingen
aus der Petit Schmalen Antiqua Monotype gesetzt
und auf einer Condor-Schnellpresse
vom Bleisatz auf eigens für diese Ausgabe
hergestelltes säurefreies, mattgeglättetes
60g/qm Dünndruckpapier aus der Papierfabrik
Niefern gedruckt.
Buchbindearbeiten durch die
Buchbinderei G. Lachenmaier, Reutlingen.
Typographie: Heinrich Buser, Nördlingen.
Schutzumschlaggestaltung:
CDE Spenlen/Kohl, Köln.
Erstes bis fünftes Tausend, 1999.

Eine Vorzugsausgabe in Leder
erscheint in einer von 1 bis 500
numerierten Auflage.